ŒUVRES COMPLÈTES

D'ALEXANDRE DUMAS

MES MÉMOIRES

IX

ŒUVRES COMPLÈTES D'ALEXANDRE DUMAS
PUBLIÉES DANS LA COLLECTION MICHEL LÉVY

Acté	1
Amaury	1
Ange Pitou	2
Ascanio	2
Une Aventure d'amour	1
Aventures de John Davys	2
Les Baleiniers	2
Le Bâtard de Mauléon	3
Black	1
Les Blancs et les Bleus	3
La Bouillie de la comtesse Berthe	1
La Boule de neige	1
Bric-à-Brac	1
Un Cadet de famille	3
Le Capitaine Pamphile	1
Le Capitaine Paul	1
Le Capitaine Rhino	1
Le Capitaine Richard	1
Catherine Blum	1
Causeries	2
Cécile	1
Charles le Téméraire	2
Le Chasseur de sauvagine	1
Le Château d'Eppstein	2
Le Chev. d'Harmental	2
Le Chevalier de Maison-Rouge	2
Le Collier de la reine	3
La Colombe	1
Les Compagnons de Jéhu	3
Le Comte de Monte-Cristo	6
La Comtesse de Charny	6
La Comtesse de Salisbury	2
Les Confessions de la marquise	2
Conscience l'innocent	2
Création et rédemption:	
— Le Docteur mystérieux	2
— La Fille du marquis	2
La Dame de Monsoreau	3
La Dame de Volupté	2
Les Deux Diane	3
Les Deux Reines	2
Dieu dispose	2
Les Drames galants — La Marquise d'Escoman	2
Le Drame de Quatre-Vingt-Treize	3
Les Drames de la mer	1
Emma Lyonna	5
La Femme au collier de velours	1
Fernande	1
Une Fille du régent	1
Filles, Lorettes et Courtisanes	1
Le Fils du forçat	1
Les Frères corses	1
Gabriel Lambert	1
Les Garibaldiens	1
Gaule et France	1
Georges	1
Gil Blas en Californie	1
Les Grands Hommes en robe de chambre:	
— César	2
— Henri IV, Richelieu, Louis XIII	2
La Guerre des femmes	2
Histoire d'un casse-noisette	1
L'Homme aux Contes	1
Les Hommes de fer	1
L'Horoscope	1
L'Ile de feu	2
Impressions de voyage:	
— Une année à Florence	1
— L'Arabie Heureuse	3
— Les bords du Rhin	1
— Le Capitaine Arena	2
— Le Caucase	3
— Le Corricolo	2
— Le Midi de la France	1
— De Paris à Cadix	2
— Quinze jours au Sinaï	2
— En Russie	4
— En Suisse	3
— Le Speronare	2
— La Villa Palmieri	1
— Le Véloce	2
Ingénue	2
Isaac Laquedem	2
Isabel de Bavière	2
Italiens et Flamands	2
Ivanhoe de Walter Scott (trad)	2
Jacques Ortis	1
Jacquot sans Oreilles	1
Jane	1
Jehane la Pucelle	1
Louis XIV et son Siècle	4
Louis XV et sa Cour	2
Louis XVI et la Révolution	2
Louves de Machecoul	3
Madame de Chamblay	2
La Maison de glace	2
Le Maître d'armes	1
Les Mariages du père Olifus	1
Les Médicis	1
Mes Mémoires	10
Mémoires de Garibaldi	2
Mémoires d'une aveugle	2
Mém. d'un médecin: J. Balsamo	5
Le Meneur de loups	1
Les Mille et un Fantômes	1
Les Mohicans de Paris	4
Les Morts vont vite	2
Napoléon	1
Une Nuit à Florence	1
Olympe de Clèves	3
Le Page du duc de Savoie	2
Parisiens et Provinciaux	2
Le Pasteur d'Ashbourn	2
Pauline et Pascal Bruno	1
Un Pays inconnu	1
Le Père Gigogne	2
Le Père la Ruine	1
Le Prince des Voleurs	2
La Princesse de Monaco	2
La Princesse Flora	1
Propos d'art et de cuisine	1
Les Quarante-Cinq	3
La Régence	1
La Reine Margot	2
Robin Hood le proscrit	2
La Route de Varennes	1
Le Salteador	1
Salvator (suite et fin des Mohicans de Paris)	5
La San-Felice	4
Souvenirs d'Antony	1
Souvenirs d'une favorite	4
Les Stuarts	1
Sultanetta	1
Sylvandire	1
La Terreur prussienne	2
Le Testament de M. Chauvelin	1
Théâtre Complet	25
Trois Maîtres	1
Les Trois Mousquetaires	2
Le Trou de l'Enfer	1
La Tulipe noire	1
Le Vte de Bragelonne	6
La Vie au désert	2
Une Vie d'artiste	1
Vingt ans après	3

MES
MÉMOIRES

PAR

ALEXANDRE DUMAS

NEUVIÈME SÉRIE

NOUVELLE ÉDITION

PARIS
CALMANN LÉVY, ÉDITEUR
ANCIENNE MAISON MICHEL LÉVY FRÈRES
3, RUE AUBER, 3
—
1884
Droits de reproduction et de traduction réservés.

MÉMOIRES
DE
ALEXANDRE DUMAS

CCXVI

Victor Escousse et Auguste Lebras.

Sur ces entrefaites, on joua, au Théâtre-Français, le drame de *Pierre III*, du malheureux Escousse. Je n'ai pas vu *Pierre III*; je l'ai fait chercher pour le lire : le drame n'a pas été imprimé, à ce qu'il paraît.

Voici ce qu'en dit Lesur dans son *Annuaire* de 1831 :

THÉATRE-FRANÇAIS. (28 *décembre.*) Première représentation de *Pierre III*, drame en cinq actes en vers, par M. Escousse.

« La chute de cet ouvrage porta un coup fatal à son auteur, enivré peut-être du succès de *Farruck le Maure*. Dans *Pierre III*, l'histoire, ni la vraisemblance, ni la raison n'étaient respectées. C'était un déplorable échantillon de cette littérature *frénétique et barbare* (ces deux épithètes sont à mon adresse) mise à la mode par des hommes d'un talent trop réel pour que leur exemple n'entraînât point de déplorables imitations. Mais qui pouvait se douter que la vie de l'auteur fût attachée à celle de son œuvre? Encore une épreuve, encore une chute et le malheureux jeune homme devait mourir!.. »

En effet, bientôt Victor Escousse et Auguste Lebras donnent en collaboration, à la Gaieté, le drame de *Raymond,* qui tombe.

Il faut que la critique se soit bien cruellement déchaînée contre ce drame, puisque nous trouvons, après les derniers mots de la pièce, en *post-scriptum*, ces quelques lignes, signées de l'un des auteurs :

« *P.-S.* Cet ouvrage nous a suscité beaucoup de critiques, et, il faut le dire, peu de personnes ont tenu compte à deux pauvres jeunes gens, dont le plus âgé a vingt ans à peine, d'une tentative qu'ils ont faite pour intéresser avec cinq personnages, en proscrivant tous les accessoires du mélodrame. Mon intention, cependant, n'est point de chercher à nous défendre. Je veux seulement publier la reconnaissance que je dois à Victor Escousse, qui, pour me frayer une entrée au théâtre, m'a admis à sa collaboration ; je veux aussi le défendre, autant qu'il est en mon pouvoir, contre les calomnies qui, dans le monde, attaquent son caractère comme homme, et lui imputent une vanité ridicule que je n'ai point remarquée en lui. Je le dirai hautement, je n'ai eu qu'à me louer de ses procédés à mon égard, non-seulement comme collaborateur, mais encore comme ami. Puisse ce peu de mots, que j'écris avec franchise, amortir les traits que la haine se plaît à lancer contre un jeune homme dont le talent, je l'espère, étouffera, un jour, les paroles de ceux qui l'attaquent sans le connaître !

» Auguste Lebras. »

Au reste, Escousse avait si bien compris qu'avec le succès lui venait la lutte, avec l'amélioration dans la position matérielle, la recrudescence dans la douleur morale, qu'après son succès de *Farruck le Maure,* lorsqu'il quitta sa petite chambre d'employé pour prendre l'appartement un peu plus confortable d'auteur couronné, il adressa à cette chambre, témoin de ses premières émotions de poëte et d'amant, les vers que voici :

A MA CHAMBRE

De mon indépendance,
Adieu, premier séjour,
Où mon adolescence
A duré moins d'un jour !
Bien que peu je regrette
Un passé déchirant,
Pourtant, pauvre chambrette,
Je vous quitte en pleurant !

Du sort, avec courage,
J'ai subi tous les coups ;
Et, du moins, mon partage
N'a pu faire un jaloux.
La faim, dans ma retraite,
M'accueillait en rentrant...
Pourtant, pauvre chambrette,
Je vous quitte en pleurant !

Au sein de la détresse,
Quand je suçais mon lait,
Une tendre maîtresse
Point ne me consolait.
Solitaire couchette
M'endormait soupirant...
Pourtant, pauvre chambrette,
Je vous quitte en pleurant !

De ma muse, si tendre,
Un Dieu capricieux
Ne venait point entendre
Les sons ambitieux.
Briller pour l'indiscrète,
Est besoin dévorant...
Pourtant, pauvre chambrette,
Je vous quitte en pleurant !

Adieu! le sort m'appelle
Vers un monde nouveau;
Dans couchette plus belle,
J'oublirai mon berceau.
Peut-être, humble poëte
Loin de vous sera grand...
Pourtant, pauvre chambrette,
Je vous quitte en pleurant!

En effet, cet appartement qu'Escousse avait pris en remplacement de sa chambre, et où il ne s'installait point sans souffrance, le voyait rentrer, le 18 février, avec son ami Auguste Lebras, suivi de la fille de la portière, qui apportait un boisseau de charbon.

Ce charbon, il venait de l'acheter chez la fruitière voisine.

Pendant que cette femme le mesurait :

— Crois-tu qu'il y en ait assez d'un boisseau? demanda-t-il à Lebras.

— Oh! oui! répondit celui-ci.

Ils payèrent, et demandèrent que le charbon leur fût apporté à l'instant même. La fille de la portière laissa, sur leur ordre, le boisseau de charbon dans l'antichambre, et sortit, sans se douter qu'elle venait de renfermer la mort avec les deux pauvres enfants.

Depuis trois jours, Escousse, pour qu'on ne mît pas d'obstacle à ce dessein arrêté, avait retiré des mains de la portière la seconde clef de son appartement.

Les deux amis se séparèrent.

Le même soir, Escousse écrivit à Lebras :

« Je t'attends à onze heures et demie : le rideau sera levé. Viens, afin que nous précipitions le dénoûment! »

A l'heure fixée, Lebras arriva; il n'avait garde de manquer au rendez-vous : cette fatale idée du suicide germait depuis longtemps dans son cerveau.

Le charbon était déjà allumé. Ils calfeutrèrent les portes et les fenêtres avec des journaux. Puis Escousse se mit à une table, et écrivit la note suivante :

« Escousse s'est tué parce qu'il ne se sentait pas à sa place ici-bas ; parce que la force lui manquait, à chaque pas qu'il faisait en avant ou en arrière ; parce que la gloire ne dominait pas assez son âme, *si âme il y a!*
» Je désire que l'épigraphe de mon livre soit :

> » Adieu, trop inféconde terre,
> Fléaux humains, soleil glacé!
> Comme un fantôme solitaire,
> Inaperçu j'aurai passé.
> Adieu, les palmes immortelles,
> Vrai songe d'une âme de feu!
> L'air manquait : j'ai fermé mes ailes.
> Adieu! »

Cela, comme nous l'avons dit, se passait à onze heures et demie. A minuit, madame Adolphe, qui venait de jouer au théâtre de la Porte-Saint-Martin, rentra chez elle ; elle logeait sur le même palier qu'Escousse, et l'appartement du jeune homme n'était séparé du sien que par une cloison. Un bruit étrange lui parut venir de cet appartement. Elle écouta : un double râle se faisait entendre. Elle appela, elle frappa à la cloison, mais n'obtint aucune réponse.

Le père d'Escousse logeait aussi sur le même palier, où s'ouvraient quatre portes : ces quatre portes étaient celle d'Escousse, celle de son père, celle de madame Adolphe, et celle de Walter, artiste que j'ai beaucoup connu à cette époque, et que j'ai perdu de vue depuis.

Madame Adolphe courut chez le père d'Escousse, le réveilla, — car il était déjà endormi, — le força de se lever, et de venir chez elle écouter ce râle qui l'effrayait.

Le râle décroissait, mais était encore sensible ; si sensible, qu'on entendait le funèbre accord des deux respirations.

Le père écouta quelques secondes ; puis, souriant :

— Jalouse ! dit-il à madame Adolphe.

Et il alla se coucher, sans plus vouloir écouter ses observations.

Madame Adolphe resta seule. Jusqu'à deux heures du matin, elle entendit ce râle auquel, seule, elle s'obstinait à donner sa véritable signification.

Cependant, si incrédule qu'eût été le père d'Escousse, de funestes pressentiments l'avaient agité toute la nuit. Le matin, vers huit heures, il alla frapper à la porte de son fils. On ne répondit pas. Il écouta, tout faisait silence.

Alors, l'idée lui vint qu'Escousse était aux bains du Wauxhall, où le jeune homme allait quelquefois. Il entra chez Walter, lui raconta ce qui s'était passé la veille, et lui dit son inquiétude du matin. Walter s'offrit à courir jusqu'au Wauxhall ; l'offre fut acceptée. — Au Wauxhall, on n'avait pas vu Escousse.

L'inquiétude du père redoubla ; l'heure de son bureau approchait, mais il n'y voulut aller qu'après s'être rassuré, en faisant ouvrir la porte de son fils. Un serrurier fut appelé, et la porte forcée avec peine, car la clef, qui la fermait en dedans, était restée dans la serrure.

Cette clef restée dans la serrure épouvanta le pauvre père au point que, la porte ouverte, il n'osa en franchir le seuil. Ce fut Walter qui entra, tandis que lui demeurait appuyé à la rampe de l'escalier.

La seconde porte était calfeutrée, comme nous l'avons dit, mais n'était fermée ni au verrou, ni à la clef ; Walter la poussa violemment, fit craquer l'obstacle de papier, et entra.

La vapeur du charbon était encore si intense, qu'il faillit tomber à la renverse. Cependant il pénétra dans la chambre, saisit le premier objet venu, une carafe, je crois, et la lança dans la fenêtre. Un carreau fut brisé par le choc, et donna passage à l'air extérieur. Walter put respirer ; il alla jusqu'à la fenêtre et l'ouvrit.

Alors le spectacle terrible lui apparut dans toute son effrayante nudité. Les deux jeunes gens étaient couchés et morts : Lebras à terre, sur un matelas qu'il avait tiré du lit ;

Escousse sur le lit même. Lebras, malingre de corps, faible de santé, avait été facilement vaincu par la mort ; mais il n'en avait pas été ainsi de son compagnon, vigoureux et plein de santé : la lutte avait été longue, et avait dû être cruelle ; c'était au moins ce qu'indiquaient ses jambes repliées sous son corps, et ses mains crispées, dont les ongles étaient entrés dans les chairs.

Le père faillit devenir fou. Walter me disait souvent qu'il voyait toujours les deux pauvres jeunes gens, l'un sur son matelas, l'autre sur son lit. Madame Adolphe n'osa pas garder son logement : toutes les fois qu'elle se réveillait pendant la nuit, il lui semblait entendre ce râle que le pauvre père avait pris pour un double soupir d'amour!

On connaît l'admirable élégie que ce suicide a inspirée à Béranger ; nous voudrions que nos lecteurs eussent oublié que nous l'avons mise en partie sous leurs yeux quand nous nous sommes occupé de l'illustre chansonnier : cela nous permettrait de la leur citer ici tout entière ; mais le moyen pour eux d'oublier que nous avons déjà cousu cette riche broderie poétique aux lambeaux de notre prose?

CCXVII

Première représentation de *Robert le Diable*. — Véron directeur de l'Opéra. — Son opinion sur la musique de Meyerbeer. — Mon opinion sur l'esprit de Véron. — Mes relations avec lui. — Ses articles et ses Mémoires. — Jugement de Rossini sur *Robert le Diable*. — Nourrit prédicateur. — Meyerbeer. — Première représentation de *la Fuite de Law*, de M. Mennechet. — Première représentation de *Richard Darlington*. — Frédérick Lemaître. — Delafosse. — Mademoiselle Noblet.

Entraîné sur les traces d'Escousse et de Lebras, — que nous avons suivis de la chute de *Pierre III* jusqu'au jour de leur mort, c'est-à-dire de la soirée du 28 décembre 1831 à la nuit du 18 février 1832, nous avons passé par-dessus les premières représentations de *Richard Darlington* et même de *Teresa*.

Faisons un pas en arrière, et retournons à la soirée du 21 novembre, à une heure du matin, dans la loge de Nourrit, qui venait, grâce à une trappe mal équipée, de faire une chute dans le premier dessous de l'Opéra.

On avait donné la première représentation de *Robert le Diable*.

Ce serait une chose curieuse à écrire que l'histoire de ce grand opéra, qui, à peu près tombé à la première représentation, en compte aujourd'hui plus de quatre cents, et qui se trouve être le doyen de tous les opéras nés et probablement à naître.

D'abord, Véron, qui était passé de la direction de la *Revue de Paris* à celle de l'Opéra, avait, dès la première audition de l'œuvre de Meyerbeer, — en pleine répétition, lors de son entrée au théâtre de la rue Lepeletier, — déclaré qu'il trouvait la partition détestable, et qu'il ne la jouerait que contraint et forcé, ou moyennant suffisante indemnité.

Le gouvernement, qui venait de faire, à propos de cette nouvelle direction, un des plus scandaleux traités qui aient jamais existé; le gouvernement, qui donnait, à cette époque, neuf cent mille francs de subvention à l'Opéra, le gouvernement trouva la demande de Véron toute naturelle; et, convaincu comme lui que la musique de *Robert le Diable* était d'exécrable musique, donna à son directeur bien-aimé soixante ou quatre-vingt mille francs d'indemnité, pour jouer un ouvrage qui est entré au moins pour un tiers dans les cinquante ou soixante mille francs de rente que Véron possède aujourd'hui.

Cette petite anecdote prouve-t-elle que la tradition de mettre à l'Opéra un homme qui ne se connaisse pas en musique remonte à une époque antérieure à la nomination de Nestor Roqueplan, — qui, dans ses lettres à Jules Janin, s'est vanté de ne pas savoir la valeur d'une ronde, ni la portée d'un bécarre? Non, cela prouve que Véron est un spéculateur d'infiniment d'esprit, et que son refus de jouer l'opéra de Meyerbeer était une habile spéculation.

Maintenant, Véron préfère-t-il que nous disions qu'il ne se

connaît pas en musique? Qu'il rectifie notre jugement. On sait avec quel respect nous recevons les rectifications.

Il n'y a qu'un point sur lequel nous n'admettons pas de rectification : c'est sur ce que nous venons de dire de l'esprit de Véron.

Ce que nous consignons ici, nous l'avons répété vingt fois, *parlant à sa personne*, comme s'exprime une certaine classe de fonctionnaires. Véron est un homme d'esprit, de beaucoup d'esprit même; et la chose ne serait pas contestée, si Véron n'avait pas le malheur d'être millionnaire.

Nous n'avons jamais été bien liés, Véron et moi; et jamais, je crois, il n'a fait grand cas de mon talent. Directeur de la *Revue de Paris*, il ne m'a jamais demandé un seul article; directeur de l'Opéra, il ne m'a jamais demandé qu'un poëme pour Meyerbeer, mais à la condition que je ferais ce poëme en collaboration avec Scribe; — ce qui m'a brouillé à moitié avec Meyerbeer, et tout à fait avec Scribe. — Enfin directeur du *Constitutionnel*, il n'a traité avec moi que lorsque les succès que j'avais obtenus au *Journal des Débats*, au *Siècle* et à *la Presse*, lui eurent en quelque sorte forcé la main.

Notre traité dura trois ans. Pendant ces trois ans, nous eûmes un procès qui dura trois mois; puis, enfin, nous rompîmes le traité à l'amiable, quand j'avais encore vingt volumes, à peu près, à lui donner, et, au moment de cette rupture, je lui devais six mille francs.

Il fut convenu que je donnerais à Véron douze mille lignes pour ces six mille francs. Quelque temps après, Véron vendit *le Constitutionnel*. — Au premier journal que Véron créera, il peut tirer sur moi pour douze mille lignes, à douze jours de vue : le treizième jour, il sera fait honneur à signature.

Notre position vis-à-vis de Véron bien établie, nous le répétons, ce sont les millions de Véron qui font tort à la réputation de Véron. Le moyen d'admettre qu'un homme a en même temps de l'argent et de l'esprit? Impossible!

Mais, me dira-t-on, si Véron est un homme d'esprit, qui donc fait ses articles? qui donc fait ses Mémoires?

Un autre répondrait : « Ce n'est pas lui ; c'est Malitourne.

Je ne regarde point l'envers de la page : du moment que les articles sont signés Véron, que les Mémoires sont signés Véron, pour moi, les articles et les Mémoires sont de Véron.

Que voulez-vous! c'est la faiblesse de Véron, de croire qu'il écrit. Pardieu! s'il n'écrivait pas, sa réputation d'homme d'esprit serait faite, malgré ses millions!

Mais il en résulte que, grâce à ces diables d'articles et à ces démons de Mémoires, on me rit au nez, quand je dis que Véron a de l'esprit. J'ai beau me fâcher, m'emporter, crier, en appeler aux gens qui ont soupé avec lui, bons juges en fait d'esprit, on peut m'en croire, tout le monde me répond, — ceux qui n'ont pas soupé avec lui, bien entendu :

— Bon! vous dites cela parce que vous devez douze mille lignes à M. Véron!

Comme si c'était une raison, parce qu'on doit douze mille lignes à un homme, pour dire que cet homme a de l'esprit! Ainsi, par exemple, M. Lehodey, du *Siècle*, dit que je lui dois vingt-quatre mille lignes : à ce compte, il me faudrait dire qu'il a deux fois plus d'esprit que Véron. Eh bien, je ne le dis pas ; je me contente de dire que je ne lui dois pas ces vingt-quatre mille lignes, et que c'est lui, au contraire, qui me doit quelque chose comme trois ou quatre cent mille francs peut-être, mais, à coup sûr, pas moins.

Où diable en étions-nous?

Ah! bien! à la soirée de *Robert le Diable*.

Après le troisième acte, j'avais rencontré Rossini dans le foyer.

— Eh bien, Rossini, lui avais-je demandé, que pensez-vous de cela?

— Ce que z'en pense? avait répondu Rossini.

— Oui, que pensez-vous?

— Eh bien, ze pense que, si mon meilleur ami m'attendait au coin d'oun bois avec oun pistolet, et me mettait ce pistolet sour la gorze en me disant : « Rossini, tou vas faire ton meillour opéra! » ze le ferais.

— Et, si vous n'avez pas un ami assez votre ami pour vous rendre ce service?

— Ah! dans ce cas, ce sera fini, et ze vous azoure que ze n'écrirai plous oune note de mousique!

Hélas! l'ami ne s'est pas trouvé, et Rossini a tenu son serment.

J'avais médité ces paroles de l'illustre maestro pendant le quatrième et le cinquième acte de *Robert*, et, après le cinquième acte, j'étais passé au théâtre pour demander à Nourrit s'il n'était pas blessé.

Je portais une grande amitié à Nourrit, et, de son côté, Nourrit m'aimait beaucoup. C'était non-seulement un artiste éminent que Nourrit, mais encore un charmant homme; il n'avait qu'un défaut: lorsque vous lui faisiez compliment sur son jeu ou sur sa voix, il vous écoutait mélancoliquement, et vous répondait en vous posant la main sur l'épaule:

— Ah! mon ami, je n'étais pas né pour être un chanteur ou un comédien!

— Bon! et pourquoi donc étiez-vous né?

— J'étais né pour monter, non pas sur un théâtre, mais dans une chaire.

— Dans une chaire?

— Oui.

— Et que diable auriez-vous fait dans une chaire?

— J'eusse dirigé l'humanité dans le sentier du progrès... Oh! vous me jugez mal; vous ne me connaissez pas sous ma véritable face.

Pauvre Nourrit! il avait bien tort de vouloir être ou paraître autre chose que ce qu'il était : il était si charmant comme artiste! si digne, si noble, si aimant comme homme privé!

Il avait pris la révolution de 1830 au plus grand sérieux, et, pendant trois mois, il avait paru, tous les deux jours, sur le théâtre de l'Opéra en garde national, chantant *la Marseillaise*, un drapeau à la main.

Par malheur, son patriotisme était plus solide que sa voix, il s'était brisé la voix à cet exercice. C'est parce que cette voix était déjà affaiblie, que Meyerbeer avait mis si peu de chant dans le rôle de Robert.

Nourrit était désespéré, non pas de sa chute, mais de celle de la pièce. Comme tout le monde, il croyait l'ouvrage tombé.

Meyerbeer lui-même était assez mélancolique. Nourrit nous présenta l'un à l'autre. C'est de ce soir-là que date notre connaissance.

C'est un homme de beaucoup d'esprit que Meyerbeer; il a d'abord celui de mettre une immense fortune au profit d'une immense réputation. Seulement, il n'a pas fait sa fortune avec sa réputation, et l'on pourrait presque dire qu'il a fait sa réputation avec sa fortune.

Jamais Meyerbeer, — qu'il soit seul ou en société, en France ou en Allemagne, à la table de l'hôtel des *Princes* ou au casino de Spa, — jamais Meyerbeer n'est distrait un instant de son but, et son but, c'est le succès. Bien certainement, Meyerbeer se donne plus de mal à faire ses succès qu'à faire ses partitions.

Nous disons cela parce qu'il nous semble qu'il y a double emploi : Meyerbeer pourrait laisser ses partitions faire leur succès elles-mêmes; nous y gagnerions un opéra sur trois.

J'admire d'autant plus cette qualité de l'homme tenace, que cette qualité me manque entièrement. J'ai toujours laissé les directeurs faire leur ménage et le mien, les jours de première représentation ; — et, le lendemain, ma foi ! dise qui voudra du bien, dise qui voudra du mal ! Il y a vingt-cinq ans que je fais du théâtre, vingt-cinq ans que je fais des livres : je défie qu'un seul directeur de journal déclare m'avoir vu dans son bureau, pour lui demander une réclame d'une ligne.

Cette insouciance fait peut-être ma force.

Dans les cinq ou six dernières années qui viennent de s'écouler, une fois mes pièces mises en scène avec tous les soins et toute l'intelligence dont je suis capable, il m'est arrivé souvent de ne pas aller, le soir, à une première représentation de moi, et d'attendre, pour en savoir quelque chose, les nouvelles que m'apportaient ceux qui, plus curieux que moi, y avaient assisté.

Mais, du temps de *Richard Darlington,* je n'avais pas encore atteint à ce haut degré de philosophie.

La pièce, aussitôt achevée, avait été lue à Harel, — qui venait d'abandonner la direction de l'Odéon pour prendre celle de la Porte-Saint-Martin; — bien entendu, Harel l'avait reçue d'emblée; il l'avait mise immédiatement à l'étude; et, au bout d'un mois de répétitions toutes scrupuleusement suivies par moi, nous étions arrivés au 10 décembre, jour fixé pour la première représentation.

Le Théâtre-Français nous faisait concurrence, et jouait, ce jour-là, *la Fuite de Law,* de M. Mennechet, ex-lecteur du roi Charles X.

En sa qualité d'ex-lecteur du roi Charles X, Mennechet était royaliste. Je me rappellerai toujours les soupirs qu'il poussa lorsqu'il fut forcé, comme éditeur du *Plutarque français,* d'y insérer la biographie de l'empereur Napoléon. S'il n'eût consulté que ses sentiments personnels, il eût bien certainement exclu de sa publication le vainqueur de Marengo, d'Austerlitz et d'Iéna; mais il n'en était pas tout à fait le maître : Napoléon, après avoir pris le Caire, Berlin, Vienne et Moscou, avait bien le droit de prendre cinquante ou soixante colonnes du *Plutarque français.*

Je sais quelque chose de ces soupirs; car c'est à moi qu'il vint demander cette biographie de Napoléon, et ce fut moi qui la rédigeai.

Malgré cette concurrence du Théâtre-Français, il se faisait un bruit énorme autour de *Richard.* On savait d'avance que la pièce avait un côté politique d'une haute portée, et la fièvre des esprits faisait, à cette époque, orage de tout. On s'écrasait à la porte pour avoir des billets. Au lever du rideau, la salle semblait près de crouler.

Frédérick était le pilier qui portait toute cette grande machine. Il avait autour de lui mademoiselle Noblet, Delafosse, Doligny et madame Zélie-Paul.

Mais telle était la puissance de ce beau génie dramatique, qu'il avait électrisé tout le monde. Chacun, en quelque sorte, s'était inspiré de lui, et avait, par attouchement, augmenté sa force, sans diminuer celle du grand artiste.

Frédérick était alors dans toute la fougue de son talent. Inégal comme Kean, — dont il devait deux ou trois ans plus tard reproduire la personnalité, — sublime comme lui, il avait au même degré les qualités, et à un degré inférieur les défauts qu'il a aujourd'hui.

Dans les relations de la vie, c'était le même homme, difficile, insociable, quinteux, que nous retrouvons aujourd'hui. D'ailleurs, homme de bon conseil, s'occupant, dans les améliorations qu'il propose, autant de la pièce que de son rôle, autant de l'auteur que de lui-même.

Il avait été admirable aux répétitions. A la représentation, il fut prodigieux! Je ne sais pas où il avait étudié ce joueur sur un grande échelle qu'on appelle l'ambitieux ; — où les hommes de génie étudient ce qu'ils ne peuvent connaître que par le rêve : dans leur cœur.

Près de Frédérick, Doligny fut excellent dans le rôle de Tompson. — C'est au souvenir que j'avais gardé de lui dans ce rôle que le pauvre garçon dut, plus tard, le triste avantage d'être associé à ma mauvaise fortune.

Delafosse, qui jouait Mawbray, eut des moments de véritable supériorité. Un de ces moments-là fut celui où il attend au coin d'un bois et pendant un effroyable orage, le passage de la chaise de poste dans laquelle Tompson enlève Jenny. Un accident qui pouvait accrocher et faire verser la pièce, à cet endroit, fut paré par sa présence d'esprit. Mawbray doit tuer Tompson d'un coup de feu; pour plus de sûreté, Delafosse avait pris deux pistolets; véritables pistolets de théâtre, loués chez un armurier, ils ratèrent tous les deux! Delafosse ne perdit point la tête : il fit semblant de tirer un poignard de sa poche, et tua d'un coup de poing Tompson, à qui il n'avait pu brûler la cervelle.

Mademoiselle Noblet fut charmante de tendresse, d'amour, de dévouement et surtout de poésie. Dans la dernière scène, elle subit à ce point l'influence de Frédérick, qu'elle jeta des cris, non pas de terreur feinte, mais de véritable épouvante.

La fable avait pris, pour elle, toutes les proportions de la réalité.

Cette dernière scène était une des choses les plus terribles que j'aie vues au théâtre. Lorsqu'à Jenny, qui lui demandait : « Qu'allez-vous faire? » Richard répondit : « Je n'en sais rien; mais priez Dieu! » un immense frisson courut par toute la salle, et un murmure de crainte, poussé par toutes les poitrines, devint un véritable cri de terreur.

A la fin du seconde acte, Harel était monté à mon avant-scène.— J'avais la grande avant-scène de droite, et, de cette place, j'assistais à la représentation comme un étranger. — Harel, dis-je, était monté pour me supplier de me nommer avec Dinaux : on sait que c'était le nom que prenaient, au théâtre, Goubaux et Beudin. Je refusai.

Pendant le troisième acte, il remonta, accompagné, cette fois, de mes deux collaborateurs, et muni de trois billets de banque de mille francs chacun.

Goubaux et Beudin, bons et excellents cœurs de frères, venaient m'inviter à me nommer seul. J'avais tout fait, disaient-ils, et mon droit au succès était incontestable.

J'avais tout fait! — hors de trouver le sujet, hors de trouver les jalons de développement, hors d'exécuter la scène capitale, enfin, entre le roi et Richard, scène que j'avais complétement ratée.

Je les embrassai, et je refusai.

Harel m'offrit les trois mille francs. Il était mal venu : j'avais les larmes aux yeux, et je tenais les mains de mes deux amis dans chacune des miennes.

Je refusai, mais je ne l'embrassai pas.

La toile tomba au milieu d'applaudissements frénétiques. On redemanda Richard; puis, derrière Richard, Jenny, Tompson, Mawbray, tout le monde.

Je profitai de ce que les spectateurs étaient encore enchaînés à leurs places pour sortir et gagner la porte de communication. Je voulais, à leur rentrée dans les coulisses, recevoir les acteurs dans mes bras.

Dans le corridor, je rencontrai de Musset; il était très-pâle et très-impressionné.

— Eh bien, lui demandai-je, qu'y a-t-il donc, cher poëte?
— Il y a que j'étouffe! me répondit-il.

C'était, à mon avis, le plus bel éloge qu'il pût faire de l'ouvrage : le drame de *Richard* est, en effet, étouffant.

J'arrivai à temps dans les coulisses pour serrer les mains de tout le monde. Et, cependant, ce n'était plus là l'émotion de la soirée d'*Antony!* Le succès avait été aussi grand, mais les artistes étaient bien loin de m'être aussi chers.

Il y a entre mon caractère, mes habitudes, et les habitudes et le caractère de Frédérick, un abîme que trois succès communs n'ont permis ni à l'un ni à l'autre de nous deux de franchir : — Quelle différence avec mon amitié pour Bocage!

Il n'y avait entre mademoiselle Noblet et moi, si jolie et si séduisante que fût mademoiselle Noblet à cette époque, que des relations purement artistiques; elle m'intéressait comme une jeune et belle personne qui donne des espérances, et voilà tout. — Quelle différence, bon Dieu! avec le double, le triple sentiment que m'inspirait Dorval, et qui fait qu'aujourd'hui que le plus vif de ces sentiments est éteint depuis vingt-ans; qu'elle-même, depuis quatre ou cinq années, est morte et oubliée de beaucoup de gens qui devraient avoir gardé sa mémoire, et qu'on n'a pas même vus la conduire à sa dernière demeure, — son nom se présente, à chaque instant, sous ma plume, de même que son souvenir vient frapper à mon cœur!

Peut-être me dira-t-on que ma joie fut moins grande parce que mon nom restait inconnu, ma personnalité cachée.

A cet endroit, je n'eus pas même l'ombre d'un regret.

Mes deux collaborateurs, j'en réponds, furent plus tristement préoccupés d'être nommés seuls que moi de ne pas l'être du tout.

Richard eut un immense succès, et ce fut justice : *Richard* est tout simplement un excellent drame.

Je demande la permission d'être aussi franc vis-à-vis de moi-même que je le suis vis-à-vis des autres.

Vingt et un jours après la représentation de *Richard Darlington*, l'année 1831 alla rejoindre ses sœurs dans ce monde inconnu où Villon relègue les vieilles lunes, et cherche, sans les trouver, les neiges d'antan.

L'année, si troublée qu'elle eût été par les émeutes politiques, avait été splendide pour l'art.

J'avais donné trois pièces : — une mauvaise, *Napoléon Bonaparte*, — une médiocre, *Charles VII*, — une bonne, *Richard Darlington*.

Hugo avait fait représenter *Marion Delorme*, et avait publié *Notre-Dame de Paris*, — c'est-à-dire plus qu'un roman, un livre ! — et son volume des *Feuilles d'automne*.

Balzac avait édité *la Peau de chagrin*, une de ses productions les plus crispantes !

Une fois pour toutes, qu'on ne s'en rapporte pas à mes appréciations sur Balzac, et comme homme et comme talent : comme homme, je connaissais peu Balzac, et ce que j'en connaissais ne m'était pas le moins du monde sympathique ; comme talent, sa façon de composer, de créer, de produire était si différente de la mienne, que je suis un mauvais juge à son endroit, et que je me récuse moi-même, sentant bien que l'on pourrait justement me récuser.

Au reste, veut-on savoir, sans parler du théâtre de M. Comte et de celui des Funambules, ce qui avait été joué à Paris, du 1ᵉʳ janvier 1809 au 31 décembre 1831 ?

Eh bien, il avait été joué *trois mille cinq cent cinquante huit* pièces de théâtre, dans lesquelles Scribe était pour 135, — Théaulon, pour 94, — Brazier, pour 93. — Dartois, pour 92, — Mélesville, pour 80, — Dupin, pour 56, — Antier, pour 53, — Dumersan, pour 55, — de Courcy, pour 50. Le monde entier, mis en comparaison, n'en eût pas fourni le quart !

De son côté, la peinture n'était point restée en arrière : Vernet était arrivé à l'apogée de son talent ; Delacroix et Delaroche étaient dans la voie ascendante du leur.

Vernet avait exposé... Mais, avant de parler des œuvres, parlons un peu des hommes.

CCXVIII

Horace Vernet.

Vernet était alors un homme de quarante-deux ans.

Vous connaissez Horace Vernet, n'est-ce pas? je ne vous dirai pas comme peintre : — parbleu ! je voudrais bien savoir qui ne connaît pas l'auteur de la *Bataille de Montmirail*, de la *Prise de Constantine*, de la *Déroute de la smala!* —non, je dis comme homme.

Vous l'avez vu vingt fois passer, soit courant le cerf ou le sanglier, en costume de chasseur; soit traversant la place du Carrousel, ou paradant dans la cour des Tuileries, en brillant uniforme d'officier d'état-major.

C'est un élégant cavalier, mince, svelte, à la figure allongée, aux yeux vivants, aux pommettes marquées, à la figure mobile, aux moustaches et à la royale Louis XIII. Figurez-vous quelque chose comme d'Artagnan.

Aussi Horace a-t-il bien plus l'air d'un mousquetaire que d'un peintre ; ou, alors, c'est un peintre comme Velasquez, comme Van Dyck, et comme le cavalier Tempesta, à la moustache retroussée, à l'épée battant les talons, au cheval soufflant le feu par les naseaux.

On a toujours été comme cela dans la famille.

Joseph Vernet, le grand-père, se faisait attacher au mât d'un vaisseau pendant une tempête.

Karl Vernet, le père, eût donné bien des choses, j'en suis sûr, pour avoir été emporté, comme Mazeppa, à travers les steppes de l'Ukraine, par quelque cheval furieux, suant l'écume et le sang.

Car, vous savez cela, Horace Vernet ferme une quadruple série, clôt une quatrième génération de peintres : il est le fils de Karl, le petit-fils de Joseph Vernet, l'arrière-petit-fils d'Antoine.

Puis, comme si ce n'était point assez, il a pour aïeul maternel Moreau le jeune, c'est-à-dire à la fois un des premiers dessinateurs et des premiers graveurs du xviiie siècle.

Antoine Vernet peignait des fleurs sur les chaises à porteurs. Il y a à Marseille deux chaises peintes et signées par lui.

Joseph Vernet a illustré tous les musées de France avec ses marines. Il est, au Havre, à Brest, à Lorient, à Marseille et à Toulon, ce que Canaletto est à Venise.

Karl, qui a commencé par remporter le grand prix de Rome avec sa composition de *l'Enfant prodigue*, se fait, en 1786, peintre anglomane. Le duc d'Orléans a acheté, à prix d'or, les plus beaux chevaux de l'Angleterre: Karl Vernet devient fou des chevaux, dessine des chevaux, peint des chevaux; c'est sa spécialité; et, de cette spécialité, il se fait une célébrité.

Quant à Horace, il naît en 1789, l'année où meurt son grand-père Joseph, et où son père Karl est nommé académicien. — Enfant de la balle, comme on dit, ses premiers pas se sont essayés dans un atelier.

— Quel est votre maître? lui demandais-je un jour.
— Je n'en ai pas eu.
— Mais qui vous a appris à dessiner et à peindre?
— Je ne sais pas... En marchant à quatre pattes, j'ai ramassé des crayons et des pinceaux. Quand je trouvais du papier, je dessinais; quand je trouvais une toile, je peignais, et, un beau jour, il s'est trouvé que j'étais peintre.

A dix ans, Horace vend son premier dessin à un marchand: c'est une tulipe commandée par madame de Périgord. Il touche le premier argent qu'il ait gagné, — vingt-quatre sous ! Et le marchand lui paye ses vingt-quatre sous d'une de ces pièces blanches comme on en voyait encore en 1816, mais comme nous n'en verrons probablement plus.

Cela se passe en 1799.

A partir de ce moment, Horace Vernet fait de la marchandise, des dessins, des pochades, des toiles de six.

En 1811, le roi de Westphalie lui commande ses deux premiers tableaux: la *Prise du camp retranché de Galatz*, et la *Prise de Breslau*. — Je les ai vus vingt fois chez le roi Jérôme; ce ne sont pas vos meilleurs, mon cher Horace ! — Au reste, ils lui sont payés seize mille francs. C'est la première somme un peu ronde qu'il touche ; c'est la première sur laquelle il met quelque chose de côté.

Puis arrivent 1812, 1813, 1814, la chute de tout le grand édifice napoléonien. Le monde tremble sur sa base : l'Europe n'est plus qu'un volcan ; la société semble dissoute. Plus de peinture, plus de littérature, plus d'art!

Devinez ce que fait Vernet, qui ne trouve de ses tableaux, non plus huit mille francs, non plus quatre mille, non plus mille, non plus cinq cents, non plus cent, non plus même cinquante!

Vernet fait des dessins pour le *Journal des Modes;* — trois pour cent francs : 33 fr. 33 c. la pièce!

Un jour, il me montrait tous ces dessins, dont il a gardé la collection ; j'en ai compté près de quinze cents avec un attendrissement profond. Les 33 fr. 33 c. me rappelaient mes 166 fr. 65 c., — le plus haut chiffre qu'aient jamais atteint mes appointements.

Vernet était un enfant de la Révolution ; mais le jeune homme n'avait connu que l'Empire. Ardent bonapartiste en 1815, plus ardent peut-être en 1816, il donna force coups d'épée et force coups de pinceau en l'honneur de Napoléon, le tout le plus en cachette possible.

En 1818, le duc d'Orléans eut l'idée de commander des tableaux à Vernet. La proposition fut transmise au peintre de la part du prince.

— Volontiers, dit le peintre, mais à la condition que ce seront des tableaux militaires...

Le prince accepta.

— Que ces tableaux, ajouta le peintre, seront du temps de la République et de l'Empire...

Le prince accepta encore.

— Enfin, ajouta le peintre, à la condition que les soldats de l'Empire et de la Révolution porteront des cocardes tricolores.

— Dites à M. Vernet, répondit alors le prince, qu'il mettra la première cocarde à mon chapeau.

Et, en effet, le duc d'Orléans décida que le premier tableau qu'exécuterait pour lui Vernet le représenterait en colonel de dragons, sauvant un pauvre prêtre réfractaire : bonne fortune qu'avait eue le prince en 1792.

Horace Vernet fit le tableau, et eut le plaisir de mettre ostensiblement la première cocarde tricolore à un casque.

Vers ce temps, le duc de Berry voulut absolument visiter à son tour l'atelier du peintre, dont la réputation grandissait avec la rapidité du géant Adamastor. Mais Vernet n'aimait point les Bourbons, surtout ceux de la branche aînée. — Avec le duc d'Orléans, cela allait encore : il avait été jacobin.

Horace refusa l'entrée de son atelier au fils de Charles X.

— Eh ! mon Dieu ! dit le duc de Berry, s'il ne s'agit, pour être reçu de M. Vernet que de mettre une cocarde tricolore, dites à M. Vernet que, quoique je ne porte pas dans mon cœur les couleurs de M. Laffitte, je les placerai, s'il le faut, à mon chapeau le jour où je me présenterai chez lui.

La proposition n'eut pas de suites, soit que le peintre n'eût point accepté, soit que, le peintre ayant accepté, le prince ne voulût plus se soumettre à cette exigence.

En moins de dix-huit mois, Vernet fit pour le duc d'Orléans — la condition des cocardes tricolores toujours respectée — cette belle série de tableaux qui sont ses meilleurs : *Montmirail*, où il mit plus que des cocardes tricolores, où il mit l'empereur lui-même passant à l'horizon sur son cheval blanc ; *Hanau*, *Jemmapes* et *Valmy*.

Mais toutes ces cocardes tricolores qui fleurissaient sur les toiles d'Horace comme des coquelicots, des bluets et des marguerites dans un pré, et surtout ce maudit cheval blanc, quoiqu'il ne fût pas plus gros qu'une tête d'épingle, effrayèrent le gouvernement de Louis XVIII. L'exposition de 1821 refusa les tableaux d'Horace Vernet.

L'artiste fit une exposition chez lui, et eut à lui seul plus de succès que les deux mille peintres qui avaient exposé au salon.

Ce fut le moment de sa grande popularité. Nul ne se fût permis à cette époque, même ses ennemis, de contester son talent. Vernet était plus qu'un peintre célèbre : c'était une chose nationale répondant, comme artiste, au même besoin d'opposition qui commençait à faire, comme poëtes, la réputation de Béranger et de Casimir Delavigne.

Il logeait rue de la Tour-des-Dames. Tout ce quartier venait de sortir de terre ; c'était la ville des artistes: Talma, mademoiselle Mars, mademoiselle Duchesnois, Arnault logeaient là. On appelait ce quartier la Nouvelle-Athènes.

Tout cela faisait de l'opposition à qui mieux mieux : mademoiselle Mars avec ses violettes, M. Arnault avec ses fables, Talma avec sa perruque de Sylla, Horace Vernet avec ses cocardes tricolores, mademoiselle Duchesnois avec ce qu'elle pouvait.

Une consécration manquait à la popularité d'Horace Vernet, il l'obtint, c'est-à-dire qu'il fut nommé directeur de l'École française de Rome. Peut-être était-ce un moyen de l'éloigner de Paris. Au reste, l'exil, si c'en était un, ressemblait si fort à un honneur, que Vernet accepta avec joie.

La critique grogna bien un peu : — c'était le moment d'élever la voix ! — les uns, sur ce ton rauque, les autres sur ce ton glapissant, qui composent les deux notes particulières aux envieux, crièrent que c'était un peu bien risqué d'envoyer à Rome le propagateur des cocardes tricolores, que c'était un peu bien hardi de mettre en face les uns des autres *Montmirail* et *la Transfiguration*, Horace Vernet et Raphaël ; mais ces voix se perdirent dans l'acclamation universelle qui salua l'honneur rendu à notre peintre national.

Ce n'étaient point les ennemis de Vernet qui devaient récriminer : c'étaient ses amis qui devaient avoir peur.

En effet, en se trouvant en face des chefs-d'œuvre du xvie siècle, Horace Vernet comme Raphaël, introduit dans la chapelle Sixtine par Bramante, fut pris du frisson du doute. Toute son éducation de peintre fut remise en question par lui-même. Il crut s'être trompé pendant trente ans de sa vie ; — à trente-deux ans, il y avait déjà trente ans qu'Horace était peintre ! — Il se demanda si, au lieu de ces bonshommes d'un pied, vêtus de la capote militaire et du schako, il n'était pas destiné à faire des géants tous nus; au lieu de l'Iliade de Napoléon, l'Iliade d'Homère. Il se mit, le malheureux! à faire de la grande peinture.

L'École de Rome était florissante à son arrivée : — Vernet succédait à Guérin ; — sous Vernet, elle devint splendide.

L'infatigable artiste, le créateur éternel, avait communiqué à toute cette jeunesse une portion de sa fécondité. Soleil, il éclairait tout, il chauffait tout, il mûrissait tout de ses rayons.

Un an après son arrivée à Rome, il fallait bâtir dans le jardin de l'École une salle d'exposition. Féron, à qui l'Institut demandait une esquisse de dix-huit pouces, livrait un tableau de vingt pieds, *le Passage des Alpes ;* Debay donnait *la Mort de Lucrèce ;* Bouchot, une *Bacchanale ;* Rivière, une *Peste apaisée par les prières du pape.*

Les statuaires, au lieu de faire des statuettes, faisaient des groupes, ou tout au moins des statues : Dumont envoyait *Bacchus aux bras de sa nourrice ;* Duret, *l'Invention de la lyre.*

C'était un tel débordement de productions, que l'Académie s'effraya. Elle se plaignit que l'École de Rome *produisait trop*.

Ce fut le seul reproche qu'on eut à faire à Vernet pendant sa vice-royauté ultramontaine.

Lui aussi travaillait comme un élève, comme deux élèves, comme dix élèves. Il envoyait son *Raphaël et Michel-Ange*, il envoyait son *Exaltation du pape*, il envoyait son *Arrestation du prince de Condé*, il envoyait... Heureusement pour Horace, je ne me rappelle plus tout ce qu'il envoyait à cette époque.

Encore une fois, la vue des maîtres l'avait bouleversé ; — en termes d'atelier, Horace pataugeait!

Je dis cela, parce que je suis bien sûr que c'est son avis à lui-même. S'il est possible qu'Horace fasse de mauvaise peinture, s'il en a jamais fait, — et il n'y a que lui qui ait le droit de dire cela, — n'est-ce pas, cher Horace, que cette mauvaise peinture que tant de peintres signeraient joyeusement et glorieusement, n'est-ce pas que c'est à Rome que vous l'avez faite ?

Mais cette période d'infériorité relative — car Horace, en faisant ce qu'on appelle de la grande peinture, n'était inférieur qu'à lui-même — cette période ne fut pas sans fruit pour l'artiste; il but la liqueur de vie à la grande source, à la source éternelle! il revint en France puissant d'une force invisible à tous, inconnue à lui-même, et, après sept années passées au Vatican, à la chapelle Sixtine, à la Farnésine, il se retrouva plus à l'aise dans ses casernes, dans ses champs de bataille, que beaucoup disaient, et disaient à tort, qu'il n'eût pas dû quitter.

Ah! c'est une belle vie que celle d'Horace, sillonnant l'Europe à cheval, l'Afrique à dromadaire, la Méditerranée en vaisseau! une belle, noble et loyale vie, à qui la critique a pu faire des réprimandes, à qui la France n'aura point à faire un reproche!

Or, cette année-là, — nous revenons à nos moutons, comme dirait M. Berger, — cette année-là, Horace avait envoyé de Rome deux tableaux que nous avons nommés: *l'Exaltation du pape* et *l'Arrestation du prince de Condé*, un des bons parmi ses meilleurs.

CCXIX

Paul Delaroche.

Delaroche avait exposé au salon de 1831 ses trois chefs-d'œuvre: *les Enfants d'Édouard; Cinq-Mars et de Thou remontant le Rhône à la remorque du cardinal de Richelieu*, et *le Jeu du cardinal de Mazarin à son lit de mort*.

Il va sans dire que celui des trois tableaux que nous préférons est *Cinq-Mars et de Thou remontant le Rhône*.

La biographie de l'éminent artiste ne sera pas longue. Ce n'est ni un de ces caractères fantastiques, ni un de ces tempéraments fougueux qui vont au-devant des aventures. Il n'a pas, comme Vernet, la clavicule cassée à quinze ans, trois côtes enfoncées à trente, la tête fendue à quarante-cinq ; il n'a pas le corps mis à jour par des querelles politiques ; ses distractions ne sont pas l'escrime, l'équitation, la chasse. Il se repose du travail par le rêve, et non par une fatigue nouvelle ; car son travail, quoique savant, est dur, laborieux, triste. Au lieu de dire à la face du ciel, au grand jour, en montrant ses tableaux aux hommes, et en remerciant Dieu de les lui avoir donnés à faire : « Voyez, je suis artiste ! Vivent Raphaël et Michel-Ange ! » il les voile, il les cache, il les soustrait aux regards en murmurant : « Ah ! je n'étais pas fait pour les pinceaux, la toile et les couleurs : j'étais fait pour la politique et la diplomatie. Vivent M. de Talleyrand et M. de Metternich ! » Oh ! ce sont les esprits malheureux, les damnés de ce monde, ceux qui font une chose, et qui sont tourmentés de cette éternelle préoccupation qu'ils étaient créés pour en faire une autre.

Paul Delaroche, en 1831, avait trente-quatre ans, et venait d'atteindre à l'apogée de sa force et de son talent. Il était le second fils d'un commissionnaire au Mont-de-Piété. Il entra de bonne heure dans l'atelier de Gros, alors au zénith de sa gloire, et qui, après les belles toile de *Jaffa,* d'*Aboukir* et d'*Eylau,* allait entreprendre la gigantesque coupole du Panthéon. Ses progrès furent sérieux, rapides, en harmonie avec le dessin et le goût du maître.

Cependant, Delaroche avait commencé par le paysage. Son frère peignait l'histoire, et le père n'avait pas voulu que ses deux fils s'adonnassent au même genre. Les Claude Lorrain et les Ruysdael étaient donc les études préférées de Paul ; une femme dont il devint amoureux, et dont il s'obstina à faire le portrait, changea ses dispositions.

Ce portrait fait, et *bien venu,* comme on dit en termes d'atelier, Delaroche était acquis à la grande peinture.

Il débuta au salon de 1822, c'est-à-dire à l'âge de vingt-cinq ans, avec un *Joas arraché du milieu des morts par Josabeth* et un *Christ descendu de la croix.*

En 1824, il exposa *Jeanne d'Arc interrogée dans son cachot par le cardinal de Winchester, — Saint Vincent de Paul prêchant pour les enfants trouvés,* — *Saint Sébastien secouru par Irène,* — et *Filippo Lippi chargé de peindre une Vierge pour un couvent, et devenant amoureux de la religieuse qui lui sert de modèle.*

La *Jeanne d'Arc* fit une grande impression, et l'on commença à parler de Delaroche, non comme d'un peintre donnant des espérances, mais comme d'un maître les ayant réalisées.

En 1826, il exposa la *Mort de Carrache,* — *le Prétendant sauvé par miss Mac Donald,* — la *Nuit de la Saint-Barthélemy,* — la *Mort d'Élisabeth,* — et le portrait en pied du dauphin.

Tout le monde s'arrêtait devant Élisabeth, verdâtre, mourante, déjà jusqu'à la ceinture dans le tombeau. Moi, je m'arrêtai devant la jeune fille d'Écosse, ravissante de sentiment, adorable de poésie.

Cinq-Mars et *Miss Mac Donald,* c'était suffisant pour faire de Delaroche un grand peintre.

Quelle charmante manière que celle du dernier tableau : douce, tendre, affectueuse ! que de souplesse et de *morbidezza* dans ces blonds quinze ans qui, portés par les ailes de la jeunesse, touchent à peine la terre !

O Delaroche ! vous êtes un grand peintre ! mais, si vous aviez fait seulement quatre tableaux pareils à votre *Miss Mac Donald*, comme vous seriez un peintre aimé !

En 1827, il produisit d'abord un tableau politique : la *Prise du Trocadéro;* puis la *Mort du président Duranti,* grande et magnifique page, — trois figures de premier ordre : celle du président, celle de la femme, celle de l'enfant; celle de l'enfant surtout, je ne dirai pas qui tend, mais qui roidit ses bras au ciel; et un plafond pour le musée Charles X. Je ne parlerai point de ce plafond, je ne me le rappelle pas.

Enfin vint 1831, c'est-à-dire l'époque où nous sommes arrivés, et où Delaroche expose *les Enfants d'Édouard, Cinq-Mars et de Thou,* — *le Jeu de Mazarin,* — le portrait de mademoiselle Sontag, — et *une Lecture.*

Alors, comme nous l'avons dit, la réputation du peintre a atteint son apogée.

Vous vous rappelez ces deux enfants assis sur un lit, l'un maladif, l'autre plein de santé; vous vous rappelez ce petit chien qui aboie; vous vous rappelez le rayon de lumière qui pénètre dans la prison par l'ouverture qui s'étend au bas de cette porte. Vous vous rappelez le Richelieu malade, toussant, exténué, n'ayant plus assez de force pour faire mourir les autres; vous vous rappelez le beau Cinq-Mars, calme dans son élégant costume de satin blanc, rose et blanc, sous son feutre gris-perle; vous vous rappelez de Thou, grave dans son costume sombre, regardant de loin l'échafaud, qui lui sera si douloureux vu de près; vous vous rappelez ces gardes, ces rameurs, ce soldat qui mange, cet autre qui crache dans l'eau. — Tout cela est ravissant de composition, d'exécution, d'intelligence, de sentiment et surtout d'adresse. D'adresse, oui! car Delaroche est le peintre adroit par excellence. Il possède l'adresse de Casimir Delavigne, avec lequel il a toute sorte de points de ressemblance, quoique, à notre avis, il nous semble plus fort, comme peintre, que Casimir Delavigne comme auteur dramatique.

Chaque homme d'art a ainsi dans un art voisin son analogue qui le côtoie : Hugo et Delacroix ont de grands points de contact; je me vante de ressembler à Vernet.

L'adresse de Delaroche, en effet, est grande; non pas que nous croyions que cette adresse soit le fruit d'un calcul; on est adroit instinctivement, et l'adresse peut être, non pas une qualité acquise, mais un don naturel, don un peu négatif sans doute, au point de vue de l'art. J'aime mieux certains peintres, certains poëtes, certains comédiens trop maladroits que trop adroits. Mais, de même que toutes les études du monde ne changeront pas la maladresse en adresse, de même vous ne corrigerez pas un homme adroit de ce défaut.

Eh bien, c'est singulier à dire, Delaroche a le défaut d'être trop adroit.

Si l'homme va à l'échafaud, ce n'est ni le moment de frisson où les gardes ouvrent les portes de la prison, ni le moment de terreur où le patient apercevra l'échafaud, que Delaroche choisira. Non, la victime résignée passera, en descendant un escalier, devant la fenêtre de l'évêque de Londres, s'agenouillera les yeux baissés et recevra la bénédiction que lui donneront deux mains blanches, aristocratiques et tremblantes, passant à travers les barreaux de cette fenêtre.

S'il peint l'assassinat du duc de Guise, ce n'est pas le moment de la lutte qu'il va choisir, ce n'est pas cette seconde suprême où les figures se contractent dans les crispations de la colère, dans les convulsions de l'agonie; où les mains déchirent les chairs, et arrachent les cheveux; où les cœurs boivent la vengeance et les poignards le sang. Non, c'est le moment où tout est fini, où le duc de Guise est couché mort au pied du lit, où les poignards et les épées sont essuyées, où les manteaux ont caché les déchirures du pourpoint, où les meurtriers ouvrent la porte à l'assassin, et où Henri III, pâle, tremblant, entre, recule en entrant, et murmure : « Mais cet homme avait donc dix pieds?... Je le trouve encore plus grand couché que debout, mort que vivant! »

Enfin, s'il peint les enfants d'Édouard, le moment qu'il choisit n'est point celui où les bourreaux de Richard III se précipitent sur les pauvres innocents, et étouffent leurs cris et leur vie sous les matelas et les oreillers. Non, c'est celui où les deux enfants, assis sur le lit qui va devenir leur tombeau, s'inquiètent et frissonnent, par pressentiment, au bruit des pas de la Mort, qu'ils ne reconnaissent pas encore, mais que leur chien a reconnue, et qui s'approche, cachée par la porte de la prison, mais infiltre déjà sa pâle et cadavéreuse lumière à travers les fentes de cette porte.

Il est évident que c'est un côté de l'art, une face du génie qui peut être vigoureusement attaquée, mais consciencieusement défendue. Cela ne satisfait pas extrêmement l'artiste, mais cela plaît considérablement au bourgeois.

Voilà pourquoi Delaroche eut un moment la réputation la plus universelle et la moins contestée parmi tous ses confrères. Voilà pourquoi, après avoir été trop indulgente pour lui, — et par cela même qu'elle a été trop indulgente, — voilà pourquoi la critique est devenue trop sévère. Et voilà pourquoi nous remettons l'artiste et ses œuvres à leur véritable place et dans leur véritable jour.

Nous dirons donc : il ne faut pas autant en vouloir à Delaroche de son adresse qu'il ne faut l'en féliciter. L'adresse de Delaroche est une partie organique, non-seulement de son talent, mais encore de son tempérament et de son caractère.

Il ne fait pas le tour de son sujet pour savoir de quel côté il pourra le voir plus adroitement. Son sujet se présente tout d'abord ainsi à ses yeux, posé de cette façon-là; et le peintre voudrait le faire autrement, que la chose lui serait impossibe.

A côté de cela, tout ce que Delaroche peut mettre de conscience dans son œuvre, il l'y met. C'est encore un autre point de ressemblance qu'il a avec Casimir Delavigne; seulement, il ne se vide pas comme lui jusqu'au fond ; il ne lui faut pas, comme à Delavigne, des amis pour reprendre la force et la vie; — il est plus abondant : Casimir est malingre; Delaroche n'est que quinteux.

Puis Casimir rapetisse, fait étroit, mesquin. Il traite le même sujet que Delaroche; mais pourquoi le traite-t-il? Non point parce que le sujet est gigantesque; non point parce qu'il remue le cœur des masses, et secoue le passé d'un peuple; non point parce que Shakspeare en a fait un drame sublime, mais parce que Delaroche en a fait une belle composition.

Aussi les quinze actes plus ou moins longs de Shakspeare deviennent-ils trois petits actes sous la plume de Casimir Delavigne; aussi, du convoi du roi, de la scène entre Richard III et la reine Anne, de l'apparition des victimes entre les deux armées, du combat entre Richard III et Richemont, n'en est-il question aucunement.

Les trois actes de Delavigne n'ont pas d'autre but que d'arriver à faire un tableau vivant encadré par le manteau d'Arlequin du Théâtre-Français, représentant avec une scrupuleuse exactitude, et à la manière d'un trompe-l'œil, le tableau sur toile de Delaroche.

Il en résulte que le drame se trouve comme l'Académie, grand, non point par ce qu'il a, mais par ce qui lui manque.

Puis, quoique, chez l'un comme chez l'autre, les convictions ou, si l'on veut, les préjugés aillent au delà de l'obstination, et touchent à l'entêtement, Delaroche, étant le plus fort des deux, cède rarement, mais cède quelquefois; Casimir, jamais!

Un exemple :

J'ai dit que chaque grand artiste avait, dans un art voisin, son analogue qui le côtoie; j'ai dit que Delaroche ressemblait à Casimir Delavigne. J'insiste.

Cela est si vrai, que Victor Hugo et Delacroix, les deux talents les moins académiques qu'il y ait au monde, ont eu tous deux l'ambition d'être de l'Académie. Tous deux se sont mis sur les rangs : Hugo, cinq fois; Delacroix, dix, douze, quinze... Je ne compte plus.

Eh bien, on se rappelle ce que j'ai raconté; ou plutôt, de peur qu'on ne se le rappelle pas, je vais le redire.

A l'une des vacances académiques, je pris sur moi de faire pour Hugo quelques visites à des académiciens de mes amis.

Une de ces visites fut dirigée vers les Menus-Plaisirs, où Casimir Delavigne avait un logement.

J'ai déjà dit que j'aimais beaucoup Casimir Delavigne, et que Casimir Delavigne m'aimait beaucoup.

Peut-être s'étonnera-t-on qu'aimant beaucoup Casimir Delavigne, et me vantant d'être aimé de lui, je dise du *mal* de Casimir Delavigne.

D'abord, je ne dis pas de *mal* du talent, je dis la vérité sur le talent de Casimir Delavigne. Cela ne m'empêche pas d'aimer la personne de Casimir.

Je dis du bien du talent de M. Delaroche; cela prouve-t-il que j'aime M. Delaroche? Non, je n'aime pas M. Delaroche; mais mon amitié pour l'un, et mon peu de sympathie pour l'autre n'influent pas sur l'opinion que j'ai de leur talent.

Je n'ai ni à me plaindre ni à me louer de leur talent, et je puis avoir à me louer ou à me plaindre des individus.

Je laisse toutes ces misères de côté, et je juge les œuvres.

Cela expliqué, je reviens à Casimir Delavigne, qui m'aimait un peu, et que j'aimais beaucoup. J'avais résolu de mettre cette amitié-là au service d'Hugo, que j'aimais et que j'aime encore bien autrement, parce que l'admiration entre au moins pour les deux tiers dans mon amitié pour Hugo, tandis que je n'admirais point Casimir Delavigne.

J'allai donc trouver Casimir Delavigne. J'employai toutes les câlineries de mon amitié, tous les arguments de ma raison pour le déterminer à donner sa voix à Hugo. — Il refusa obstinément, cruellement et, ce qui est pis, maladroitement.

Il eût été si adroit à Casimir Delavigne de donner sa voix à Hugo !

Il ne la lui donna point.

C'est que l'adresse, chez Casimir Delavigne, était une qualité acquise, et non un don naturel.

Casimir donna sa voix — à qui ? je n'en sais plus rien. A M. Dupaty, à M. Flourens, à M. Vatout.

Eh bien, écoutez ceci.

Même situation se présente pour Delacroix faisant ses visites que pour Hugo se mettant sur les rangs.

Une première fois, une seconde fois, Delaroche refusa sa voix à Delacroix.

Robert Fleury, — vous savez, cet excellent peintre des situations douloureuses, des agonies suprêmes, si bien placé pour être un appréciateur impartial de Delacroix et de Delaroche ? — eh bien, Robert Fleury alla trouver Delaroche, et fit près de lui ce que j'avais fait près de Casimir Delavigne, c'est-à-dire qu'il pria, supplia Delaroche de donner sa voix à Delacroix.

Delaroche refusa d'abord avec des crispations de terreur, avec des cris d'indignation ; il mit Robert Fleury à la porte.

Mais, quand il fut resté seul, sa conscience lui parla tout bas d'abord, puis à demi-voix, puis tout haut ; il essaya de lutter : sa conscience grandissait incessamment comme l'ombre de la fiancée de Messine !

Il envoya chercher Fleury.

— Vous pouvez dire à Delacroix qu'il a ma voix ! lui cria-t-il. Au bout du compte, c'est un grand peintre.

Et il se sauva dans sa chambre à coucher comme un lion vaincu se retire dans sa caverne, comme Achille maussade se retire dans sa tente.

Maintenant, en échange de cette concession faite à sa conscience, qui lui dit : « Tu as tort ! » montrons Delaroche obstiné, quand sa conscience lui dit : « Tu as raison ! »

C'est non-seulement un grand peintre que Delaroche, mais, vous allez voir, c'est encore un très-beau, un très-grand caractère.

En 1835, Delaroche, chargé de peindre six tableaux qui doivent se relier avec la coupole de la Madeleine, apprend que M. Ingres, chargé lui-même de peindre cette coupole, recule devant l'œuvre immense, et se retire.

Il court chez M. Thiers, alors ministre de l'intérieur.

— Monsieur le ministre, lui dit-il, M. Ingres se retire ; mon travail se reliait au sien, je m'étais entendu avec lui, il m'avait fait part de son plan, je lui avais montré mes esquisses ; sa besogne et la mienne eussent fait un tout harmonieux. Peut-être n'en sera-t-il pas ainsi de son successeur. Je demande à le connaître, afin de savoir s'il pourra en être de moi à lui comme il en était de moi à M. Ingres. Dans le cas où vous n'auriez personne en vue, et que vous vouliez me charger de tout, je ferai la coupole pour rien, c'est-à-dire que vous me payerez mes six tableaux au prix convenu, et que je vous donnerai, moi, la coupole par-dessus le marché.

M. Thiers se redressa, se posa en Orosmane, et dit comme Orosmane :

>Chrétien, te serais-tu flatté
>D'effacer Orosmane en générosité ?...

Le résultat de la conversation fut que le ministre, après avoir dit qu'il n'y aurait peut-être pas de coupole peinte, et que l'on se contenterait d'une frise sculptée, donna sa parole d'honneur à Delaroche, — cette parole d'honneur que vous connaissez, que je connais, que Rome connaît, que l'Espagne connaît ! sa parole d'honneur, dis-je, que, si la coupole de la Madeleine était peinte, ce serait lui, Delaroche, qui la peindrait. Sur cette assurance, Delaroche partit joyeux pour Rome, emportant une espérance devenue sa vie. Cette œuvre, c'était son œuvre capitale, c'était sa chapelle Sixtine, à lui.

Il arrive à Rome; il s'enferme, comme Poussin, dans un couvent de camaldules, copie des têtes de moine, fait des études prodigieuses, des esquisses admirables, les esquisses de Delaroche valent souvent mieux que ses tableaux, — peint le jour, dessine la nuit, et revient avec des montagnes de matériaux.

En arrivant, il apprend que la coupole est donnée à Ziégler !

Comme moi après l'interdiction d'*Antony*, il prend un cabriolet, force la porte de M. Thiers, le trouve dans son cabinet, s'arrête devant son bureau.

— Monsieur le ministre, je ne viens pas vous réclamer le travail que vous m'aviez promis; je viens vous rendre les vingt-cinq mille francs que vous m'avez avancés.

Et, jetant les vingt-cinq mille francs en billets de banque sur le bureau du ministre, il salue et sort.

C'était, digne, c'était noble, c'était grand ! mais ce fut douloureux.

La tristesse de Delaroche, disons mieux, sa misanthropie, date de ce jour-là.

CCXX

Eugène Delacroix.

Eugène Delacroix avait exposé au salon de 1831 ses *Tigres*, sa *Liberté*, sa *Mort de l'évêque de Liége*.

Remarquez-vous comme la grave et misanthropique figure de Delaroche se trouve bien encadrée entre Horace Vernet, qui est la vie et le mouvement, et Delacroix, qui est le sentiment, l'imagination et la fantaisie ?

Voilà un peintre dans toute la force du terme, à la bonne

heure! plein de défauts impossibles à défendre, plein de qualités impossibles à contester, pour lequel amis et ennemis, admirateurs et détracteurs, peuvent s'égorger en toute conscience. Et tous auront raison : ceux-là d'aimer, ceux-ci de haïr; les uns d'admirer, les autres de dénigrer.

Donc, bataille! Delacroix est à la fois un *fait de guerre* et un *cas de guerre*.

Nous allons tâcher d'esquisser cette grande et curieuse figure artistique, qui ne ressemble à rien de ce qui a été, et probablement à rien de ce qui sera; nous allons essayer de donner, par l'analyse de son tempérament, une idée des productions de ce grand peintre, qui tient à la fois de Michel-Ange et de Rubens; moins bon dessinateur que le premier, moins bon compositeur que le second, mais plus fantaisiste que l'un et l'autre.

Le tempérament, c'est l'arbre; les œuvres n'en sont que les fleurs et les fruits.

Eugène Delacroix est né à Charenton, près Paris, — à Charenton-les-Fous; aussi personne, peut-être, n'a fait les fous comme Delacroix : voyez le fou hébété, le fou craintif et le fou colère de *la Prison du Tasse*.

Il est né en 1798, en plein Directoire. Son père, après avoir été ministre de la Révolution, était préfet à Bordeaux, et allait être préfet à Marseille. Eugène était le dernier de la famille, le *culot*, comme disent les dénicheurs de nids; son frère avait vingt-cinq ans de plus que lui; sa sœur était mariée avant qu'il fût né.

Il est difficile d'avoir une enfance plus accidentée que ne l'a été celle de Delacroix.

A trois ans, il avait été pendu, brûlé, noyé, empoisonné, étranglé! Il fallait une rude prédestination pour échapper à tout cela.

Un jour, son père, qui était militaire, le prend entre ses deux bras, et l'élève jusqu'à la hauteur de sa bouche; pendant ce temps, l'enfant s'amuse à se tourner autour du cou la corde à fourrage du cavalier; le cavalier, au lieu de le déposer à terre, le laisse retomber, et voilà Delacroix pendu!

Heureusement, on desserre à temps la corde à fourrage, et Delacroix est sauvé.

Un soir, sa bonne laisse la bougie allumée trop près de sa moustiquaire ; le vent fait flotter la moustiquaire ; la moustiquaire prend feu ; le feu se communique aux matelas, aux draps, à la chemise de l'enfant, et voilà Delacroix qui brûle !

Heureusement, il crie ; à ses cris, on arrive, et on éteint Delacroix. — Il était temps, le dos de l'homme est, aujourd'hui encore, tout marbré des brûlures qui ont corrodé la peau de l'enfant.

Son père, de la préfecture de Bordeaux, passe à celle de Marseille ; on donne au nouveau préfet une fête d'installation dans le port ; en passant d'un bâtiment à un autre, le domestique qui porte l'enfant fait un faux pas, se laisse choir, et voilà Delacroix qui se noie !

Heureusement, un matelot se jette à la mer, et le repêche juste au moment où, songeant à sa propre conservation, le domestique vient de le lâcher.

Un peu plus tard, dans le cabinet de son père, il trouve du vert-de-gris qui sert à laver les cartes géographiques ; la couleur lui plaît : — Delacroix a toujours été coloriste ; — il avale le vert-de-gris, et le voilà empoisonné !

Heureusement, son père rentre, trouve le godet vide, se doute de ce qui s'est passé, appelle un médecin ; le médecin ordonne l'émétique, et désempoisonne l'enfant.

Un jour qu'il a été bien sage, sa mère lui donne une grappe de raisin sec ; Delacroix était gourmand : au lieu de manger son raisin grain à grain, il avale la grappe entière ; la grappe lui reste dans la gorge et l'étrangle ni plus ni moins que l'arête de sole étranglait Paul Huet !

Heureusement, sa mère lui fourre la main dans la bouche jusqu'au poignet, rattrape la grappe par la queue, parvient à la retirer, et Delacroix, qui étranglait, respire.

Ce sont, sans doute, ces divers événements qui ont fait dire à l'un de ses biographes qu'il avait eu une enfance *malheureuse*. Comme on le voit, c'est accidentée qu'il eût fallu dire. Delacroix était adoré de son père et de sa mère, et il n'y a pas d'enfance malheureuse poussant et fleurissant entre ce double amour.

A huit ans, on le met au collége, — au lycée impérial. Il y reste jusqu'à dix-sept ans, et y fait de bonnes études, passant ses vacances tantôt près de son père, tantôt chez son oncle Riesener, le peintre de portraits. Chez cet oncle, il voit Guérin. — Toujours la rage de la peinture l'avait poursuivi : à six ans, en 1804, lors du camp de Boulogne, il avait fait, à la craie blanche, sur une planche noire, un dessin représentant la *Descente des Français en Angleterre;* seulement, la France était figurée par une montagne; l'Angleterre par une vallée : c'était la *descente* en Angleterre. De la mer, il n'en était pas question. On voit qu'à six ans, les notions géographiques de Delacroix n'étaient pas bien arrêtées. — Il est convenu, entre Riesener et l'auteur de la *Clymnestre* et du *Pyrrhus*, qu'en sortant du collége, Delacroix entrera dans l'atelier de celui-ci.

Il y avait bien quelques difficultés de la part de la famille : le père penchait pour l'admininistration, la mère pour la diplomatie ; mais, à dix-huit ans, Delacroix perd sa fortune et son père ; il lui reste quarante mille francs et la liberté de se faire peintre.

Alors, il entre chez Guérin, ainsi que c'était convenu, travaille comme un nègre, rêve, compose et exécute son tableau du *Dante*.

Ce tableau, qui n'est pas le plus mauvais de ceux qu'il a faits, — les hommes forts mettent autant, quelquefois plus dans leur première œuvre que dans aucune autre, — ce tableau avait poussé sous les yeux de Géricault.

C'était un chaud soleil, que le regard du jeune maître qui était en train de composer le *Naufrage de la Méduse.*

Géricault venait souvent voir travailler Delacroix ; la rapidité et la fantaisie de pinceau de son jeune rival, ou plutôt de son jeune admirateur, l'amusait. Il le regardait par-dessus l'épaule, — Delacroix est de petite, et Géricault était de grande taille, — ou bien à cheval sur une chaise. Géricault aimait tant les chevaux, qu'il se mettait toujours à cheval sur quelque chose.

Le dernier coup de pinceau donné au sombre passage des enfers, on le montra à M. Guérin.

M. Guérin se pinça les lèvres, fronça le sourcil, et fit entendre un petit grognement désapprobateur accompagné d'un signe de tête négatif. Ce fut tout ce que Delacroix en put tirer.

Le tableau fut exposé.

Gérard le vit en passant, s'arrêta court, le regarda longtemps, et, le soir, en dînant avec Thiers, — qui faisait ses premières armes en littérature, comme Delacroix en peinture, — il dit au futur ministre :

— Nous avons un peintre de plus !
— Qui s'appelle ?
— Eugène Delacroix.
— Qu'a-t-il fait ?
— Un *Dante passant l'Achéron avec Virgile*. Voyez son tableau.

Le lendemain, Thiers va au Louvre, cherche le tableau, le trouve, le regarde à son tour, et sort enchanté.

Il y a un sentiment artistique réel, sinon dans le cœur, du moins dans l'esprit de Thiers. Ce qu'il a pu faire pour l'art, il l'a fait, et, quand il a mécontenté, blessé, découragé un artiste, la faute en a été à son entourage, à sa famille, à des coteries de salon, et, tout en faisant cette douleur à un artiste, de lui manquer de parole, il eût voulu, au prix d'une douleur éprouvée par lui, épargner à cet artiste celle qu'il lui faisait.

Puis il avait la main, sinon juste, du moins heureuse : c'est lui qui a eu l'idée d'envoyer Sigalon à Rome.

Il est vrai que Sigalon est mort à Rome du choléra ; mais il est mort après avoir envoyé de Rome sa belle copie du *Jugement dernier*.

Thiers revint donc enchanté du tableau de Delacroix ; il travaillait alors au *Constitutionnel*. Il fit un splendide article au débutant.

En somme, *le Dante* n'avait pas soulevé trop de colère. On ne se doutait pas quelle famille de réprouvés l'exilé de Florence traînait après lui !

IX.

Le gouvernement acheta le tableau deux mille francs, sur la recommandation de Gérard et de Gros, et le fit transporter au Luxembourg, où il est encore. Vous pouvez le voir, c'est un des beaux tableaux du palais.

Deux ans s'écoulèrent. A cette époque, les expositions n'avaient lieu que tous les deux ou trois ans. Le salon de 1824 s'ouvrit.

Tous les regards étaient tournés vers la Grèce. Les souvenirs de notre jeunesse faisaient de la propagande, et recrutaient hommes, argent, poésies, peintures, concerts. On chantait, on peignait, on versifiait, on quêtait en faveur des Grecs. Quiconque se fût déclaré turcophile eût risqué d'être lapidé comme saint Étienne. Delacroix exposa son fameux *Massacre de Scio*.

Bon Dieu! vous qui étiez de ce temps-là, avez-vous oublié les clameurs que fit pousser cette peinture, qui apparaissait à la fois rude dans sa composition, violente dans sa forme, et, cependant, pleine de poésie et de grâce? Vous rappelez-vous la jeune fille attachée à la queue d'un cheval? Comme elle était frêle et facile à briser! comme on comprenait qu'au contact des cailloux, au choc des rochers, aux pointes des ronces, tout ce corps s'effeuillerait ainsi que les pétales d'une rose, se disperserait ainsi que des flocons de neige!

Or, cette fois, le Rubicon était passé, la lance jetée, la guerre déclarée. Le jeune peintre venait de rompre avec toute l'école impériale. En franchissant le précipice qui séparait le passé de l'avenir, il avait poussé du pied la planche dans l'abime, et, eût-il voulu revenir sur ses pas, la chose lui était désormais impossible. A partir de ce moment, — chose rare, à vingt-six ans! — Delacroix fut proclamé un maître, fit école, et eut, non pas des élèves, mais des disciples, des admirateurs, des fanatiques.

On chercha qui lui opposer; on exhuma l'homme qui lui était le plus dissemblable en tous points, pour se rallier autour de lui : on découvrit Ingres; on l'exalta, on le proclama, on le couronna en haine de Delacroix.

Comme du temps de l'invasion des Huns, des Burgundes et

des Wisigoths, on cria aux barbares, — on invoqua sainte Geneviève, — on adjura le roi, — on supplia le pape!

Ingres dut, certes, sa recrudescence de réputation, non point à l'amour et à l'admiration qu'inspiraient ses grisailles, mais à la terreur et à la haine qu'inspirait le pinceau fulgurant de Delacroix.

Tous les hommes au-dessus de cinquante ans furent pour Ingres; tous les jeunes gens au-dessous de trente ans furent pour Delacroix.

Nous étudierons, nous examinerons, nous apprécierons Ingres à son tour, qu'on soit tranquille! son nom, jeté là en passant, n'y demeurera pas enfoui; seulement, nous prévenons d'avance — que nos lecteurs se le tiennent pour dit, et que notre jugement ne soit pris que pour ce qu'il vaut, — nous prévenons que ni l'homme ni le talent ne nous sont sympathiques.

Thiers, au reste, ne manqua pas plus à l'auteur du *Massacre de Scio* qu'il n'avait manqué à l'auteur du *Dante*. Un article non moins louangeur que le premier, et tout surpris de se trouver dans les colonnes du classique *Constitutionnel*, vint en aide à Delacroix dans cette mêlée où, comme au temps de l'*Iliade*, les dieux de l'art ne dédaignaient pas de combattre ainsi que de simples mortels.

Le gouvernement eut en quelque sorte la main forcée par Gérard, Gros et M. de Forbin. Ce dernier, au nom du roi, acheta le *Massacre de Scio* six mille francs pour le musée du Luxembourg.

Géricault mourut comme Delacroix venait de toucher ses six mille francs. — Six mille francs! c'était une fortune. — La fortune passa à acheter des esquisses à la vente de l'illustre défunt, et à faire un voyage en Angleterre.

L'Angleterre est le pays des belles collections particulières : les immenses fortunes de certains gentlemen leur permettent — que ce soit par mode ou véritable sentiment de l'art — de satisfaire leur goût pour la peinture.

Delacroix se crut encore à l'ancien musée Napoléon, au

musée de la conquête qu'avait anéanti 1815 : il nagea en pleine Flandre et en pleine Italie.

C'était une merveilleuse chose, que cet ancien musée où s'étaient donné rendez-vous les chefs-d'œuvre de toute l'Europe, et au milieu duquel les Anglais faisaient rôtir leurs viandes saignantes après Waterloo.

Ce fut dans cette période de prospérité, — le bruit, en art, est toujours de la prospérité : s'il n'amène pas la fortune, il satisfait l'orgueil, et l'orgueil satisfait donne, certes, des jouissances plus vives que la fortune acquise! — ce fut dans cette période de prospérité, disons-nous, que Delacroix fit son premier *Hamlet,* son *Giaour,* son *Tasse dans la prison des fous, la Grèce sur les ruines de Missolonghi* et *Marino Faliero.*

J'ai acheté les trois premiers tableaux ; ils sont encore aujourd'hui des plus beaux qu'ait faits Delacroix.

La Grèce fut achetée par un musée de province.

Marino Faliero eut une singulière destinée. La critique s'acharna contre ce tableau. Delacroix l'eût donné, à cette époque, pour quinze ou dix-huit cents francs : personne n'en voulut. Lawrence le vit, l'apprécia, en eut envie, et allait l'acheter, quand il mourut. — Le tableau resta dans l'atelier de Delacroix.

En 1836, j'entrais chez le prince royal comme il allait envoyer à Victor Hugo, en remercîment d'un volume de poésies adressé par le grand poëte à madame la duchesse d'Orléans, je ne sais quelle tabatière ou quelle bague en diamants. Il me montra l'objet en question, et m'annonça sa destination, en me laissant entrevoir que j'étais menacé du pareil.

— Oh! monseigneur, par grâce! lui dis-je, n'envoyez à Hugo ni bague ni tabatière.

— Pourquoi cela?

— C'est ce que tout autre prince ferait, et monseigneur le duc d'Orléans, mon duc d'Orléans, à moi, n'est pas tout autre : il est lui, c'est-à-dire un homme d'esprit, un homme de cœur, un artiste.

— Que voulez-vous donc que je lui envoie?

— Décrochez un tableau de votre galerie, peu importe lequel, pourvu qu'il ait appartenu à Votre Altesse. Faites mettre au bas : « Donné par le prince royal à Victor Hugo, » et envoyez-lui cela.

— Eh bien, soit! Mieux encore : cherchez-moi, chez un peintre de vos amis, un tableau qui puisse plaire à Hugo; achetez-le, faites-le-moi apporter, et je le lui donnerai. Il y aura ainsi deux contents au lieu d'un : le peintre à qui je l'achèterai, le poëte à qui je le donnerai.

— J'ai votre affaire, monseigneur, dis-je au prince.

Je pris mon chapeau, et sortis tout courant. Je pensais au *Marino Faliero* de Delacroix.

Je traversai les ponts, je montai les cent dix-sept degrés de l'atelier de Delacroix, qui logeait alors quai Voltaire, et je tombai dans son atelier tout essoufflé.

— Vous voilà! me dit-il. Pourquoi diable avez-vous monté si vite?

— J'ai une bonne nouvelle à vous annoncer.

— Bon! fit Delacroix; laquelle?

— Je viens vous acheter votre *Marino Faliero*.

— Ah! dit-il d'un air plus contrarié que satisfait.

— Tiens! cela n'a pas l'air de vous réjouir!

— Est-ce pour vous que vous voulez l'acheter?

— Si c'était pour moi, combien vaudrait-il?

— Ce que vous auriez envie d'en donner : deux mille francs, quinze cents francs, mille francs.

— Non, ce n'est pas pour moi; c'est pour le duc d'Orléans. Combien pour le duc d'Orléans?

— Quatre mille, cinq mille, six mille francs, selon l'endroit de la galerie où il sera placé.

— Ce n'est pas pour lui.

— Pour qui?

— C'est pour faire un cadeau.

— A qui?

— Je ne suis pas autorisé à vous le dire; je suis seulement autorisé à vous offrir six mille francs.

— Mon *Marino Faliero* n'est pas à vendre.

— Comment, il n'est pas à vendre? Mais vous vouliez tout à l'heure me le donner pour mille francs?

— A vous, oui.

— Au prince pour quatre mille!

— Au prince, oui; mais au prince ou à vous seulement.

— Pourquoi cette préférence?

— A vous, parce que vous êtes mon ami; au prince, parce que c'est un honneur d'avoir sa place dans la galerie d'un artiste royal aussi éclairé qu'il l'est; mais à tout autre que vous deux, non.

— Oh! la singulière idée!

— Que voulez-vous! c'est la mienne.

— Mais, enfin, vous avez une raison!

— C'est probable.

— Vous vendriez tout autre tableau dont on vous donnerait le même prix?

— Tout autre, mais pas celui-là.

— Et pourquoi pas celui là?

— Parce qu'on m'a tant dit qu'il était mauvais, que je l'ai pris en affection, comme une mère prend en affection un pauvre enfant chétif, malingre, contrefait. Dans mon atelier, il m'a — pauvre paria qu'il est! — pour le regarder en face si on le regarde de travers, pour le consoler si on l'humilie, pour le défendre si on l'attaque. Chez vous, il eût eu, sinon un père, du moins un tuteur; car, si vous l'achetiez, vous qui n'êtes pas riche, c'est que vous l'aimeriez. Chez le prince, à défaut de louanges sincères, il eût eu celles des courtisans: « La peinture était bonne, puisque monseigneur l'a achetée... Monseigneur est trop artiste, trop connaisseur pour se tromper... C'était la critique qui avait fait erreur, la vieille sorcière! l'abominable sibylle! » Mais, chez un étranger, chez un indifférent à qui il n'aura rien coûté, qui n'aura aucune raison de prendre son parti, non, non, non. — Mon pauvre *Marino Faliero*, sois tranquille, tu n'iras pas là!

Et j'eus beau prier, supplier, insister, Delacroix tint bon. Sûr de ne pas être désavoué par le duc d'Orléans, j'allai jusqu'à huit mille francs.

Delacroix refusa obstinément. Le tableau est encore dans son atelier.

Voilà l'homme, ou plutôt voilà l'artiste!

Au salon de 1826, qui dura six mois, et qui eut trois renouvellements, Delacroix exposa un *Justinien* et un *Christ au jardin des Oliviers*, merveille de douleur et de tristesse que vous pouvez voir rue Saint-Antoine, dans l'église Saint-Paul, en entrant à gauche. Je ne manque jamais, pour mon compte, d'entrer dans cette église quand je passe par là, et de faire à la fois, devant ce tableau, ma prière de chrétien et d'artiste.

Tout cela, au reste, était sage; et, comme ce n'était que beau, et non bizarre, cela ne fit pas grand bruit. On dit bien que le *Justinien* avait l'air d'un oiseau, et le *Christ*... je ne sais plus de quoi; on se battit plutôt sur le dos du passé que sur celui du présent. Mais, tout à coup, au dernier renouvellement, arrive... quoi? Devinez... Vous ne vous rappelez pas?

— Non.

— Le *Sardanapale*.

— Ah! c'est vrai!

Pour le coup, ce fut un *tolle* général.

Le roi d'Assyrie, coiffé du bandeau, vêtu de la robe royale, était assis au milieu des vases d'argent, des aiguières d'or, des colliers de perles, des bracelets de diamants, des trépieds de bronze, avec sa favorite la belle Mirrha, sur un bûcher qui semblait près de glisser et de tomber sur le public. Tout autour du bûcher, les femmes du monarque d'Orient se tuaient, tandis que des esclaves amenaient et égorgeaient ses chevaux.

L'attaque fut si violente, la critique avait tant de choses à reprocher à cette toile gigantesque, — une des plus grandes, sinon la plus grande du salon, — que l'attaque étouffa la défense: les fanatiques essayèrent bien de se réunir en bataillon carré autour du chef; mais l'Académie elle-même, la vieille garde classique, chargea à fond; les malheureux partisans du *Sardanapale* furent enfoncés, dispersés, taillés en pièces! Ils disparurent comme une trombe, s'évanouirent comme une fumée, et, pareil à Auguste, Delacroix redemanda en vain ses légions! Thiers lui-même était caché, on ne savait pas où.

L'auteur du *Sardanapale* — il va sans dire que Delacroix n'était plus l'auteur du *Dante*, l'auteur du *Massacre de Scio*, l'auteur de *la Grèce sur les ruines de Missolonghi*, l'auteur du *Christ au jardin des Oliviers*; non, Delacroix n'était plus que l'auteur du *Sardanapale!* — l'auteur du *Sardanapale* demeura cinq ans sans commande.

Enfin, en 1831, il venait, comme nous l'avons déjà dit, d'exposer ses *Tigres*, sa *Liberté* et son *Assassinat de l'évêque de Liége*, et, autour de ces trois œuvres des plus remarquables, commença à se rallier ce qui avait survécu à la dernière défaite.

Le duc d'Orléans acheta l'*Assassinat de l'évêque de Liége*, et le gouvernement, la *Liberté*. Les *Tigres* restèrent à l'auteur.

CCXXI

Les trois portraits dans le même cadre.

Maintenant, — si j'en juge par moi-même du moins, — après l'appréciation de l'œuvre des hommes supérieurs, ce qui, en eux, éveille le plus la curiosité, c'est leur manière de travailler. Il y a des musées où l'on peut étudier toutes les phases de la gestation humaine, des serres où l'on peut, presque à l'œil nu, suivre le développement des plantes et des fleurs. N'est-il pas aussi curieux, dites-moi, d'assister aux divers phénomènes du travail de l'intelligence? et croyez-vous qu'il n'y ait pas un intérêt égal à voir ce qui se passe dans le cerveau de l'homme, surtout si cet homme est, en peinture, Vernet, Delaroche ou Delacroix; en science, Arago, Humboldt ou Berzélius; en poésie, Gœthe, Hugo ou Lamartine, que de regarder, à travers un globe de verre, ce qui se passe dans une ruche d'abeilles?

Un jour, je disais à un de mes amis misanthrope que, parmi les cerveaux des animaux, celui qui se rapprochait le plus du cerveau de l'homme était le cerveau de la fourmi.

— Ce que vous me dites là n'est pas poli pour la fourmi! me répondit le misanthrope.

Je ne suis pas tout à fait du même avis que mon ami, et je crois, au contraire, que le cerveau de l'homme est, de tous les cerveaux, le plus curieux à examiner.

Or, comme c'est le cerveau, — jusqu'à présent, du moins, on s'est arrêté là, faute de mieux, — comme c'est le cerveau qui crée la pensée, la pensée qui commande le mouvement, et le mouvement qui produit le fait, nous pouvons dire hardiment qu'étudier les caractères, et regarder les œuvres qui sont les productions du tempérament, c'est étudier le cerveau.

Nous avons dit ce qu'était Horace Vernet, comme aspect physique : petit, mince, leste, agréable à voir, bon à entendre, avec ses cheveux rares, ses sourcils épais, ses yeux bleus, son nez long, sa bouche souriante sous de longues moustaches, et sa royale taillée en pointe.

C'est, avons-nous ajouté, la vie et le mouvement.

Vernet sera, en effet, à la fin de sa carrière, l'un des hommes qui auront le plus vécu, et, le jour où il s'arrêtera, l'un des hommes qui auront le plus marché : grâce à la poste, aux chevaux, aux dromadaires, aux bateaux à vapeur, aux chemins de fer, il a, certes, fait aujourd'hui, c'est-à-dire à soixante-cinq ans, plus de chemin que le Juif errant! — Il est vrai que le Juif errant va à pied, ses cinq sous ne lui permettant pas la locomotion rapide, et sa fierté se refusant à la locomotion gratuite. — Vernet, disons-nous, a déjà fait, à cette heure, plus de chemin que le Juif errant n'en a fait depuis mille ans; son travail lui-même est une espèce de voyage : nous lui avons vu peindre *la Smala* avec un échafaudage montant jusqu'au plafond, des terrasses s'étendant dans toute la longueur de la salle; c'était curieux de le voir, allant, venant, montant, descendant, ne s'arrêtant, à chaque station, que cinq minutes, comme on ne s'arrête à Creil que dix minutes, comme on ne s'arrête à Valenciennes qu'une demi-heure; — et, au milieu de tout cela, bavardant, fumant, faisant des armes, montant à cheval, à mulet, à chameau, en tilbury, en droschky, en palanquin, racontant ses voyages, en projetant d'autres, et, d'impalpable, enfin, devenant presque invisible : c'est une flamme, une eau, une fumée comme Protée !

Puis il y a encore une curiosité avec Vernet : c'est qu'il part pour Rome, comme il partirait pour Saint-Germain : pour la Chine, comme il partirait pour Rome. J'ai été six ou sept fois chez lui; la première fois, il y était : la chose m'a alléché; la seconde, il était au Caire; la troisième, à Pétersbourg; la quatrième, à Constantinople; la cinquième, à Varsovie; la sixième, à Alger.

La septième, — c'était avant-hier, — je l'ai trouvé à l'Institut, arrivant de courir les chasses de Fontainebleau, et se donnant un jour de repos en blaireautant, d'une manière aussi sûre et aussi fraîche que lorsqu'il avait trente ans, un petit tableau de dix-huit pouces, représentant un Arabe à califourchon sur un âne ayant pour housse une peau de lion encore sanglante, et qui vient d'être enlevée au corps de l'animal. L'âne traverse, insoucieux du terrible fardeau qu'il porte, un ruisseau qu'on entend presque gazouiller sur les cailloux; l'homme, la tête en l'air, regarde, avec distraction, le ciel bleu qui transparaît à travers les feuilles, et les fleurs aux couleurs ardentes, rampant aux troncs des arbres, et retombant comme des cornets de nacre ou des cocardes de pourpre.

Cet Arabe, Vernet l'a rencontré ainsi, calme et insoucieux sur son âne, venant de tuer et de dépouiller ce lion.

Voici comment la chose était arrivée :

L'Arabe labourait un petit champ voisin d'un bois; — un bois est toujours un mauvais voisinage en Algérie; — sa femme était assise à vingt pas de lui, avec son enfant. Tout à coup, la femme poussa un cri... Elle avait un lion à côté d'elle.

L'Arabe s'élança sur son fusil; mais la femme lui cria :

— Laisse-moi faire !

Je me trompe, ce n'est point la femme, c'est la mère qui lui cria cela.

Il laissa faire la mère. Celle-ci prit son enfant, le mit entre ses jambes, et, se tournant vers le lion :

— Ah ! lâche ! lui dit-elle en lui montrant le poing, tu viens attaquer une femme et un enfant sans défense ! Tu crois me faire peur ; mais je te connais. Va donc attaquer un peu mon mari, qui est là-bas, et qui a un fusil... Vas-y donc ! mais tu n'oses pas ; tu es un misérable, et c'est toi qui as peur ! Va-t'en, chacal ! va-t'en, loup ! va-t'en, hyène ! Tu as pris la peau d'un lion, mais tu n'es pas un lion !

Le lion s'était retiré.

Par malheur, en se retirant, il avait rencontré la mère de l'Arabe, qui lui apportait son dîner. Il s'était jeté sur la vieille femme, et avait commencé de la manger.

Aux cris de sa mère, l'Arabe était accouru avec son fusil, et, tandis que le lion faisait tranquillement craquer les os et les chairs sous sa dent, il avait introduit le bout du canon de son fusil dans l'oreille de l'animal, et l'avait tué roide.

Au reste, l'Arabe n'en paraissait pas plus triste pour être orphelin, et pas plus ému pour avoir tué un lion.

Vernet me racontait cela, tout en mettant les dernières touches à son tableau, qui doit être fini à cette heure.

Ce n'est point ainsi que travaille Delaroche ; ce n'est point cette vie aventureuse qu'il mène : lui n'a pas trop de temps pour son travail. C'est que, pour Delaroche, le travail est une constante étude, et non pas un jeu. Il n'est pas né peintre comme Vernet ; il n'a pas joué, tout enfant, avec des pinceaux et des crayons ; il a appris à dessiner et à peindre, tandis que Vernet n'a rien appris de tout cela.

Delaroche est un homme de cinquante-six ans, aux cheveux plats, autrefois noirs, aujourd'hui grisonnants, au front large et découvert, aux yeux noirs plus intelligents qu'animés, sans barbe ni favoris. Sa taille est moyenne, bien prise, élégante même ; ses mouvements sont lents, sa parole froide ; paroles et mouvements, on le sent très-bien, sont soumis à la réflexion, et, au lieu d'être instantanés comme chez Vernet, ne viennent en quelque sorte qu'à la suite de la pensée.

Autant la vie de Vernet est turbulente, mouvementée et pareille à la feuille qui, sans résistance, se laisse emporter au premier vent, autant la vie de Delaroche, abandonné à son libre arbitre, serait calme et sédentaire. Chaque fois que Delaroche a fait un voyage, — et Delaroche a peu voyagé, je crois, — c'est qu'une nécessité le forçait de quitter son atelier; c'est qu'un besoin sérieux, réel, artistique, l'appelait là où il allait. Où il va, il s'arrête, se replante, reprend racine, et a autant de peine à revenir qu'il a eu de peine à aller.

Dans son travail, rien non plus qui ressemble à celui de Vernet.

Vernet sait tous ses bonshommes par cœur, depuis l'aigrette du schako jusqu'au bouton de la guêtre. Il a si souvent vécu sous la tente, que la tente, ses cordages, ses piquets lui sont familiers; il a tant vu de chevaux, il en a tant monté, et en a tant fait, qu'il connaît tous les harnachements, depuis la rude peau de mouton du Baskir jusqu'à la housse brodée et constellée de pierreries du pacha. Il n'a donc, quelque chose qu'il fasse, presque pas besoin d'études préparatoires. A peine fait-il un croquis à la plume : *Constantine* lui a coûté une heure de travail; *la Smala*, une journée. Ce qu'il ne sait pas, d'ailleurs, il le devine.

Il n'en est point ainsi de Delaroche. Delaroche cherche longtemps, tâtonne beaucoup, compose lentement; Vernet n'étudie qu'une chose, la localité; c'est pour cela qu'ayant peint à peu près tous les champs de bataille de l'Europe et de l'Afrique, il est toujours par monts et par vaux, par chemins de fer et par bateaux à vapeur.

Delaroche, au contraire, étudie tout : draperies, vêtements, chair, jour, lumière, demi-teinte; tous les effets de Delaroche sont cherchés, calculés, préparés; ceux de Vernet sont trouvés du premier coup. Quand Delaroche rêve un tableau, tout est mis à contribution par lui, la Bibliothèque pour les gravures, les musées pour les tableaux, les magasins de fripiers pour les draperies; il se fatigue en croquis, s'épuise en ébauches, et met souvent dans une esquisse, le plus pur de son talent. Il résulte de cette fatigue préparatoire une certaine lourdeur dans le tableau, laquelle, du reste, au lieu d'être un défaut, est, aux yeux des gens laborieux, une qualité.

Delaroche, comme tous les hommes de transition, devait avoir de grands succès, et les a eus. Pendant les expositions de 1826, de 1831, de 1834, il n'y avait pas un bourgeois qui, avant de se risquer au salon, ne demandât : « M. Delaroche a-t-il exposé? »

Mais, du moment où, anneau intermédiaire, il eut joint la peinture classique à la peinture romantique, le passé à l'avenir, David à Delacroix, on fut injuste envers lui, comme on l'est envers tous les hommes de transition.

Au reste, Delaroche n'expose plus; à peine même travaille-t-il aujourd'hui. Il a fait une composition de premier ordre, son hémicycle du palais des Beaux-Arts, et cette composition, qui, en 1831, eût fait courir tout Paris, a déplacé tout au plus les artistes.

Pourquoi? Le talent de Delaroche a-t-il faibli, depuis l'époque où l'on faisait queue devant ses tableaux, où l'on se battait devant ses peintures? Non, au contraire, il a grandi, il s'est élevé, il est devenu magistral. Mais, que voulez-vous! j'ai comparé Paul Delaroche à Casimir Delavigne, et ce qui arriva au poëte arrive au peintre ; seulement, il y a cette différence que le génie du poëte avait faibli, tandis que celui du peintre non-seulement est resté le même, mais encore a constamment progressé.

A l'heure qu'il est, il faut être des meilleurs amis de Delaroche pour avoir le droit d'entrer dans son atelier.

D'ailleurs, Delaroche n'est plus même à Paris : il est à Nice; il se dit souffrant.

Chaud soleil, belles nuits étoilées, atmosphère étincelante de lucioles, guérissez l'âme, — et le corps sera bientôt guéri!...

Delacroix n'a aucune ressemblance physique avec ses deux rivaux.

Il est de la taille de Vernet, presque aussi mince que lui, très-propre, très-élégant, très-coquet. Il a cinquante-cinq ans, les cheveux, les favoris et les moustaches noirs comme à trente; les cheveux ondulent naturellement, les poils de la barbe sont rares, la moustache est un peu hérissée, et ressemble à deux pincées de tabac à fumer; le front est large, bombé, terminé à sa base par deux sourcils épais, recouvrant des yeux petits, qui étincellent pleins de flamme entre deux longues paupières noires; la peau est brune, bistrée, mobile, se plissant comme celle du lion; les lèvres sont épaisses, sensuelles, promptes au sourire, et, en souriant, découvrent des dents blanches comme des perles. Tous ses mouvements sont vifs, rapides, accentués; sa parole peint, ses gestes parlent; son esprit est subtil, discuteur, prompt à la repartie; il aime la lutte, et s'y déploie étincelant d'aperçus nouveaux, justes, brillants; à côté d'un talent hasardeux, plein de caprices, rempli d'écarts, il est sage, sobre de paradoxes, classique même; on dirait que la nature, qui tend à tout équilibrer, le place comme un habile cocher, bride en main, pour retenir ces deux chevaux fougueux qu'on appelle, l'un l'Imagination, l'autre la Fantaisie. Parfois cet esprit déborde; aussitôt la parole ne lui suffit plus; la main quitte le pinceau, inhabile à rendre la théorie qu'elle veut défendre, et prend la plume. Alors, ceux dont c'est l'état de faire de la phrase, du style, de l'appréciation, s'étonnent de cette facilité du peintre à construire la phrase, à mener son style, à développer ses appréciations; on oublie *le Dante*, le *Massacre de Scio*, l'*Hamlet*, le *Tasse*, le *Giaour*, l'*Évêque de Liège*, les *Femmes d'Alger*, les fresques de la chambre des députés, le plafond du Louvre; on regrette que cet homme, qui écrit si bien, si facilement, si correctement, n'écrive pas. Puis, tout à coup, on se rappelle que beaucoup peuvent écrire comme Delacroix, mais que nul ne saurait peindre comme lui, et l'on est près de lui arracher la plume de la main avec un mouvement de terreur.

Quant au travail, Delacroix tient le milieu, comme question de rapidité, entre Vernet et Delaroche : il travaille ses esquisses plus que le premier, moins que le second. Il a sur tous deux une incontestable supériorité de couleur, mais une notable infériorité de forme. Comme teinte, il voit violet; comme forme, il voit plutôt laid que beau ; mais sa laideur est toujours poétisée par un profond sentiment. Tout au contraire de Delaroche, ce sont les extrêmes qui le séduisent. Ses luttes sont terribles, ses combats acharnés; tout ce que le corps a de souplesse, de force et même d'exagération dans ses mouvements, il le traduit sur la toile, et y ajoute encore parfois, comme un vernis étrange, et qui augmente les qualités vivantes de son tableau, une certaine impossibilité anatomique dont il ne s'inquiète nullement. Ses combattants combattent véritablement, s'étreignent, se mordent, se déchirent, se hachent, se pourfendent, se broient; ses épées sont ébréchées, ses haches sanglantes, ses masses moites de cervelles broyées. Voyez la *Bataille de Taillebourg*, et vous aurez une idée de ce terrible génie : on entend les hennissements des chevaux, les cris des hommes, le froissement du fer. Vous la trouverez dans la grande galerie de Versailles; et, quoique Louis-Philippe ait fait rogner la toile de six pouces sur ses quatres côtés, parce que la mesure avait été mal donnée, cette toile, toute mutilée qu'elle est, déshonorée même au lit de Procuste de M. Fontaine, est restée une des plus belles, la plus belle peut-être de toute la galerie.

En ce moment, Delacroix fait un plafond à l'hôtel de ville. Il sort de chez lui avec le jour et n'y rentre qu'à la nuit. — Delacroix appartient à cette rude famille de travailleurs qui a donné Raphaël et Rubens. — Rentré chez lui, il prend une plume, et fait des croquis. Autrefois, Delacroix allait beaucoup dans le monde, où il avait de grands succès comme homme; une maladie du larynx l'a rendu casanier.

Hier, j'ai été le voir à minuit. Il était en robe de chambre, le cou enveloppé d'une cravate de laine, dessinant près d'un grand feu qui faisait à la chambre une température de trente degrés.

Je lui demandai à voir son atelier aux lumières. Nous passâmes dans un corridor encombré de dahlias, d'agapanthes et de chrysanthèmes; puis nous entrâmes dans l'atelier.

L'absence du maître, qui, depuis six mois, travaille à

l'autre bout de Paris, s'y faisait sentir; et, cependant, il y avait quatre toiles étincelantes : deux représentant des fleurs, deux représentant des fruits. Je crus, de loin, que c'étaient des tableaux empruntés par Delacroix à Diaz. — Voilà pourquoi il y avait tant de fleurs dans l'antichambre.

Puis, après les fleurs, nouvelles pour moi, je vis une foule d'anciens amis pendus aux murailles : des *Chevaux anglais qui se mordent dans une prairie*, un *Grec qui traverse un champ de bataille au galop*, le fameux *Marino Faliero*, — compagnon fidèle des tristesses du peintre, quand le peintre a un moment de tristesse; — enfin, seul, dans un petit cabinet, à côté du grand atelier, une scène de *Gœtz de Berlichingen*.

Nous nous quittâmes à deux heures du matin.

CCXXII

Les collaborations. — Une fantaisie de Bocage. — Anicet Bourgeois. — *Teresa*. — Le drame à l'Opéra-Comique. — Laferrière et l'éruption du Vésuve. — Mélingue. — Bal costumé aux Tuileries. — La place de Grève et la barrière Saint-Jacques. — La peine de mort.

Pendant l'intervalle qui s'était écoulé de la confection de *Richard Darlington* à sa première représentation, j'avais ébauché une autre pièce ayant pour titre *Teresa*.

J'ai bien dit ce que je pensais de *Charles VII*; j'espère qu'Anicet, mon collaborateur, me permettra de le dire de *Teresa*.

Je ne veux pas tarder à exprimer mon opinion sur ce drame : c'est un de mes plus mauvais, comme *Angèle*, faite en collaboration toujours avec Anicet, est un de mes meilleurs.

Le malheur d'une première collaboration est d'en amener une seconde; l'homme qui a collaboré est semblable à l'homme qui s'est laissé pincer par le bout du doigt dans un laminoir :

après le doigt, la main ; après la main, le bras ; après le bras, le corps ! Il faut que tout y passe : en entrant, on était homme; en sortant, on est fil de fer.

Un beau matin, Bocage arriva chez moi préoccupé d'une idée singulière : comme il venait de jouer un homme de trente ans, dans la personne d'Antony, il s'était fourré dans la tête qu'il ferait bien de jouer un vieillard de soixante, peu lui importait lequel. Les vieillards d'*Hernani* et de *Marion Delorme* se dressaient devant lui pendant son sommeil, le poursuivaient pendant sa veille : il voulait jouer un vieillard, fût-ce le don Diègue du *Cid*, le Joad d'*Athalie* ou le Lusignan de *Zaïre*.

Il avait trouvé son vieillard en nourrice chez Anicet Bourgeois ; il m'amenait le père nourricier.

Je ne connaissais pas Anicet ; nous fîmes connaissance à ce propos et à cette époque.

Anicet avait écrit le plan de *Teresa*. Je commençai par mettre de côté le plan écrit, et par prier Anicet de me raconter la pièce. Il y a dans le récit quelque chose de vivant qui appelle la vie. Pour moi, un plan écrit, au contraire, est un cadavre, une chose qui a vécu ; on peut la galvaniser : on ne peut pas la faire revivre.

Il y avait dans le plan d'Anicet la plus grande partie de la pièce telle qu'elle est aujourd'hui. Je sentis du premier coup deux choses dont la seconde me fit passer sur la première : c'est que je ne ferais jamais de *Teresa* qu'une pièce médiocre, mais que je rendrais un service à Bocage.

Et voici comment je rendrais ce service à Bocage :

Harel, ainsi que nous l'avons dit, était passé de la direction de l'Odéon à la direction du théâtre de la Porte-Saint-Martin. Il avait Frédérick, Lockroy, Ligier : Bocage lui était inutile.

Il avait donc rompu avec Bocage. Par suite de cette rupture, Bocage se trouvait libre.

Pour un artiste, la liberté n'est pas toujours un présent des dieux. Bocage tenait à garder cette liberté le moins longtemps possible, et, grâce à un drame de moi, il espérait la perdre bientôt.

Voilà pourquoi il traitait si héroïquement *Teresa* de chef-d'œuvre.

J'ai toujours été plus faible devant les arguments que l'on ne me dit pas que devant ceux qu'on me dit. — Je compris la position. — J'avais eu besoin de Bocage; il avait admirablement joué Antony, et, en le jouant, m'avait rendu un éminent service : je pouvais lui rendre service à mon tour; je m'engageai à faire *Teresa*.

Ce n'est point que *Teresa* fût une œuvre tout à fait sans mérite. A côté de trois rôles faux, Teresa, Arthur, Paolo, il y avait deux rôles excellents, Amélie et Delaunay.

Amélie est une fleur du même jardin que la Miranda de *la Tempête*, que la Thécla de *Wallenstein*, que la Claire du *Comte d'Egmont :* elle est jeune, chaste et belle, naturelle et poétique à la fois; elle passe avec son bouquet d'oranger au côté, son voile de fiancée sur la tête, au milieu de l'amour ignoblement incestueux d'Arthur et de Teresa, sans rien deviner, sans rien soupçonner, sans rien comprendre. C'est une statue de cristal; elle ne voit pas dans les autres, et laisse voir en elle.

Delaunay est un beau type, un peu trop imité du Danville de *l'École des Vieillards*, et du Duresnel de *la Mère et la Fille*. Cependant, — il faut être juste envers tout le monde, même envers soi, — il a dans son rôle deux scènes à la hauteur de ce qu'il y a de plus beau au théâtre : la première est celle où il insulte Arthur, quand le secret de l'adultère lui est révélé; la seconde, celle où, apprenant que sa fille est enceinte, et ne voulant pas rendre la mère veuve et l'enfant orphelin, il fait des excuses à son gendre.

Le drame fut commencé et achevé en trois semaines ou un mois, à peu près; seulement, je fis à Anicet, comme je l'ai toujours fait quand j'ai travaillé en collaboration, la condition que j'écrirais la pièce tout seul.

Une fois le drame achevé, Bocage le prit, et nous ne nous en inquiétâmes plus. Pendant trois semaines ou un mois, je ne revis plus Bocage.

Au bout de ce temps, il revint chez moi.

— Notre affaire est arrangée, me dit-il.

— Bon! Et comment cela?

— Votre pièce est reçue d'avance; vous avez mille francs de prime en lisant, et l'on vous joue tout de suite.

— Où cela?

— A l'Opéra-Comique.

Je crus avoir mal entendu.

— Hein? fis-je.

— A l'Opéra-Comique, répéta Bocage.

— Oh! la bonne histoire! Et qui nous chantera cela?

— On engagera des artistes.

— Lesquels?

— Moi, d'abord.

— Vous ne jouerez pas la pièce tout seul?

— Et puis Laferrière.

— Vous ne jouerez pas la pièce à vous deux?

— Et puis une jeune fille qui est à Montmartre, et qui a beaucoup de talent.

— Elle s'appelle?

— Oh! vous ne la connaissez pas même de nom : elle s'appelle Ida; elle commence.

— Et puis?...

— Et puis un jeune homme qui m'est recommandé par votre fils.

— Comment, par mon fils? A six ans et demi, mon fils fait déjà des recommandations?

— C'est son pion.

— Je comprends ; il tient à s'en débarrasser. Mais, celui-là parti, il en aura un autre. Naïve enfance! — Et comment s'appelle le pion de mon fils?

— Guyon. C'est un grand garçon de cinq pieds six pouces, avec des cheveux et des yeux noirs! une tête magnifique! il nous fera un superbe Paolo.

— Va pour Paolo! Après?

— Après, nous aurons la troupe de l'Opéra-Comique, où nous pourrons puiser à pleines mains. — Ils chantent.

— Ils chantent, cela vous plaît à dire; mais parleront-ils?

— C'est votre affaire.
— Ainsi, c'est arrangé comme cela?
— Sauf votre approbation. Cela vous convient-il?
— Parfaitement.
— Alors, nous lirons demain aux acteurs.
— Lisons.

Le lendemain, je lus aux acteurs; le surlendemain, la pièce était en répétition.

Je connaissais peu Laferrière; mais déjà, à cette époque, avec moins d'habitude de la scène, il avait les éléments de talent auxquels il a dû, depuis, sa réputation comme le premier amoureux qui soit de la Porte-Saint-Denis à la colonne de juillet.

Mademoiselle Ida avait un talent fin, gracieux, très-simple, en dehors de toutes les conventions théâtrales.

Bocage avait celui que vous lui connaissez, plus la jeunesse, excellent et précieux défaut, qui ne nuit jamais, même pour jouer les vieillards.

Nous étions donc en pleine répétition, lorsque commença l'année 1832, et que les journaux du 1er janvier annoncèrent une effroyable éruption du Vésuve.

Je ne fus pas peu étonné de voir, le 7 ou le 8, Laferrière arriver chez moi, un journal à la main. Il était aussi essoufflé que je l'étais le jour où j'arrivai chez Delacroix pour lui acheter son *Marino Faliero*.

— Bon! lui dis-je, le théâtre de l'Opéra-Comique est-il brûlé?
— Non, mais *Torre-del-Greco* brûle.
— Il doit y être habitué : voilà, si je ne me trompe, onze fois qu'on le rebâtit!
— Il paraît que c'est magnifique à voir.
— Avez-vous envie de partir pour Naples, par hasard?
— Non; mais vous devriez tirer parti de cela.
— Comment?
— Lisez.

Il me présenta son journal, dans lequel était une description de la dernière éruption du Vésuve.

— Eh bien? lui dis-je après avoir lu.
— Eh bien, ne trouvez-vous pas cela superbe?
— Magnifique!
— Mettez-moi cela dans mon rôle, alors. Faites votre exposition avec le Vésuve : l'exposition y gagnera.
— Et votre rôle aussi.
— Tiens!
— Satané banquiste, va!
Laferrière se mit à rire.

Il y a deux hommes qui possèdent pour les auteurs un grand avantage dans deux emplois bien différents, avec deux talents bien divers : l'un est Laferrière; l'autre, Mélingue.

En effet, depuis l'heure où ils ont entendu la lecture d'un ouvrage jusqu'au moment où la toile se lève, ils n'ont qu'une préoccupation : c'est de réunir, d'agglomérer, de collectionner tout ce qui peut être utile à l'ouvrage. Pas une minute leur œil quêteur n'est distrait; pas une seconde leur esprit ne s'égare. En marchant, en mangeant, en buvant, ils pensent à leur rôle; en dormant, ils en rêvent.

Je reviendrai plus d'une fois, à propos de Mélingue surtout, sur cette qualité, une des plus précieuses du grand artiste.

Laferrière a en plus la ténacité.
— Eh bien, lui dis-je, c'est bon, je le ferai.
— Vous le ferez, n'est-ce pas?
— Oui.
— Vous me le promettez?
— Je vous le promets.
— Eh bien, alors...
— Quoi?
— Si cela vous était égal...
— Dites.
— Vous le feriez...
— Tout de suite, n'est-ce pas?
— Oui.
— Séance tenante?
— Je vous en prie.

— Je n'ai pas le temps.

— Oh! mon petit Dumas! faites-moi mon Vésuve. Je vous promets, si vous me le faites aujourd'hui, de le savoir demain.

— Encore une fois, je n'ai pas le temps.

— Que vous faut-il donc pour cela?

— Ce qu'il me faut?...

— Dix minutes!... tenez, c'est tout fait... Je vous en prie!

— Allez-vous-en au diable!

— Mon petit Dumas!...

— Allons, voyons.

— Est-il gentil!

— Donnez-moi une plume, de l'encre, du papier.

— Voilà!... Non, ne vous dérangez pas: je vais approcher la table.... Tenez, êtes-vous bien comme cela, hein?

— A merveille! Maintenant, allez-vous-en, et revenez dans un quart d'heure.

— Oh! qu'est-ce que cela vous fait que je sois là?

— Je ne peux pas travailler quand il y a quelqu'un là. Mon chien lui-même me gêne.

— Je ne bougerai pas, mon petit Dumas! je ne dirai pas un mot; je me tiendrai bien tranquille.

— Alors, mettez-vous devant la glace, boutonnez votre habit, prenez des airs sombres, et passez votre main dans vos cheveux.

— J'y suis.

— Et moi aussi.

Un quart d'heure après, le Vésuve faisait éruption dans le rôle de Laferrière, lequel s'en allait tout joyeux et tout fier.

Bonne race, au bout du compte, que cette race d'artistes! un peu ingrate quelquefois; mais notre ami Roqueplan n'a-t-il pas proclamé ce principe que « l'ingratitude est l'indépendance du cœur?..., »

Il y avait, dans ce temps-là, une chose dont on s'occupait énormément, comme on s'occupait alors de toute chose artistique.

Le roi Louis-Philippe donnait un bal costumé.

Duponchel avait été mandé pour faire dessiner les costumes historiques ; c'était à qui solliciterait, demanderait, implorerait des invitations.

Le bal fut splendide. Toutes les illustrations politiques y assistaient ; mais, comme il arrivait toujours, toutes les illustrations artistiques et littéraires y manquaient.

— Voulez-vous faire une chose qui enfonce le bal des Tuileries ? me dit Bocage.

— Comment ?

— Donnez-en un, vous !

— Moi ! et qui aurai-je ?

— Vous aurez d'abord les gens qui ne vont pas chez le roi Louis-Philippe, puis ceux qui ne sont pas de l'Académie. Il me semble que c'est déjà assez distingué, ce que je vous offre là.

— Merci, Bocage, j'y penserai.

J'y pensai effectivement.

On verra dans un de nos prochains chapitres quel fut le résultat de ces réflexions.

Le 23 du mois de janvier, — le surlendemain de l'anniversaire de la mort du roi Louis XVI, — le lieu habituel des exécutions fut changé, et, de la place de Grève, transporté à la barrière Saint-Jacques.

C'était un pas que faisait la civilisation : constatons-le, en enregistrant ici l'arrêté de M. de Bondy.

« Nous, pair de France, préfet de la Seine, etc. ;

» Vu la lettre qui nous a été adressée par M. le procureur général près la cour royale de Paris ;

» Considérant que la place de Grève ne peut plus servir de lieu d'exécution, depuis que de généreux citoyens y ont si glorieusement versé leur sang pour la cause nationale ;

» Considérant qu'il importe de désigner de préférence les lieux éloignés du centre de Paris, et qui aient des abords faciles ;

» Considérant que, sous différents rapports, la place située à l'extrémite de la rue Saint-Jacques parait réunir les conditions nécessaires ;

» Avons arrêté :

» Les condamnations emportant peine capitale seront à l'avenir exécutées sur l'emplacement qui se trouve à l'extrémité du Faubourg-Saint-Jacques.

» Comte DE BONDY. »

Voici ce que nous écrivions à ce propos, le 26 novembre 1849, comme épilogue du *Comte Hermann*, — un de nos meilleurs drames, — épilogue fait, non pas pour être joué, mais pour être lu, et à la manière des études théâtrales allemandes :

« La peine de mort, telle qu'elle est appliquée aujourd'hui, a déjà subi une grande modification, non pas dans son résultat, mais dans les détails qui précèdent les derniers moments du condamné.

» Il y a vingt ans, la peine de mort s'appliquait encore au centre de Paris, à l'heure la plus vivante de la journée, devant le plus grand nombre de spectateurs possible.

» Ainsi on donnait au condamné des forces contre sa propre faiblesse. On ne faisait pas du patient un coupable repentant : on en faisait une espèce de triomphateur cynique qui, au lieu de confesser Dieu sur l'échafaud, attestait l'insuffisance de la justice humaine, laquelle pouvait bien tuer le criminel, mais était impuissante à tuer le crime.

» Aujourd'hui, il n'en est déjà plus ainsi : on a fait un pas vers l'abolition de la peine de mort en transportant l'instrument du supplice presque hors de l'enceinte de la ville, en choisissant l'heure qui, pour la majorité des habitants de Paris, est encore l'heure du sommeil, et en donnant aux derniers moments du coupable les rares témoins que le hasard ou une excessive curiosité attirent autour de l'échafaud.

» Maintenant, ce serait aux prêtres qui se vouent au salut des condamnés de nous dire s'ils trouvent autant de cœurs endurcis, dans le trajet qui conduit de Bicêtre à la barrière Saint-Jacques, qu'ils en ont trouvé dans celui qui menait de la Conciergerie à la place de Grève, et s'il y a plus de larmes répandues aujourd'hui, à quatre heures du matin, sur les pieds du crucifix, qu'il n'y en avait autrefois, à quatre heures du soir.

» Nous le croyons fermement.

» Oui, il y aura plus de repentirs, dans le silence et le recueillement, qu'il n'y en a jamais eu dans le tumulte et dans la foule.

» Et, maintenant, supposons que l'exécution, soustraite aux regards avides du peuple, qu'elle ne corrige pas, qu'elle n'instruit pas, qu'elle endurcit à la mort, voilà tout; supposons que l'exécution ait lieu dans la prison, ayant pour seuls témoins le prêtre et le bourreau ; qu'elle ait pour tout agent, — au lieu de la guillotine, qui, suivant le docteur Guillotin, n'occasionne qu'une *légère fraîcheur* sur le cou, mais qui, au dire du docteur Sue, cause une douleur terrible,— supposons que l'exécution ait pour tout agent l'électricité, qui tue comme la foudre, ou bien un de ces poisons stupéfiants qui agissent comme le sommeil ; croit-on que le cœur des condamnés ne s'amollira pas encore plus, dans cette nuit, dans ce silence, dans cette solitude, qu'en plein air, fût-ce même à quatre heures du matin, fût-ce en présence des rares témoins qui assisteront au supplice, mais qui, si rares qu'ils soient, n'en iront pas moins dire aux compagnons du criminel, à ses amis des bagnes : *Un tel est bien mort!* c'est-à-dire, un tel est mort sans se repentir, et en repoussant le crucifix?... »

Depuis ce temps, la guillotine s'est encore rapprochée du condamné: on exécute, maintenant, devant la porte de la prison de la Roquette.

De là à exécuter dans la prison, il n'y a que quelques pas.

Et, pour descendre de la cour de la prison dans le cachot lui-même, il n'y en a qu'un !

CCXXIII

Les pérégrinations de Casimir Delavigne. — *Jeanne Vaubernier*. — De Rougemont. — Sa traduction du mot de Cambronne. — Première représentation de *Teresa*. — Les pièces longues et les pièces courtes. — Cordelier Delanoue et son *Mathieu Luc*. — Fermeture de la salle Taitbout, et arrestation des chefs du culte saint-simonien.

En même temps que l'Opéra-Comique répétait *Teresa*, le Théâtre-Français préparait une grande solennité.

Casimir Delavigne, Coriolan dramatique, après s'être réfugié chez les Volsques du boulevard, son *Marino Faliero* à la main, au lieu de tomber sous le poignard de M. de Mongenet, avait fait au Théâtre-Français une rentrée triomphale.

La fugue, au reste, n'avait été qu'une bouderie. Après l'immense succès de l'*École des Vieillards*, Casimir avait eu une espèce de chute : mademoiselle Mars n'avait pu soutenir *la Princesse Aurélie*, sorte d'imbroglio napolitain que tout le monde a oublié aujourd'hui, heureusement pour la mémoire de son auteur.

Puis la présence de Victor Hugo et la mienne au Théâtre-Français taquinaient Casimir Delavigne. Il comprenait bien que sa popularité n'était qu'une popularité politique : il n'avait ni la haute poésie de Victor, ni le mouvement et la vie de ma prose ignorante et incorrecte ; enfin, il se trouvait mal à son aise près de nous.

Il disait de moi une chose qui résumait bien sa pensée :

— C'est mauvais, ce que fait ce diable de Dumas ; mais cela empêche de trouver bon ce que je fais.

Donc, il avait émigré à la Porte-Saint-Martin parce que nous étions au Théâtre-Français, et, maintenant, il retournait au Théâtre-Français, parce que nous étions à la Porte-Saint-Martin.

Il y retournait avec une de ces œuvres mixtes, semi-classiques, semi-romantiques, qui n'appartiennent à aucun genre ; hermaphrodites littéraires qui sont aux productions de l'esprit ce qu'en histoire naturelle, les mulets, c'est-à-dire les animaux qui ne peuvent se reproduire, sont aux productions de la matière : ils font une espèce, mais ne font pas une race.

Cet ouvrage que Casimir Delavigne rapportait au Théâtre-Français, c'était *Louis XI*, — à notre avis, un de ses drames les plus médiocres, les moins étudiés comme histoire, et qui n'a dû son brevet de longévité que grâce à la faveur un peu égoïste que lui accorde un artiste qui s'entête à jouer ce rôle comme un des rares types qui lui conviennent. Ce qui vit aujourd'hui, ne vous y trompez pas, ce n'est pas *Louis XI*; c'est Ligier (1).

La première représentation de *Teresa* était annoncée pour le 5 ou le 6 février.

En attendant, l'Odéon donnait *Jeanne Vaubernier*.

C'était ainsi que les auteurs avaient eu l'idée de rajeunir le nom de la comtesse du Barry, de cette pauvre femme qui n'était digne ni de sa haute prospérité, ni de sa profonde infortune, et qui, selon la belle expression de Lamartine, déshonora le trône et l'échafaud.

Les auteurs de *Jeanne Vaubernier* étaient MM. de Rougemont, Laffitte et Lagrange.

C'était un homme d'esprit que Rougemont, et qui eut, vers la fin de sa vie, une étrange destinée. *La Duchesse de la Vaubalière* lui fit une réputation septuagénaire.

C'est Rougemont qui traduisit le substantif militaire jeté par Cambronne à la face des Anglais, dans la terrible soirée de Waterloo, en cette phrase pompeuse, redondante et prétentieuse, devenue, non pas historiquement européenne, mais historiquement universelle : « La garde meurt et ne se rend pas! »

Autant que je puis me le rappeler, le drame de *Jeanne Vaubernier*, tel qu'il était avec ses six tableaux, son Zamore traître et ingrat, sa prison et son bourreau, était une assez mau-

(1) Voir, dans nos *Études dramatiques*, une analyse critique de *Louis XI*.

vaise chose. Je ne l'ai pas vu ; je n'en parlerai donc pas davantage.

Mais, du cadavre du drame, de la statue écroulée, des morceaux les moins cassés, et qui pouvaient aller jusqu'à trois, les auteurs firent une petite comédie dans laquelle madame Dorval était charmante d'esprit et de légèreté.

Chère Dorval! je la vis le soir de ce succès, sorti, grâce à elle, d'une chute : elle était enchantée, et ne se doutait guère que cette comédie de *Jeanne Vaubernier* serait un boulet qu'elle traînerait pendant dix-huit mois à la Porte-Saint-Martin, de six à huit heures du soir, devant les banquettes, qui ne se garnissaient qu'au moment où commençait le grand drame !

Ce dut être pour Georges — surtout après son raccommodement avec Dorval — un vif remords que cette condamnation qu'elle fit subir à sa rivale, en expiation de ses triomphes, et qui obligea celle-ci à quitter le théâtre de la Porte-Saint-Martin, pour aller s'enterrer au Théâtre-Français.

Le jour de la première représentation de *Teresa* arriva. Cette confusion dans les genres, cette éclosion du drame à l'Opéra-Comique avaient piqué la curiosité générale.

On se battait à la porte.

J'ai déjà dit que la chose n'en valait pas la peine.

Laferrière m'avait donné une bonne idée avec son histoire du Vésuve : l'exposition fut couverte d'applaudissements. Je me rappelle que, lorsque j'entrai dans les coulisses, après le premier acte, ce bon Nourrit, qui venait d'applaudir la description de la ville où il devait aller mourir, me sauta au cou plein d'enthousiasme.

La pièce se déroula lentement et avec une certaine majesté devant un public d'élite.

Le caractère d'Amélie, très-bien reproduit, fit un grand effet, et ne perdit pas une de ses bonnes scènes. Madame Moreau-Sainti était belle à ravir, et aussi sympathique que le permettait un mauvais rôle.

Laferrière allait, venait, chauffant de sa chaleur jusqu'aux rôles des autres.

Bocage était superbe.

Il était arrivé un malheur au protégé de mon fils : le manque d'habitude de la scène avait forcé Guyon à quitter le rôle de Paolo, pour faire de nouvelles études dramatiques. Féréol l'avait repris; on lui avait ajouté je ne sais quelle barcarolle qu'il chantait en acteur, tandis qu'il jouait le reste de son rôle en chanteur.

Alexandre se retrouvait avec deux pions au lieu d'un!

On leva la toile sur le quatrième acte. A partir de ce moment, la pièce était sauvée : c'est au quatrième acte que se trouvent et la scène des lettres entre le père et la fille, et la scène de provocation entre le beau-père et le gendre. Ces deux scènes sont très-belles et produisent un grand effet.

Le quatrième acte eut un succès étourdissant.

Ordinairement, le succès d'un quatrième acte entraîne celui du cinquième. La première moitié du cinquième acte de *Teresa* est, d'ailleurs, remarquable : c'est la scène d'excuses du vieillard au jeune homme. Cela ne devient réellement mauvais que lorsque *Teresa* demande du poison à Paolo. Tout ce tripotage entre cette femme adultère et ce laquais amoureux est vulgaire, et n'a pas le mérite d'amener une véritable terreur. Mais l'impression du quatrième acte et de la première moitié du cinquième fut si vive, qu'elle étendit son influence sur la défectuosité du dénoûment.

En somme, c'était un grand succès suffisant comme amour-propre, insuffisant comme art.

Bocage avait eu des moments d'une véritable grandeur. Je lui en fis, à cette époque-là, mon compliment bien sincère. Il avait grandi comme comédien, et ce fut, à mon avis, le moment de l'apogée de sa carrière dramatique.

Je le crois, ainsi que moi, un peu revenu de toutes les illusions du jeune âge ; je lui dirai donc, avec toute franchise, à quel moment, à mon avis, il fit fausse route, et adopta le système fatal des tremblements nerveux, sous l'empire desquels il est encore aujourd'hui.

Quand la première vogue de *Teresa* fut passée, on me fit proposition de remettre la pièce en trois actes, pour qu'elle pût devenir une pièce de répertoire ; je m'y refusai ; d'une pièce défectueuse, je ne voulais pas faire une pièce mutilée. Anicet, qui avait dans l'ouvrage un intérêt de moitié, insista tellement, que je l'invitai à faire l'opération lui-même. Il s'y mit bravement, tailla, coupa, trancha, et, un jour, je fus invité, je ne sais par quel artiste qui débutait dans le rôle d'Arthur, à aller voir la pièce réduite en trois actes.

J'y allai, et je la trouvai plus détestable et surtout, chose singulière ! plus longue que la première fois.

C'est que la longueur n'existe pas au théâtre, matériellement parlant. Il n'y a pas de pièces longues, il n'y a pas de pièces courtes ; il y a des pièces amusantes et des pièces ennuyeuses. *Le Mariage de Figaro*, qui dure cinq heures, est moins long que *l'Épreuve nouvelle*, qui dure une heure.

Les développements de *Teresa* enlevés, la pièce avait perdu de son intérêt artistique, et, étant devenue plus ennuyeuse, semblait être devenue plus longue.

Un jour, Cordelier Delanoue vint chez moi, l'oreille basse.

— Qu'as-tu? lui demandai-je.
— Je viens de lire au Théâtre-Français.
— Quoi?
— Un drame en trois actes, en vers.
— Intitulé?
— *Mathieu Luc*.
— Et ils t'ont refusé?
— Non, ils m'ont reçu à corrections.
— T'ont-ils indiqué les corrections?
— Oui : la pièce est trop longue.
— Et ils demandent des coupures?
— Justement! et je viens te lire tout cela.
— Pour que je te les indique?
— Oui.
— Lis !

Delanoue se met à lire ses trois actes. Je suis la pièce avec la plus grande attention ; je trouve pendant qu'il lit, un pivot d'intérêt sur lequel la pièce peut avantageusement tourner, et près duquel il était passé sans le voir.

— Eh bien? dit-il quand il eut fini.
— Ils ont eu raison : c'est d'un tiers trop long.
— Alors, il faut couper?
— Non, au contraire
— Comment, au contraire?
— Il faut mettre la pièce en cinq actes.
— Mais puisqu'ils la trouvent déjà trop longue en trois?
— Cela ne fait rien... Écoute.
Et je lui dis la pièce comme je l'entends.

Delanoue refait son *scenario* sous ma dictée, écrit de nouveau sa pièce, va la lire en cinq actes au comité, qui l'a trouvée trop longue en trois, et est reçu à l'unanimité.

La pièce fut jouée en cinq actes, — non au Théâtre-Français, mais, par suite de je ne sais plus quel revirement, au Théâtre de l'Odéon, — et, sans obtenir un grand succès, elle réussit honorablement.

Quelques jours avant la représentation de *Teresa*, un événement était arrivé, qui avait préoccupé Paris.

Nous en empruntons le récit au *Globe*, parfaitement posé pour dire la vérité dans cette circonstance :

« Aujourd'hui, 22 janvier, à midi, MM. Enfantin et Olinde Rodrigues, chefs du culte saint-simonien, se disposaient à se rendre à la salle Taitbout, où ils devaient présider la prédication, lorsqu'un commissaire de police escorté de gardes municipaux s'est présenté rue Monsigny, n° 6, où ils demeurent, leur a défendu de sortir, et a empêché toute communication de la maison avec l'extérieur, en vertu des ordres dont il s'est déclaré porteur.

» Pendant ce temps, M. Desmortiers, procureur du roi, et M. Zangiacomi, juge d'instruction, assistés de deux commissaires de police, et escortés de gardes municipaux et de troupes de ligne, se sont rendus à la salle Taitbout. M. Desmortiers a signifié à M. Barrault, qui était dans le foyer, que la prédication ne pouvait avoir lieu, et qu'il venait enjoindre à la réunion de se dissoudre.

» M. le procureur du roi s'est ensuite présenté dans la salle avec M. Barrault, et, là, il a dit :

» — Au nom de la loi et de l'article 292 du code pénal, je viens fermer cette salle, et apposer les scellés sur toutes les issues.

» L'assemblée s'est dissipée aussitôt, et les scellés ont été apposés sur la porte de la salle Taitbout. M. Zangiacomi et M. Desmortiers ont été ensuite rue Monsigny, n° 5, où ils ont trouvé MM. Enfantin et Rodrigues ; ils ont déclaré qu'ils étaient porteurs de deux mandats d'amener dirigés, l'un contre M. Enfantin, l'autre contre M. Rodrigues, et qu'ils venaient procéder aux perquisitions.

» Ils ont saisi la correspondance de M. Enfantin, tous les livres de comptabilité et le carnet d'échéances. »

Quittes aujourd'hui du réquisitoire de MM. Zangiacomi et Desmortiers, les saint-simoniens ne sont point quittes du nôtre, et nous les retrouverons dans leur retraite de Ménilmontant.

CCXXIV

Apprêts de mon bal costumé. — Je m'aperçois que mon logement est trop dans le goût de Socrate. — Mes peintres-décorateurs. — La question du souper. — Je vais aux provisions à la Ferté-Vidame. — Vue de ce chef-lieu de canton, la nuit, par un temps de neige. — La chambre de mon neveu. — Mon ami Gondon. — Chasse au chevreuil. — Retour à Paris. — J'invente la banque d'échange avant M. Proudhon. — Les artistes à l'œuvre. — Les morts.

On avançait vers le carnaval, et cette proposition que m'avait faite Bocage de donner un bal, répandue dans le monde artistique, rebondissait à moi de tous côtés.

Une des premières difficultés qu'il s'agissait de lever était l'exiguïté de mon logement.

» Mon logement, composé d'une salle à manger, d'un salon, d'une chambre à coucher, d'un cabinet de travail, et suffisamment grand pour l'habitation, devenait bien étroit pour une fête.

Un bal, donné par moi, nécessitait trois ou quatre cents invitations; et le moyen de tenir à trois ou quatre cents dans une salle à manger, un salon, une chambre à coucher et un cabinet de travail?

Heureusement, j'avisai, sur le même palier, un logement de quatre pièces, non-seulement libre, mais encore vierge de décoration, — à part les glaces qui étaient placées au-dessus des cheminées, et le papier gris bleu qui tapissait les murs.

Je demandai au propriétaire la permission d'utiliser ce logement au profit du bal que je comptais donner. Cette permission me fut accordée.

Maintenant, il s'agissait de décorer l'appartement.

C'était l'affaire de mes amis les peintres.

A peine surent-ils le besoin que j'avais d'eux, qu'ils vinrent m'offrir leurs services.

Il y avait quatre pièces à peindre; on se partagea la besogne.

Les décorateurs étaient tout simplement Eugène Delacroix, Louis et Clément Boulanger, Alfred et Tony Johannot, Decamps, Granville, Jadin, Barye, Nanteuil, — nos premiers artistes enfin.

Les Ciceri se chargeaient des plafonds.

Il s'agissait de tirer un sujet d'un roman ou d'une pièce de chacun des auteurs qui seraient là.

Eugène Delacroix se chargea de peindre le roi Rodrigue après la défaite du Guadalété, sujet tiré du *Romancero*, traduit par Émile Deschamps; — Louis Boulanger choisit une scène de *Lucrèce Borgia*, — Clément Boulanger, une scène du *Sire de Giac*; — Tony Johannot, une de *Cinq-Mars*; — Decamps promit un Debureau dans un champ de blé émaillé de coquelicots et de bluets; — Granville prit un panneau de douze pieds de long sur huit de large, où il s'engagea à reproduire toutes nos charges dans un tableau représentant un orchestre de trente ou quarante musiciens, les uns froissant des cymbales, les autres secouant des chapeaux chinois, ceux-ci soufflant dans des cors et des bassons, ceux-là raclant des violons et des basses. En outre, il devait faire des danses d'animaux au-dessus de chaque porte.

Barye prit pour lui les supports des fenêtres : des lions et des tigres de grandeur naturelle formeraient ces supports. — Nanteuil faisait les encadrements, les ornementations, les panneaux des portes.

Ce point arrêté, il fut convenu que, quatre ou cinq jours avant le bal, Ciceri ferait tendre les toiles sur les murailles, et apporterait pinceaux, règles, couleurs.

Les artistes, une fois à la besogne, ne devaient quitter l'œuvre commencée que pour aller se coucher : ils seraient nourris et abreuvés à la maison.

L'ordinaire fut fixé à trois repas.

Restait une chose de la plus haute importance, qu'il s'agissait de régler. Cette chose, c'était le souper.

Je songeai à en faire la base avec du gibier que je tuerais moi-même ; ce qui serait à la fois un plaisir et une économie.

J'allai trouver M. Deviolaine, qui me donna une autorisation pour chasser dans la forêt de la Ferté-Vidame.

C'était d'autant plus charmant, que mon vieil ami Gondon en était l'inspecteur, et que j'étais bien sûr que celui-là ne grognerait pas pour un ou deux chevreuils de plus ou de moins.

Du reste, la permission s'étendait à moi et à quelques amis.

J'invitai Clerjon de Champagny, Tony Johannot, Géniole et Louis Boulanger.

Mon beau-frère et mon neveu devaient partir de Chartres, et se trouver à heure fixe à la Ferté-Vidame.

Je prévins Gondon deux jours d'avance, afin qu'il pût se procurer les traqueurs nécessaires, et il fut convenu que nous nous arrêterions, le soir, à une auberge dont il me donna l'adresse, que nous y coucherions, que nous chasserions le lendemain toute la journée, et que, selon le plus ou le moins de fatigue que nous éprouverions, nous repartirions le soir même, ou seulement le lendemain matin.

Nous devions faire la route dans une immense berline dont je me trouvais propriétaire, je ne sais plus comment.

Les choses arrêtées furent mises de point en point à exécution.

Nous partîmes vers neuf ou dix heures du matin.

Nous comptions être arrivés de six à sept heures du soir ; mais la neige nous prit au tiers du chemin, et, au lieu d'arriver à sept heures du soir, nous arrivâmes à minuit, n'ayant eu pour nous réchauffer tout le long de la route que l'intarissable verve et le charmant esprit de Champagny, auxquels se joignit, comme accompagnement, le bruit d'une trompette de fer-blanc qu'il avait, je ne sais à quel propos, achetée je ne sais où, et dont le son fantastique avait le privilége de nous faire éclater de rire.

En arrivant, nous trouvâmes naturellement tout le monde couché ; à la Ferté-Vidame, on se couche à dix heures l'été, et à huit heures l'hiver. Nous mîmes pied à terre sur un magnifique tapis de neige qui me rappelait les chasses aux loups de ma jeunesse, avec M. Deviolaine et les gardes, mes vieux amis.

Que de choses s'étaient passées entre les neiges de 1817 et les neiges de 1832, et s'étaient fondues comme elles !

Nous avions, du reste, l'air de frapper aux communs du château de la Belle au bois dormant : personne ne nous répondait, et, comme nous nous sentions engourdir de plus en plus, je parlais déjà de dévisser la porte de l'auberge, comme j'avais fait à la maison de campagne de M. Dupont-Delporte, lorsque, de l'autre côté de l'huis, j'entendis la voix de mon neveu.

Il avait juste — pauvre garçon, mort depuis ! — l'âge que j'avais moi-même lorsque autrefois une chasse m'empêchait de dormir.

A moitié réveillé par le plaisir qu'il se promettait à la chasse du lendemain, il se réveilla complétement au tapage que nous faisions, à nos cris désespérés, et surtout au son de la trompette de Champagny. Il s'efforçait à l'intérieur, comme nous à l'extérieur, de faire sortir les hôteliers de leur lit.

Enfin, tout maussade, tout grognant, tout quinteux, un homme se leva, en adjurant Dieu pour savoir si c'était là une heure à réveiller d'honnêtes gens.

La porte s'ouvrit ; la mauvaise humeur de l'hôte se calma un peu, quand il vit que nous étions venus en poste ! cela lui donnait le droit de mettre le dérangement nocturne sur la carte ; dès lors, nous fûmes les bien reçus.

Mon beau-frère n'avait pas pu venir. Émile, mon neveu, était seul, et il avait naturellement pris, en vertu de son droit de premier arrivé, la plus belle chambre de la maison.

Il lui fut immédiatement signifié qu'étant à l'âge où l'on mange le pilon des poulets et la souris du gigot, il était naturellement aussi à l'âge où l'on prend les lits de sangle et les chambres froides.

La sienne avait une cheminée magnifique dans laquelle brûlait un reste de feu que j'alimentai avec la conscience d'une vestale, jusqu'au moment où l'on apporta une charge de bois.

La chambre était grande ; on tint conseil, et il fut résolu à l'unanimité que l'on apporterait les matelas des petites chambres dans la grande, qu'on les rangerait symétriquement contre la muraille, et que l'on coucherait en compagnie.

Émile réclama deux choses : l'honneur de cette compagnie, et le droit de mettre à terre son matelas tout garni. — Il avait laissé dans ses draps une provision de chaleur qu'il ne voulait pas perdre.

Ces premiers arrangements pris, on procéda au souper. Tout le monde mourait littéralement de faim. Littéralement encore, il n'y avait rien à manger dans l'auberge.

On alla visiter le poulailler : les poules avaient eu l'obligeance de pondre une vingtaine d'œufs. Cela faisait quatre œufs pour chacun ; chacun eut un œuf à la coque, deux œufs en omelette, et un œuf en salade. Pain et vin à discrétion.

Jamais, je crois, nous ne soupâmes plus gaiement, et ne dormîmes mieux.

Au jour, nous fûmes éveillés par Gondon. Il arrivait, tout

harnaché en chasseur, avec ses deux chiens. Quinze rabatteurs, prévenus de la veille, nous attendaient à la porte.

La toilette des chasseurs est vite faite. On alluma un grand feu : il n'y avait pas moyen de manger les restes du souper de la veille ; on se contenta d'une croûte de pain trempée dans du vin blanc.

D'ailleurs, Gondon parla d'un gigot froid qu'on prendrait chez lui en passant, et que l'on mangerait dans la forêt, autour d'un grand feu, entre deux battues ; cette prévenance ramena le sourire sur les lèvres des plus moroses.

Un quart d'heure après, nous étions en chasse.

On a ses jours d'adresse comme ses jours de courage. Champagny, excellent tireur d'habitude, tira, ce jour-là, comme un cocher de fiacre, et attribua sa maladresse à l'exiguïté du canon de son fusil. En effet, je ne sais à quel propos il chassait avec une espèce de pistolet à deux coups.

Tony Johannot était, je crois, un simple amateur en fait de chasse.

Géniole débutait.

On sait que Louis Boulanger chassait, son crayon d'une main, son album de l'autre.

Nous nous trouvions donc, Gondon et moi, — vieux chasseurs tous deux, et ayant des armes de longueur, — nous nous trouvions donc ainsi les rois de la chasse.

Cette chasse ne mérite pas autrement de description particulière ; cependant, un épisode s'y passa qui, depuis, a donné lieu, dans la forêt de la Ferté-Vidame, à pas mal de gageures entre les gardes de la forêt et les chasseurs parisiens mes successeurs.

Nous étions placés sur une ligne, comme c'est l'habitude en battue, et j'avais choisi pour mon poste l'angle formé par un petit sentier étroit et la grande route.

J'avais devant moi le sentier, horizontalement vu, et, derrière moi, la grande route, transversalement placée.

A ma droite était Tony Johannot ; à ma gauche, Géniole.

Les rabatteurs poussaient le gibier vers nous. Tout animal chassé, lorsqu'il rencontre une route, et surtout un sentier, a propension à suivre ce sentier, qui lui permet de voir et de courir plus facilement.

Trois chevreuils poussés par les traqueurs suivaient le sentier, et venaient droit sur moi. Tony Johannot, qui les avait hors de portée, s'exterminait à me faire des signes, croyant que je ne les voyais pas.

Je les voyais parfaitement, mais je m'étais logé dans la tête l'idée assez ambitieuse de les tuer tous les trois de mes deux coups.

Tony, qui ne comprenait rien à mon inaction, redoublait de signes.

Je laissais toujours s'avancer les trois chevreuils.

Enfin, à trente pas de moi, à peu près, ils s'arrêtèrent court et écoutant, admirablement placés : deux croisaient leurs cous fins et élégants, regardant, l'un à droite, l'autre à gauche ; le troisième se tenait un peu en arrière, caché par les deux premiers.

J'envoyai un coup de fusil aux deux premiers, qui roulèrent sur le coup.

Le troisième sauta le fossé, mais pas si vite, que je n'eusse le temps de lui envoyer mon second coup. Puis je restai en place afin de recharger mon fusil, ne voulant pas déranger toute la chasse pour moi.

En effet, un instant après, un chevreuil passa à Gondon, qui le tua.

A voir mon immobilité après mes deux coups, mes compagnons crurent que j'avais manqué.

Cependant, Géniole, qui était à ma gauche, et Tony, qui était à ma droite, se demandaient ce que les chevreuils étaient devenus.

L'énigme leur fut expliquée par les rabatteurs, qui, à trente pas de moi, trouvèrent les trois chevreuils morts: deux dans le chemin, — ils n'avaient pas bougé ! — l'autre à quatre pas, dans le taillis.

Le soir, en rentrant, à la nuit tombante, un dernier chevreuil mal inspiré nous partit dans une espèce de clairière.

Le soleil, un peu dégagé des nuages, se couchait dans un

véritable lit de pourpre; malgré cette amélioration dans le temps à l'horizon, la neige continuait de tomber autour de nous par épais flocons.

Tout à coup un chevreuil bondit à quinze pas de nous.

Les fusils étaient désarmés ; ce fut au plus agile.

Dix ou douze coups partirent presque en même temps. Le chevreuil disparut au milieu des éclairs et de la fumée. Chiens et chasseurs se mirent à sa poursuite. Je n'ai jamais vu de sujet de tableau mieux composé que celui que le hasard venait d'esquisser. Boulanger était dans le ravissement ! lui qui n'avait pas de fusil avait pu tout voir sans être distrait. Toute la soirée, il fut tourmenté par l'idée de faire un croquis de cette scène : il n'en put venir à bout.

Nous rapportions neuf chevreuils et trois lièvres ; j'avais, pour ma part, tué cinq chevreuils et deux lièvres.

Ce soir-là, nous dînâmes chez Gondon : ce qui nous fit une certaine différence avec le souper de la veille.

Le lendemain, au jour, nous partîmes. A la nuit tombante, nous rentrions dans Paris avec nos neuf chevreuils pendus à l'impériale de notre voiture, comme à l'étal d'un boucher.

Je fis venir Chevet. Il s'agissait d'établir le commerce par échange.

Je voulais un poisson gigantesque ; moyennant trois chevreuils, Chevet s'engagea à me fournir un saumon de trente livres, ou un esturgeon de cinquante.

Je voulais une galantine colossale : un quatrième chevreuil paya la galantine.

Je voulais deux chevreuils rôtis dans toute leur taille : Chevet se chargea de les faire rôtir.

Le dernier chevreuil fut dépecé, et s'éparpilla dans les familles de mes compagnons de voyage.

Les trois lièvres fournirent un pâté.

La chasse, on le voit, outre le plaisir que nous y avions pris, nous donnait les principales pièces du souper.

Il ne s'agissait plus que de s'occuper du détail ; c'était l'affaire de la ménagère de la maison. En notre absence, le père Ciceri, — inclinez-vous tous devant le vieillard, encore aujourd'hui gai, vert, spirituel, malgré ses soixante et dix ans; inclinez-vous devant lui, vous tous, Séchan, Diéterle, Despléchin, Thierry, Cambon, Devoir, Moynet, rois, vice-rois et princes de la décoration moderne : c'est le père Ciceri qui a fait le cloître de *Robert le Diable* ! — en notre absence, dis-je, le père Ciceri avait fait poser les toiles, et coller le papier dessus. Tout était prêt, jusqu'aux couleurs, jusqu'aux brosses, jusqu'aux pinceaux.

On chauffa toutes les chambres à grand feu; on se procura des chaises, des escabeaux, des tabourets de toutes les hauteurs; on acheta une échelle double.

Granville, notre bon et excellent Granville, charmant peintre des hommes bêtes et des animaux spirituels, se mit le premier à l'œuvre.

C'est lui qui, en effet, avait la plus rude besogne sur les bras : on se rappelle qu'il s'était chargé d'un immense panneau, et de tous les dessus de porte.

Mais, hélas ! j'y pense seulement à cette heure, des dix artistes qui avaient mis leurs pinceaux à ma disposition, quatre sont aujourd'hui couchés dans le tombeau ! De ces dix cœurs qui battaient joyeusement à l'unisson de mon cœur, quatre sont éteints !

Qui vous eût dit alors, dans le joyeux atelier que vous couvriez de vos peintures, et que vous emplissiez de vos rires, pendant ces trois jours de causeries où petilla incessamment ce charmant esprit dont les artistes ont seuls le secret; qui vous eût dit, morts bien-aimés ! que, jeune encore, je vous survivrais, et que je m'arrêterais tout d'un coup en citant le nom de l'un de vous pour me dire : » Ce n'est point assez pour toi, leur frère, de citer leurs noms ; il faut que tu racontes ce qu'ils étaient comme hommes et comme artistes, comme caractère et comme talent ?... »

Tâche douce et triste à la fois que de parler des morts qu'on aime !

Il est minuit, au reste : c'est l'heure des évocations. Me voilà seul ; aucun regard profane ne luira dans l'ombre, effarouchant votre pudeur sépulcrale. Venez, frères ! venez ! racontez-moi, dans cette langue des trépassés, avec ce doux murmure qui ressemble à celui du ruisseau caressant ses rives, avec ce doux bruit des feuilles frémissant dans la forêt, avec ce doux gémissement de la brise pleurant dans les roseaux, racontez-moi votre vie, vos douleurs, vos espérances, vos triomphes, et que ce monde, presque toujours indifférent quand il n'est pas ingrat, sache ce que vous étiez, et surtout ce que vous valiez !

CCXXV

Alfred Johannot.

Le premier qui vient à moi, parce que c'est le premier qui nous a quittés, est pâle et triste comme il l'était de son vivant. Il a les cheveux courts, le front bombé, le regard sombre et doux à la fois sous un sourcil épais, la moustache et la barbe d'un brun roussâtre, le visage long et mélancolique.

Il s'appelait Alfred Johannot, et il y a aujourd'hui seize ans qu'il est mort.

Viens, frère ! approche-toi ; c'est moi, c'est un ami qui t'évoque. Parle, raconte avec la parole des morts ta jeune et glorieuse vie, et, moi, je la redirai avec la parole des vivants.

Esprits de la nuit, éteignez jusqu'au frémissement de vos ailes de phalène, et que tout se taise, jusqu'à toi, silence nocturne, fils muet de l'obscurité ! Le mort parle tout bas, et, moi, je vais parler tout haut.

Nous l'avons tous vu, jeunes gens de vingt-cinq ans, hommes de quarante, vieillards de soixante et dix.

Il était bien tel que j'ai dit, n'est-ce pas ?

Maintenant, voici son histoire.

Il était né avec le siècle, en 1800 ; avec le printemps, le 21 mars ; il était né dans le grand-duché de Hesse, dans la petite ville d'Offenbach, sur les bords de cette charmante rivière aimée des pêcheurs et des ondines, qu'on appelle le Mein, qui prend sa source en Bavière, et qui va se jeter dans le Rhin en face de Mayence.

Son père était un riche négociant de Francfort, et ses aïeux étaient des protestants que la révocation de l'édit de Nantes avait contraints d'aller demander un asile à l'étranger.

Après un séjour de plusieurs années à Lyon, M. Johannot père avait fondé, à Francfort, la première grande manufacture de soieries.

Le commerce, arrivé au point où il l'avait porté, s'élève à la hauteur de la poésie; d'ailleurs, il était excellent peintre de fleurs, passant sa vie avec des artistes.

En 1806, M. Johannot, ruiné, vint se fixer à Paris. Ce déplacement, triste pour ses parents, fut joyeux pour Alfred. Tout changement, tout mouvement amuse l'enfance.

Sa mère, qui l'adorait, voulut seule se charger de son éducation; de là peut-être ce que, pendant toute sa vie, on a pris chez lui pour de la tristesse, et ce qui n'était que cette tendresse pudique d'un cœur pétri tout entier par la main d'une femme.

Alfred Johannot avait huit ans lorsque, pour la première fois, on le conduisit au Louvre. — Vous rappelez-vous, vous qui lisez ces lignes, le Louvre de l'Empire? C'était le rendez-vous de ce qu'il y avait de plus beau au monde: tout chef-d'œuvre avait droit d'être là, et semblait n'être bien que là. — Il fut étourdi, émerveillé, ébloui! il était entré là enfant, sans vocation : il en sortit adolescent et peintre. De retour chez son père, il prit le crayon, et ne le quitta plus.

Il avait un frère, graveur habile, Charles Johannot, mort avant lui, jeune comme lui, hélas ! L'âge des trois frères, au moment de la mort de chacun d'eux, faisait à peine l'âge d'un homme.

Ce frère lui prêta sa carte d'artiste. Grâce à cette carte, et sous la protection du nom fraternel, il put entrer au Louvre pour y travailler. Quand on voulait le punir cruellement, on lui disait : « Alfred, tu n'iras pas demain au Louvre. » Une fois au Louvre, il ne vivait plus, il n'existait plus, il s'absorbait dans son travail ; c'était en lui qu'il existait.

Un jour, isolé comme d'habitude avec sa pensée, génie encourageant qui lui disait tout bas ces paroles douces qui font les yeux et les lèvres de la jeunesse presque toujours souriants, — un jour, il copiait un Raphaël, lorsqu'il sentit une main se poser légèrement sur son épaule.

Il se retourna et demeura anéanti.

Au milieu d'un cercle d'officiers en habit militaire, de courtisans en habit de cour, il était seul avec un homme en habit d'uniforme très-simple.

La main que cet homme avait posée légèrement sur son épaule, quand cet homme l'appuyait sur une des extrémités de la terre, cet homme faisait pencher le monde du côté où il l'appuyait : cette main, c'était celle de Napoléon.

— Courage, mon ami ! lui dit une voix qui avait presque la douceur d'une voix de femme.

C'était la voix de l'empereur.

Puis l'homme merveilleux s'éloigna, laissant l'enfant pâle, muet, tremblant, presque sans haleine ; mais, en s'éloignant, il s'informa quel était cet enfant. Un secrétaire se détacha de la suite de l'empereur, vint à Alfred, et lui demanda son nom, le nom et la demeure de ses parents, puis rejoignit le groupe doré, qui disparaissait dans une salle voisine.

Quelques jours après, le père d'Alfred Johannot fut nommé inspecteur de la librairie à Hambourg, alors ville française. Toute la famille partit pour se rendre à sa destination. Alfred ne devait revoir Paris qu'en 1818.

Il ne devait jamais revoir l'empereur ; mais le souvenir de la scène que nous avons racontée était resté profondément gravé dans la mémoire de l'enfant. Je me rappelle qu'un soir, le soir où lui-même nous la dit, — c'était chez moi, — il prit une plume, du papier, et fit à l'encre un dessin de cette scène. Je n'ai jamais vu un plus beau Napoléon, plus digne, plus grand, plus doux, je dirai même plus paternel. Dans la pensée d'Alfred, l'empereur était resté, comme en 1810, beau, rayonnant, victorieux !

A défaut de bons maîtres, l'enfant trouva à Hambourg d'excellents graveurs ; c'est pour cela que, jeune homme, il préféra d'abord le burin au pinceau.

Il avait treize ans lors du désastre de l'Empire. L'ennemi

vint mettre le siége devant Hambourg ; Hambourg résolut de se défendre jusqu'à la dernière extrémité, et, en effet, sa défense est célèbre.

Alfred faillit y mourir d'une triple mort: d'un boulet, de la faim, du typhus! Le boulet, un jour qu'il était sur le rempart, passa à deux pas de lui, et ce fut fini ; le boulet passé, il n'y avait plus de danger. Mais il n'en fut pas de même de la faim, et surtout du typhus! La faim brisa son estomac, le typhus desséchA son sang : de là la pâleur de ses joues et la fièvre de ses yeux : il est mort en 1837 de la famine et de la contagion de 1813.

Toute la famille revint, comme nous l'avons dit, à Paris en 1818, et se fixa près de Charles. Celui-ci achevait alors une de ses meilleures gravures, *le Trompette blessé*, d'Horace Vernet.

Les pauvres gens étaient complétement ruinés. Il fallait que les enfants nourrissent à leur tour ceux qui les avaient nourris. Alfred se mit d'abord à faire des gravures de confiseurs, à enluminer des images de saints.

Cela dura sept ans.

Celui qui apportait la plus forte part à la masse commune, c'était Charles.

Il mourut en 1825, juste à l'âge où est mort Alfred, c'est-à-dire à trente-sept ans.

Dieu permit qu'à partir de ce moment, Alfred vit sa force s'accroître en raison du fardeau que le malheur lui donnait à porter.

Un frère jeune, des parents vieux, voilà la responsabilité que lui laissait la mort de son frère! — Voilà une chose que le monde ne connaît pas assez, et que j'ai dite et que je répéterai sans cesse au monde, moi : c'est l'histoire de ces saintes luttes de l'amour filial contre la misère! — Étrange existence que celle d'Alfred! Il n'eut pas de jeunesse, et ne devait pas avoir de vieillesse. Ce pli de l'âge sérieux qui sillonne le front soucieux du penseur, la faim le creusa chez lui à treize ans, l'exil et la fatigue le continuèrent à dix-huit, la misère le reprit à vingt-cinq.

Vous qui le connaissiez, l'avez-vous vu sourire jamais? Non.

Et, cependant, sa gravité n'était point la tristesse du dégoût ou du désespoir; c'était le calme de la résignation.

La première planche qu'il fit paraître, — car il avait commencé par s'adonner à la gravure: se sentant faible, il cherchait une force où s'appuyer, — la première planche qu'il fit paraître était celle des *Orphelins*, de Scheffer.

Cette publication lui valut la protection de Gérard. D'abord, ce maître lui confia une scène d'*Ourika*, puis la reproduction de son grand tableau de *Louis XIV présentant Philippe V aux ambassadeurs d'Espagne*.

A partir de ce moment, Alfred Johannot fut connu.

C'était l'époque où les publications anglaises introduisaient en France le goût des illustrations. Depuis Moreau le jeune, qui avait si admirablement reproduit les tableaux du siècle de Louis XIV, et surtout ceux du siècle de Louis XV, il n'y avait plus en France de graveur remarquable qu'Alexandre Desenne.

Alfred alla chez lui, et lui demanda d'étudier sous sa direction.

Le génie est simple, bon et familier: Desenne lui donna d'excellentes conseils.

Desenne mourut.

Le seul graveur en nom qui restât alors était Achille Devéria. — Vous avez connu aussi cette belle intelligence, n'est-ce pas? ce fécond producteur, qui, ayant à choisir entre le génie qui laisse mourir de faim, et le talent qui nourrit une famille, s'arracha en pleurant aux embrassements désolés du génie, lui jetant comme une consolation son frère Eugène entre les bras. Un jour, je dirai l'histoire de celui-là comme je vous dis celle d'Alfred, et je forcerai le monde rieur et ingrat d'incliner sa tête devant le fils pieux, devant le père laborieux, qui, d'un travail de seize heures par jour, fait la tranquillité de toute une famille.

O Devéria, que tu t'es fait grand devant Dieu, le jour où tu renonças à être devant les hommes aussi grand que tu pouvais le devenir!

Mais, bientôt, Devéria quitta la peinture et la gravure pour la lithographie. Alfred alors prit, dans l'illustration bibliographique, la première place, que devait bientôt partager son frère, auquel il l'abandonna tout entière en mourant.

C'est que, pendant ce temps, Tony avait grandi à l'ombre de cette amitié, qui avait à la fois la familiarité fraternelle et la tendresse protectrice de la paternité.

Et, du moment que cette jeune existence s'enlaça à celle d'Alfred, elle ne la quitta plus: c'est pour ces deux artistes que la comparaison du lierre et de l'ormeau, de la liane et du chêne, semble avoir été faite.

Un jour, la mort brisa l'aîné; mais celui qui survécut resta les pieds pris dans la tombe de celui qui était mort.

Tous deux, en effet, à partir de l'instant où ils se furent rejoints, marchèrent du même pas et de la même allure, sans qu'on pût savoir qui marchait le premier.

Tony se fondit dans Alfred, se fit graveur avec le graveur, dessinateur et peintre avec le dessinateur et le peintre, et nous vîmes alors ce spectacle unique d'une triple fraternité de sang, d'esprit et de talent.

Ce n'était pas comme sur les affiches de théâtre où le nom de l'aîné en art prime celui du cadet: tantôt on disait Alfred et Tony, tantôt Tony et Alfred. Jumeaux à la manière de ces Siamois qui ne pouvaient se séparer, un moment vint où eux-mêmes eussent voulu se séparer, qu'ils ne l'eussent pas pu. Aussi, pendant dix ans, l'histoire de l'un est-elle l'histoire de l'autre.

On ne peut pas plus séparer cette histoire qu'une lieue après Lyon, on ne peut séparer la Saône du Rhône; qu'une lieue après Mayence, on ne peut séparer la Moselle du Rhin.

Une fois appuyés l'un à l'autre, ils se sentirent forts. Ce ne furent plus les dessins des autres qu'ils gravèrent: ce furent leurs propres dessins. L'eau-forte devint leur procédé favori; et c'est alors que parurent les vignettes de Walter Scott, de Cooper et de Byron. A tous les grands noms littéraires, ils attachent leur nom. Il y a peu de grande poésie éparse dans le monde dont leur burin n'ait donné la **traduction**.

Puis, chose merveilleuse! chacun d'eux rêvait une gloire plus grande : de copistes, ils s'étaient faits graveurs ; de graveurs, ils résolurent de se faire peintres.

Ce ne fut plus d'après des dessins qu'ils essayèrent leurs eaux-fortes : ce fut d'après de charmants petits tableaux qu'à ce salon de 1831, — si remarquable, que voilà deux ou trois fois que nous y revenons, — ils exposèrent dans des passepartout, lesquels furent placés, je me le rappelle, dans l'encadrement d'une fenêtre de la grande galerie à gauche. Il y avait vingt-quatre compositions.

A partir de ce moment, chacun d'eux fut à la fois peintre et graveur.

Suivons Alfred; nous reviendrons plus tard à Tony.

En 1831, Alfred fait son premier grand tableau de chevalet: l'*Arrestation de Jean Crespière*. Ce fut un succès.

La même année, il achève *Don Juan naufragé*, et une scène de *Cinq-Mars*.

En 1832 et 1833, il donne l'*Annonce de la Victoire de Hastenbeck* pour la galerie du roi Louis-Philippe, et l'*Entrée de mademoiselle de Montpensier, pendant la Fronde, à Orléans*;

En 1834, *François I*er *et Charles-Quint*;

En 1835, *le Courrier Vernet saigné et pansé par le roi Louis-Philippe*, — *Henri II, Catherine de Médicis et leurs enfants*;

En 1836, *Marie Stuart quittant l'Écosse*, — *Anne d'Este, duchesse de Guise se présentant à la cour de Charles IX*, — *Saint Martin*, — et la *Bataille de Saint-Jacques*.

Mais déjà, depuis deux ans, la nature était épuisée chez Alfred; elle succomba sous un dernier effort. Il connaissait son état, il savait que, lorsque l'aiguille du temps s'arrêterait sur les premiers mois de l'hiver de 1837, l'heure de l'éternité sonnerait pour lui.

Aussi les dix-huit derniers mois de sa vie sont prodigieux d'activité: tableaux, vignettes, aquarelles, eaux-fortes, gravures au burin, dessins au crayon, à la plume, à l'encre de Chine, il entreprend tout, presse tout, active tout. Une vie suffirait à peine pour achever ce qu'il a commencé, et lui n'a plus que quelques mois!

Au milieu de cette fièvre féconde, de cette agonie productive, il reçoit une lettre de Mannheim. La lettre est de sa sœur : son père est malade, et désire le voir. Il annonce son départ; c'est en vain qu'on lui dit que, si gravement malade que soit son père, son père l'est moins que lui, que le vieillard a plus de jours à vivre que le jeune homme : il n'écoute rien; son père l'a appelé, il ira!

Il part, reste trois mois absent de Paris, et revient dans les derniers jours de novembre. Son père est hors de danger : lui se meurt.

Le 7 décembre 1837, il expira avec ses dessins, ses gravures, ses vignettes commencées sur son lit, et les yeux fixés sur ses tableaux inachevés!

*
* *

Le spectre venait de se taire. Alors, me retournant de son côté :

— Est-ce cela, frère? lui demandai-je, et ai-je bien traduit tes propres paroles?

Mais je ne vis plus qu'une blanche vapeur qui s'évanouissait, et je n'entendis plus qu'un faible soupir qui s'éteignait dans l'air en modulant le mot « Oui! »

CCXXVI

Clément Boulanger.

Le murmure éteint, l'ombre disparut. Une autre ombre sortit de terre, et s'avança silencieusement comme la première, mais d'un pas plus rapide. On sentait que, chez celle-là, la vie avait été en quelque sorte plus vivante, et que la mort avait tout à coup pris cette existence entre ses bras décharnés, sans s'annoncer longtemps à l'avance, comme elle l'avait fait pour ce pauvre Alfred.

Cette ombre, c'était celle de l'auteur de la *Mort d'Henri II* et de la *Procession du* CORPUS DOMINI.

Cheveux courts et châtains, front un peu étroit mais intelligent, yeux bleus, nez long, moustaches et barbe blondes, teint frais et clair, lèvres mortes souriant à la vie comme, vivantes, elles avaient souri à la mort.

C'était l'ombre de Clément Boulanger.

Il inclina vers moi sa grande taille, et je sentis son souffle effleurer mon front, ainsi que fait le baiser d'un ami après un long voyage. — De retour de la mort, il m'embrassait.

Pauvre Clément! il était si gai, si spirituel, quand il peignait à larges couches cette scène de *la Tour de Nesle* représantant Buridan « jeté en Seine, » comme dit Villon, et empruntée à *l'Écolier de Cluny*, de Roger de Beauvoir.

— Ami, lui dis-je, je connais peu ta vie, et encore moins ta mort. Tu as vécu, et tu es mort loin de moi. Tu reposes là-bas, sous les cyprès de Scutari, avec le ciel du Bosphore étendu au-dessus de ta tête, avec la mer de Marmara déferlant à tes pieds; les tourterelles bleues entrent par les fenêtres entr'ouvertes de ta chapelle, et viennent voltiger sur ta tombe comme des âmes amies! Dis-moi ce que je ne sais pas, afin que je le raconte à la génération qui ne t'a point connu.

Je crus voir comme une étincelle s'allumer dans les yeux caves du fantôme, et une sorte de sourire passer sur ses lèvres pâles. C'est une si bonne chose que la vie, quoi qu'on en dise, que les morts tressaillent toutes les fois que la parole des vivants arrive jusqu'à eux prononçant leur nom.

Il parla, et je tressaillis à mon tour, étonné d'entendre des paroles gaies sortir de la bouche d'un fantôme.

C'est qu'il est mort, lui, sans savoir qu'il allait mourir, c'est que sa dernière convulsion a été un rire, que ses dernières paroles ont été un chant.

Clément Boulanger était né en 1812. Sa mère, pendant qu'elle était grosse, fut possédée d'une singulière envie: elle voulut à toute force prendre des leçons de peinture. On lui fit venir un maître, et elle se donna le plaisir de barbouiller cinq ou six toiles.

Quoique l'envie eût été satisfaite, l'enfant en fut *marqué*, comme on dit en termes de sage-femme : aussitôt qu'il put parler, il demanda un crayon; à l'âge de quatre ans, tout posait déjà pour lui, chats, chiens, perroquets, ramoneurs, commissionnaires, porteurs d'eau.

A huit ans, on le mit au séminaire. — Dès lors, tout ce qui est costume lui plaît, tout ce qui est pompe ecclésiastique le ravit ; il est enfant de chœur, et, en servant et desservant l'autel, il croque sur un livre de messe, avec un crayon qu'il cache dans le creux de sa main, le bedeau, le chantre, le desservant.

Sa première idée est de ne pas quitter le séminaire, de se faire en même temps prêtre et peintre ; sa mère, jugeant peu compatibles avec les devoirs du prêtre les études que sera obligé de faire le peintre, le retire du séminaire.

L'enfant demande alors à aller dans un atelier. A ce désir, sa mère s'épouvante : on apprend tant de choses dans un atelier, que la peinture est quelquefois la dernière chose qu'on y apprend, et, cependant, son orgueil maternel la sollicite ; avec ces dispositions, l'enfant ne peut manquer d'être un grand artiste.

En attendant qu'il grandisse, où le mettre? — Bon ! la chose est trouvée ! — Chez un chimiste; c'est un terme moyen : il y apprendra la composition des couleurs.

Bientôt, il a chez sa mère un laboratoire et un atelier de mécanique. Dans le laboratoire, il fait de la chimie: dans l'atelier, des machines hydrauliques : il a en lui les dispositions d'Agrippa, gendre d'Auguste.

Une nuit, sa mère entend un bruit faible, mais étrange, dans sa chambre : quelque chose comme un murmure, comme une plainte, comme un gazouillement.

Elle se lève, marche devant elle, et, à mesure qu'elle avance vers le centre de sa chambre, se sent mouiller par une pluie fine ; elle recule, allume une bougie, et, après avoir senti l'effet, découvre la cause.

L'enfant a fait des expériences sur cette vérité physique, que l'eau tend à reprendre son niveau ; il a établi un bassin au milieu de la chambre de sa mère et un réservoir dans la sienne. Le réservoir est de six pieds plus haut que le bassin ; un tuyau de fer-blanc, parfaitement soudé, et terminé par un bec d'arrosoir, sert de communication entre le réservoir et le bassin. Pendant la nuit, la soupape se dérange, et le jet d'eau fonctionne dans la chambre de madame Boulanger !

Au reste, pas de spectacle, pas d'argent : l'argent donne des tentations, le spectacle fait naître des désirs. Tous les dimanches, à vêpres et à la messe ! Voilà l'ordinaire de l'enfant, qui, de même qu'il a dessiné tout seul, et fait de la mécanique tout seul, commence à faire de la peinture tout seul.

A quatorze ans, il est atteint de la petite vérole, et, malade dangereusement, reste, pendant sa convalescence, enfermé près d'un mois dans sa chambre.

Pour se distraire, il peint sa cour, avec la concierge balayant. Le tableau existe : il est charmant ; on dirait un petit Van Ostade.

Un peu plus tard, il retrouve, en se jouant, les secrets de la peinture sur verre.

Après avoir hésité entre tous les peintres célèbres de Paris, sa mère se décida pour M. Ingres ; la moralité de tous les autres lui paraissait insuffisante ou suspecte.

A dix-neuf ans, il voit sa cousine, Marie-Élisabeth Monchablon, et en devient amoureux sur le coup. Elle avait quinze ans.

Le jour même où il la voit, il prie sa mère de la lui laisser épouser.

La mère ne demandait pas mieux ; seulement, elle trouvait aux deux enfants l'âge de deux fiancés, et non celui d'un mari et d'une femme.

Elle impose à Clément deux ans de noviciat.

Marie Monchablon peignait de son côté. — Vous connaissez les ravissantes aquarelles de madame Clément Boulanger ? vous connaissez le beau travail fait par madame Cavé sur la peinture sans maître ? Madame Clément Boulanger et madame Cavé, c'est la même charmante femme, c'est la même spirituelle artiste, c'est Marie Monchablon.

Les enfants faisaient de la peinture ensemble. Marie avait commencé par être le maître de Clément ; Clément finit par être celui de Marie.

Pendant ce temps, grand progrès chez Ingres, et grande amitié d'Ingres pour son élève, qui gagne ses vingt et un ans, et peut enfin épouser sa cousine.

Le lendemain de leur mariage, les deux enfants se sauvent en Hollande.

Ils avaient hâte d'être libres, et surtout de se convaincre qu'ils étaient libres. Pendant trois mois, on ignora ce qu'ils étaient devenus.

Au bout de trois mois, ils reparurent. Les tourtereaux revenaient d'eux-mêmes à leur volière. Clément avait gagné, dans cette escapade, la rage du travail. Le jour même de son retour, il esquisse une *Suzanne au bain* qu'il termine en trois semaines. La couleur en est pâle et un peu monotone peut-être, mais la composition est pittoresque.

Clément a deux admirations bien opposées : Ingres et Delacroix.

Il fait voir son tableau aux deux maîtres.

Chose extraordinaire ! tous deux donnent des éloges à l'auteur. La couleur plaît à M. Ingres ; seulement, il blâme le côté échevelé de la composition. Le côté échevelé de la composition plaît à Delacroix : seulement, il blâme la couleur. En somme, chacun d'eux dit au jeune homme : « Tu seras peintre ! »

Sur cette double promesse, Clément ne s'endort point : il envoie chercher une toile de quatorze pieds, et trace sur cette toile, en figures de grandeur naturelle, le *Martyre des Macchabées*. Cette fois, il s'inquiète peu de ce que dira M. Ingres ; c'est à Delacroix surtout qu'il veut plaire ; car, en admirant peut-être les deux peintres à un degré égal, c'est vers Delacroix que penche sa sympathie. Le tableau vient flamboyant de couleur.

Sept mois suffisent à son exécution. Comme pour la *Suzanne*, le tableau fini, on convoque les deux maîtres.

Cette fois, c'est Delacroix qui arrive le premier. Delacroix est enchanté; il n'a aucune observation à faire au jeune homme, et le comble de félicitations.

Le lendemain, M. Ingres arrive à son tour, pousse une espèce de grognement, recule comme si la réverbération d'une glace venait de frapper dans ses yeux; peu à peu son grognement se change en reproches: c'est de l'ingratitude, c'est de l'hérésie, c'est de l'apostasie !

Et M. Ingres sort furieux, en maudissant le renégat.

Sous le poids de cette malédiction, Clément s'apprête à partir pour Rome.

C'était, depuis bien longtemps, l'ambition des deux jeunes époux ; mais les grands parents ne consentiront jamais à laisser voyager vingt et un ans avec dix-sept, trente-huit ans en deux personnes, et, sans les grands parents, qui tiennent les cordons de la bourse, comment voyager? — Il y a un dieu pour les voyageurs !

Un amateur visite l'atelier de Clément. Comme à Delacroix, le côté pittoresque de la *Suzanne* lui plaît; il veut mettre la *Suzanne* dans son alcôve.

Mais Clément, qui n'ose pas demander six mille francs de la *Suzanne*, déclare qu'il ne veut pas vendre ce tableau tout seul et qu'il demande quatre mille cinq cents francs des *Macchabées*, quinze cents francs de la *Suzanne*.

L'amateur préférerait acheter la *Suzanne* seule; mais Clément lui signifie que les tableaux sont inséparables. L'amateur ne comprend pas la cause de ce lien indissoluble qui attache la *Suzanne* aux *Macchabées :* il offre deux mille francs de la *Suzanne* seule.

Clément est inflexible; la seule diminution qu'il puisse faire est de donner les deux tableaux pour cinq mille francs. L'amateur achète les *Macchabées* pour avoir la *Suzanne,* met la *Suzanne* dans son alcôve, les *Macchabées* dans son grenier; et voilà les deux jeunes gens à la tête d'une somme immense : cinq mille francs ! On fait cinq fois le tour du monde avec cela ! Alors, ils se sauvent en Italie comme ils se sont sauvés en Hollande, prennent un voiturin à Lyon, traversent le mont Cenis, et vont en vingt et un jours à Rome.

En partant pour l'Italie, Clément, avec son imagination dévorante, voulait tout voir. Sa femme ne désirait voir que trois choses : madame Lætitia, qu'on appelait alors Madame mère ; le Vésuve en éruption, et Venise en carnaval.

Les deux derniers désirs s'expliquent par la curiosité ; le premier, par le sentiment : Marie Monchablon était cousine du général Leclerc, premier mari de la princesse Borghèse.

Il y avait donc parenté avec la famille Napoléon, parenté bien éloignée comme on voit ; mais on est parent de bien plus loin en Corse !

Horace Vernet était directeur de l'école de peinture à Rome.

La première visite des deux artistes devait naturellement être pour Horace Vernet ; mais, en sortant de chez Horace Vernet, on n'avait que le Monte-Pincio à traverser, la porte del Popolo à franchir, et l'on était dans la villa Borghèse.

Or, dans la villa Borghèse habitait Madame mère, que désirait tant voir madame Clément Boulanger.

Le hasard servit la jeune enthousiaste : Madame mère, dans sa promenade, passa devant elle.

Madame Clément avait bonne envie de se jeter à ses genoux ; — je conçois cela, car c'est ce que j'ai fait, moi qui ne suis pas un fanatique, quand j'ai eu l'honneur d'être reçu, à Rome, par madame Lætitia, et qu'elle m'a donné sa main à baiser.

Oh ! c'est qu'on ne peut imaginer quelles proportions antiques l'exil donnait à cette femme ! Il me semblait voir la mère d'Alexandre, de César ou de Charlemagne.

Madame Lætitia avait regardé les deux jeunes gens, et leur avait souri comme la vieillesse sourit à la jeunesse, comme le couchant sourit à l'orient, comme la bonté sourit à la beauté.

Madame Clément revint chez elle ivre de joie.

Le soir, elle était invitée au palais Ruspoli, chez madame Lacroix ; toute joyeuse encore, et sans savoir qu'elle parlait devant le secrétaire de Madame mère :

— Ah ! dit-elle, je puis quitter Rome, ce soir.

— Comment cela ? Vous êtes arrivée ce matin !

— J'ai vu ce que je voulais voir.

— Ah !... Que vouliez-vous voir ?

— Madame mère.

Et, alors, elle raconta ce triple désir qui l'amenait en Italie : voir Madame mère, une éruption du Vésuve, et le carnaval de Venise.

Le secrétaire écouta ce grand enthousiasme sans rien dire ; mais, le même soir, il raconta ce qu'il avait entendu à la mère de César.

Celle-ci sourit, se rappela les deux beaux enfants qu'elle avait salués dans le jardin de la villa Borghèse, et demanda qu'ils lui fussent présentés le lendemain.

Le lendemain, tous deux étaient introduits dans la chambre à coucher de Madame mère ; c'était là que l'illustre aïeule se tenait habituellement.

— Venez ici, mon enfant, dit madame Lætitia en faisant signe à la jeune femme d'approcher, et dites-moi pourquoi vous désiriez tant de me voir.

— Mais parce qu'on dit que les fils ressemblent à leur mère.

Madame Lætitia sourit à cette charmante flatterie, plus charmante encore dans une bouche de dix-sept ans.

— Alors, répondit-elle, je vous souhaite un fils, madame !

— Mauvais souhait, princesse : j'aime mieux une fille.

— Et pourquoi cela ?

— Que voulez-vous qu'on fasse d'un garçon, depuis que l'empereur n'est plus là pour lui mettre un sabre ou une épée au côté ?

— Ayez toujours un fils, et il y aura peut-être un Napoléon sur le trône, au moment où ce fils sera en état de servir.

Étrange prédiction réalisée ! madame Clément Boulanger a eu un fils ; ce fils a aujourd'hui vingt-deux ans, et est employé, sous un Napoléon, au ministère d'État.

Quelques jours après, invitée aux soirées de la reine Hortense, madame Clément Boulanger valsa pour la première fois, — jeune fille, elle n'en avait jamais eu la permission ; jeune femme, elle n'avait pas encore eu le temps de le faire ;

— madame Boulanger, disons-nous, valsa, pour la première fois, avec le prince Louis.

Puis on commença de se mettre sérieusement à la besogne

Madame Clément Boulanger avait vu tout ce qu'elle désirait voir en voyant Madame mère, mais elle eût été bien désespérée qu'on l'empêchât de voir le reste !

Quant à Clément, il avait achevé une toile double de celle des *Macchabées*, et avait esquissé le tournoi des Tournelles : le sujet était *Henri II tué, à travers sa visière, par l'éclat de lance de Gabriel de Montgomery*. Ce tableau figurait à l'exposition de 1831, et est aujourd'hui au château de Saint-Germain.

De Rome, les deux amoureux partirent pour Naples. Madame Clément était enceinte, et, pour lui faire une grossesse heureuse, la Providence lui ménagea l'éruption de 1832.

De Naples, on revint à Florence. Là, Clément acheva et exposa dans une église son tableau du *Corpus Domini*.

Le tableau eut un grand succès, si grand, que les contadini des environs de Florence, qui venaient voir ce tableau en procession, entendant dire sans cesse que c'était le tableau du *Corpus Domini*, crurent, ne sachant pas ce que *Corpus Domini* voulait dire, que c'était le nom de son auteur, et appelaient bravement Clément Boulanger et sa femme M. et madame Corpus-Domini.

Pendant ce temps, les deux jeunes gens faisaient force courses dans la campagne, et, comme les parents ne voulaient pas quitter le petit Albert, on le mettait dans une corbeille qu'un homme portait sur sa tête.

C'était le fils de Corpus-Domini, et, à ce titre, il n'y avait chevrière qui ne lui donnât de son lait.

Dans ses moments perdus, Clément se souvenait de ses études de chimiste : il avait inventé un papier qui supprimait l'encre.

Il suffisait de tremper la plume dans la carafe, le ruisseau, la rivière, ou tout simplement dans sa bouche, d'écrire avec de l'eau ou de la salive, et l'écriture noircissait au fur et à mesure que le bec de la plume traçait les caractères.

L'invention était si merveilleuse, que l'on résolut de monter une fabrique de papier sous un illustre patronage.

Ce patronage accordé, l'on apporta une feuille de papier chimique à madame Clément. Malheureusement ou heureusement, madame Clément était enrhumée ; elle éternua : le papier mouillé noircit aussitôt à tous les endroits où il était mouillé.

Cela donna fort à penser aux spéculateurs. Le papier devenait impossible pour les jours de pluie, et les jours de rhume !

On renonça à la fabrique.

Clément Boulanger était revenu à Paris au mois de février 1832 ; et, du 10 au 15 mars de la même année, autant que je puis me le rappeler, il couvrait chez moi de sa peinture large et facile un panneau de douze pieds de long sur dix de haut.

⁎⁎⁎

En 1840, Clément Boulanger partit pour Constantinople.

Depuis un an et demi, il était à Toulouse, où il peignait la *Procession* qui est aujourd'hui à Saint-Étienne-du-Mont. Ce travail en province l'avait fatigué : il voulait le grand air, le changement de lieux, la vie mouvementée enfin, au lieu de la vie sédentaire.

Il accepta la proposition que lui fit le voyageur Tessier, qui allait faire des fouilles dans l'Asie Mineure ; et, chargé par le département des beaux-arts de peindre un tableau représentant ces fouilles, Clément, comme nous l'avons dit, partit en 1840.

On arriva à Magnésie de Méandre, et l'on commença de creuser la terre.

Ce premier travail parut à Clément celui qui, étant le plus animé, devait être surtout reproduit par lui.

Il fit son esquisse en pleine chaleur de midi, et attrapa, pendant son travail, un de ces coups de soleil si dangereux en Orient.

Une fièvre cérébrale s'ensuivit. On était loin de tout secours : on n'avait autour de soi que de mauvais médecins grecs, dans le genre de ceux qui tuèrent Byron.

On suspendit un hamac dans une mosquée, et l'on y mit le pauvre malade.

Le troisième jour, le délire le prit; le cinquième, il mourut en riant et en chantant, sans se douter qu'il mourait.

Tout le clergé grec de Constantinople vint chercher le corps du pauvre voyageur, qui était mort à vingt-huit ans, loin de ses amis, de sa famille, de son pays! — à vingt-huit ans comprenez-vous? Comparez cet âge avec ce qu'il a fait !

Le corps fut transporté à dos de dromadaire.

Là-bas, comme ici, tout le monde l'aimait. Des gens de tous les pays et de tous les costumes suivaient le cortége.

Tous les bâtiments français en rade portaient les vergues croisées et le pavillon de deuil.

L'ambassade tout entière vint le recevoir à la porte de Constantinople, et un cortége de plus de trois mille personnes l'accompagna jusqu'à l'église française.

C'est là qu'il est couché, endormi, comme Ophélia, dans son rire et dans sa chanson !

CCXXVII

Granville.

Sourire fin et moqueur, yeux petillants d'esprit, bouche railleuse, petite taille, grand cœur, mélancolie charmante répandue sur tout cela; — c'est vous, cher Granville! Venez! je commence à avoir autant d'amis sous terre que dessus; venez! dites-moi que l'amitié est plus forte que la tombe, et je ne craindrai plus de descendre où vous êtes, puisque, en mourant, on réjouit ses amis morts, sans quitter ses amis vivants.

Vous rappelez-vous, cher Granville, le temps où j'allais vous voir dans votre mansarde de la rue des Petits-Augustins, mansarde d'où je ne sortais jamais sans emporter de merveilleux croquis? Que de bonnes et longues causeries! que de fins aperçus! — Je ne pensais pas à vous demander, alors, d'où vous veniez, ni où vous alliez; vous souriiez tristement à la vie, à l'avenir, car toujours vous avez eu un peu de tristesse extravasée au fond du cœur. C'était tout simple, que vous fussiez un trait d'union entre Molière et la Fontaine.

Ce que je ne songeais pas à demander à l'artiste plein de vie, de verve et de santé, je le demande aujourd'hui à l'artiste mort et couché dans le tombeau. — Vous avez oublié, dites-vous, cher Granville? Je comprends cela. Mais il y a un de vos amis, homme de cœur, homme de talent, qui n'a pas oublié : prenez Charles Blanc, et, à ce dont il s'est souvenu, ajoutez ce dont vous vous souviendrez.

Votre vie est trop simple, dites-vous? Soit; mais le public prend autant d'intérêt à l'humble vicaire de Wakefield dans sa cure de village qu'au brillant Raleigh à la cour de la fière Élisabeth.

Vous vous souvenez? Bien ! — Moi, je raconte.

Granville est né à Nancy. Il est le successeur, le compatriote, on dirait presque l'élève de Callot. Son véritable nom était Gérard; mais son père, peintre en miniature distingué, avait quitté son nom de famille pour prendre le nom de théâtre de son grand-père, excellent comédien qui avait plus d'une fois appelé le sourire sur les lèvres de ces deux exilés, Stanislas Leczinski et Marie Leczinska, dont l'un avait été roi, et dont l'autre devait devenir reine.

Ce grand-père s'appelait Granville.

L'enfant qui devait créer un monde à lui, — moitié animal — moitié humain ; — qui devait expliquer la cause du parfum des fleurs, en faisant de la fleur l'enveloppe de la femme ; — qui devait donner matériellement aux étoiles ces yeux charmants qui scintillent dans l'ombre, et avec lesquels elles sont censées regarder sur la terre, cet enfant naquit le 13 septembre 1803.

Il naquit si débile, que l'on crut un instant qu'il ne naissait que pour mourir; sa mère le prit dans ses bras, et le cacha si bien sur son cœur, que la Mort, qui le cherchait, passa sans le voir.

L'enfant la vit, lui, et c'est pour cela que, depuis, il la fit tant de fois, si ressemblante.

Jeune, il était taciturne mais observateur, regardant toute chose avec ses grands yeux mélancoliques, et semblant chercher et trouver dans chaque chose une face inconnue et invisible aux autres yeux.

C'est cette face sous laquelle il nous a montré tous les êtres et toutes les choses créées, depuis le géant jusqu'à la fourmi, depuis l'homme jusqu'au mollusque, depuis l'étoile jusqu'à la fleur.

D'autres raillent le monde du bon Dieu, mais, impuissants à le refaire, se contentent de le railler ; toi, non-seulement tu l'as raillé, mais encore tu l'as refait.

A douze ans, il entra au lycée de Nancy, d'où il sortit à quatorze. Qu'importaient à Granville le latin, le grec, et même le français ! Il avait une langue à lui, qu'il parlait bas avec un maître invisible qu'on appelle le génie, et que, plus tard, il devait parler à haute voix à la création tout entière.

Quand j'entrais chez Granville, et que je le trouvais tenant dans sa main un lézard, sifflant un serin dans une cage, ou émiettant du pain dans un bocal de poissons rouges, j'étais toujours tenté de lui demander :

— Que vous disait donc ce poisson rouge, ce serin ou ce lézard ?

A quatorze ans, Granville se mit donc au dessin ; je me trompe, il y avait toujours été. Les thèmes et les versions étaient rares sur ses cahiers de collége. Mais que d'illustrations — comme on appelé la chose depuis — dans le thème de *la rose, rosa*, et dans la version *Deus creavit cœlum et terram !* c'était merveilleux !

Aussi les maîtres montrèrent-ils, un jour, au père les cahiers de thèmes et de versions. Ils croyaient faire gronder l'enfant ; le père vit ce que les maîtres ne voyaient pas : les maîtres voyaient un pauvre latiniste ; le père vit un grand artiste.

— Tous voyaient juste. C'est que chacun, se tournant le dos, regardait d'un côté opposé.

Granville fut, dès lors, installé dans l'atelier de son père, et eut le droit de faire des croquis, sans être obligé de faire des thèmes et des versions.

Lorsqu'un client venait poser pour une miniature dans l'atelier de M. Granville, le client posait en même temps pour le père et pour le fils.

Seulement, jamais le client ne voyait que l'ouvrage du père, parce que l'ouvrage du père était un portrait léché, blaireauté, embelli, tandis que l'ouvrage du fils était une belle et bonne caricature dont le père riait bien fort quand le client était parti, mais qu'il recommandait à son fils de cacher dans les profondeurs de ses cartons, s'étonnant toujours que chaque face d'homme eût son analogue dans une tête d'animal.

Sur ces entrefaites, un peintre nommé Mansion passe à Nancy, et va voir son confrère Granville, qui lui montre ses miniatures; l'artiste voyageur les regarde assez dédaigneusement; mais, arrivé aux dessins du jeune homme, dans lesquels il puise à pleines mains, il regarde sans jamais se lasser de regarder, répétant: « Encore! » quand il n'y en avait plus.

— Donnez-moi cet enfant, dit-il au père, et je l'emmène à Paris.

On donne difficilement son enfant, même à un confrère; et, cependant, le père de Granville savait bien qu'on ne devient un grand artiste que dans les grands foyers de civilisation.

Il adopta un terme moyen qui apaisait sa conscience, et consolait son cœur.

Il *promit* d'envoyer l'enfant à Paris.

Six mois s'écoulèrent avant que cette promesse fût mise à exécution; enfin, reconnaissant que l'enfant perdait son temps en province, le père se décida.

On mit au jeune artiste cent écus dans une poche, une lettre pour un cousin à lui dans l'autre, on le recommanda au conducteur d'une diligence, et voilà le futur grand homme parti pour Paris.

Le cousin s'appelait Lemétayer, et était régisseur de l'Opéra-Comique.

C'était un homme d'esprit que nous avons tous connu, fort répandu dans le monde artistique, lié avec Picot, Horace Vernet, Léon Cogniet, Hippolyte Lecomte et Féréol.

On me demandera pourquoi je mets Féréol, c'est-à-dire un chanteur, avec Picot, Horace Vernet, Léon Cogniet, Hippolyte Lecomte, c'est-à-dire avec quatre peintres? Eh bien, c'est que de même que M. Ingres, qui est un grand peintre, a la prétention d'être un virtuose, de même Féréol, qui était un excellent comédien, avait la prétention d'être un peintre.

Hélas! nous en connaissons d'autres que M. Ingres et que Féréol qui ont les mêmes prétentions!

Or, il arriva, un jour, que, Féréol ayant apporté une de ses compositions chez Lemétayer, Granville vit cette composition.

Et Granville, dans son irrévérence pour la peinture de Féréol, se mit à redessiner cette peinture, comme Féréol eût pu se mettre à rechanter un air de M. Ingres.

Hippolyte Lecomte entra sur ces entrefaites.

Nous ne savons pas si Hippolyte Lecomte a, comme M. Ingres et comme Féréol, quelque tic en dehors de son art; mais ce que nous savons, c'est qu'il est homme de bon sens et de bon conseil.

C'était justement ce qu'il fallait au jeune homme, qui passa de l'atelier de M. Mansion dans celui de Lecomte.

D'ailleurs, l'élève de M. Mansion conservait une vieille grippe contre son maître.

Voici à quelle occasion:

Granville, avec son charmant esprit, déjà aussi pittoresque chez l'enfant que chez l'homme, avait inventé tout un jeu de cinquante-deux cartes. Mansion trouva ce jeu si remarquable, qu'il le publia sous son nom, avec le titre de *la Sibylle des salons*. J'ai vu ce jeu chez Granville, un jour qu'il était de bonne humeur, et retournait le fond de ses cartons; c'était quelque chose de fantastique.

Chez Hippolyte Lecomte, il ne s'agissait plus de dessiner, il fallait peindre.

Mais la peinture n'était pas le fait de Granville; — le crayon, la plume, à la bonne heure! — Granville peint comme Callot, avec une pointe d'acier. Le crayon, la plume, le style parlent si bien la langue de l'artiste, et disent si bien ce qu'il veut dire!

C'est alors qu'apparaît tout à coup la lithographie: Granville s'approche, regarde, examine le procédé, jette un cri de joie : voilà ce qu'il lui faut.

Granville, comme Clément Boulanger, était un chercheur, toujours mécontent de ce que l'on avait trouvé pour lui, parfois de ce qu'il avait trouvé lui-même.

Callot avait substitué dans ses gravures le vernis des luthiers au vernis mou. Granville exécute, lui, ses lithographies à la manière des gravures : il tranche la pierre avec un crayon dur, ombre avec des hachures, précise ses formes, et ne dessine plus, mais grave ; c'est à cette époque que remontent cette suite de dessins représentant les *Tribulations de la petite propriété*, et la série des *Dimanches d'un bon bourgeois*.

Granville habitait, alors, à l'hôtel *Saint-Phar*, sur le boulevard Poissonnière, la chambre qu'habita depuis Alphonse Karr, cet autre artiste qui de sa plume, lui aussi, a fait un burin, et qui grave, au lieu d'écrire.

Vers 1826, Granville quitta l'hôtel *Saint-Phar*, et alla habiter cette espèce de mansarde située en face du palais des Beaux-Arts, où je l'ai connu. Hélas! moi aussi, j'habitais une autre espèce de mansarde ; les vingt-cinq francs que, sur la *supplication* d'Oudard, M. de Broval venait d'ajouter à mon traitement ne me permettaient point d'habiter un premier étage de la rue de Rivoli ; seulement, ma mansarde enviait celle de Granville : un atelier d'artiste, si pauvre qu'il soit, a toujours quelque chose de plus qu'une chambre d'employé ; un croquis, une statuette, un plâtre, un vieux casque sans visière, quelques morceaux de cuirasse avec les traces de l'or qui la damasquinait, un écureuil empaillé qui joue de la flûte, un goëland suspendu au plafond, les ailes ouvertes, et qui semble encore raser la vague ; un lambeau d'étoffe chinoise drapé devant une porte, donnent aux murailles un air coquet qui réjouit l'œil, et sourit à l'esprit.

Puis l'atelier du peintre était un lieu de réunion et de causerie. Il y avait là, et dans les ateliers d'alentour, Philippon, qui devait fonder *la Caricature* et, plus tard, son frère le *Journal pour rire* ; Ricourt, l'obstiné faiseur de charges ; Horeau, l'architecte; Huet, Forest, Renou. Les jours où l'on était riche, on buvait de la bière; les autres jours, on se contentait de fumer, de crier, de déclamer, de rire.

Granville riait peu, déclamait peu, criait peu, fumait peu, buvait peu. Il demeurait assis à une table, une feuille de papier devant lui, une plume ou un crayon à la main, souriant parfois, dessinant toujours.

Que dessinait-il? Lui-même n'en savait rien. Un caprice qui touchait à la folie conduisait son pinceau. C'étaient des oiseaux à tête de singe, des singes à tête de poisson, des visages de bipèdes sur des corps de quadrupèdes : un monde plus fantastique que les tentations de Callot et les diableries de Breughel.

Et, quand deux heures avaient passé, pleines de rire, de bruit et de fumée pour les autres, Granville avait tiré de son cerveau, comme d'une arche fantastique, toute une création nouvelle qui, certes, lui appartenait aussi bien en propre que celle qui a été détruite par le déluge appartenait à Dieu.

Et tout cela si fin, si spirituel, si charmant; disant si bien ce que cela voulait dire; parlant, des yeux et des gestes, une langue si comique, qu'au moment de se quitter, on passait toujours quelque chose comme une demi-heure ou une heure à regarder, et à chercher le sens de ces illustrations improvisées de contes d'Hoffmann inconnus.

C'est ainsi qu'il prépare, compose et publie *les Quatre saisons de la vie*, le *Voyage pour l'éternité*, *les Métamorphoses du jour*, enfin, *la Caricature*, où toutes les célébrités poliques du jour posent pour lui et devant lui.

Puis arrive 1832.

Un des premiers, je l'ai dit, Granville s'était offert à moi; un des premiers il était arrivé; un des premiers il était sur son échafaudage, peignant son panneau sur une échelle double, et esquissant ses dessus de porte.

Deux mois après, je partais pour un voyage.

L'ai-je revu depuis? J'en doute.

Seulement, ses travaux énormes arrivaient jusqu'à moi.

C'étaient les *Chansons de Béranger*, *Gargantua au ber-*

ceau, les *Fables de la Fontaine*, les *Animaux peints par eux-mêmes*, les *Étoiles*, les *Fleurs animées*. Puis, au milieu de toutes ces gaietés échappées à son crayon et à sa plume, les douleurs les plus profondes, les tristesses les plus amères : sa femme meurt, ses trois enfants meurent les uns après les autres !

Le dernier mort, il tombe malade lui-même.

On eût dit que la voix de ces quatre bien-aimés l'appelait à eux.

Ses conversations alors changent de caractère : elles s'élèvent ; plus de rires d'atelier, plus de plaisanteries juvéniles. Il parle de cette vie future vers laquelle il marche, de cette immortalité de l'âme dont il va savoir le secret ; c'est dans l'éther le plus pur qu'il plane, c'est sur les nuages les plus transparents qu'il flotte.

Le 14 mars 1847, il devient fou ; trois jours après, il meurt dans la maison du docteur Voisin, à Vanvres.

Il est enterré à Saint-Mandé, près de sa femme et de ses trois enfants, et, si les morts sont encore doués de quelque sympathie, il n'a que le bras à étendre pour donner la main à Carrel !

CCXXVIII

Tony Johannot.

Granville disparut. — Remontait-il au ciel sur le rayon d'une de ces étoiles dont il s'est fait le courtisan, en leur donnant des visages de femme ? allait-il, couché dans la tombe, écouter, pendant le sommeil de la mort, pousser ces femmes à qui il avait donné des tiges de fleur ?

Oh ! cela est le grand secret que la tombe garde mystérieusement, que la mort ne peut dire à la vie, qu'Hamlet a demandé inutilement à la tête d'Yorick, au fantôme de son père, à la chanson interrompue d'Ophélia !

C'est ce que me diraient bien certainement ces deux chers et bons amis à moi, morts le même jour, c'est-à-dire le 4 août 1852, et qui s'appelaient Tony Johannot et Alfred d'Orsay, s'il leur était permis de me le dire.

Quelle sera donc l'expression assez poétiquement désolée pour rendre ce qui se passe dans le cœur, quand, le matin, au réveil, on reçoit deux lettres pareilles à celle-ci :

« Mon cher père,

» Comprends-tu quelque chose de pareil à ce qui arrive ? Je me présente aujourd'hui, avec ta lettre, chez Tony Johannot, pour lui demander s'il peut se charger des vignettes d'*Isaac Laquedem*, et l'on me répond: « Monsieur, il vient de mourir ! »

» Tony Johannot mort !

» Je l'avais rencontré avant-hier, et nous avions pris rendez-vous pour aujourd'hui.

» Mort ! je trouve que cette syllabe isolée ressemble au tintement du battant sur la cloche.

» Elle éveille la même vibration dans le cœur.

» Mort ! Tony Johannot est mort !

» Si l'on meurt ainsi, on n'osera plus quitter ceux que l'on aime.

» Reviens vite à Paris, ou je pars pour Bruxelles.

» A toi,

» ALEX. DUMAS FILS. »

« Mon cher Dumas,

» Notre bien-aimé Alfred d'Orsay est mort ce matin, à quatre heures, entre mes bras, en riant, en causant, en faisant des projets, et sans se douter qu'il allait mourir.

» Un des derniers noms qu'il a prononcés est le vôtre, car un de ses derniers projets était de renouveler le bail de votre chasse, où il s'est tant amusé l'année dernière.

» La cérémonie mortuaire aura lieu après-demain, à Chambourcy. Si ma lettre arrive à temps, venez ! cela sera une consolation pour Agénor et pour la duchesse de Grammont, de vous voir près d'eux dans un pareil moment.

» A vous de cœur,

» CABARRUS. »

Un autre jour, je vous raconterai d'Orsay tout entier, d'Orsay gentilhomme, d'Orsay fashionable, d'Orsay artiste, et surtout d'Orsay homme de cœur ; et je n'aurai certes pas assez d'un chapitre pour cela.

Aujourd'hui, bornons-nous à Tony Johannot, celui de ces quatre morts dont je raconte la vie avec lequel j'étais le plus lié.

Il était né en 1803, dans la petite ville d'Offenbach, comme son frère ; j'ai raconté l'histoire de ses parents et celle de sa jeunesse en racontant l'histoire d'Alfred.

A nos lecteurs il doit donc apparaître jeune homme, et dans le même cadre qu'Alfred ; c'est ainsi, du reste, que *l'Artiste* publia, en 1835 ou 1836, deux excellents portraits de ces jumeaux d'art et de génie.

Tony était charmant à cette époque, c'est-à-dire à l'âge de trente ou trente et un ans : teint blanc dont une femme eût envié la fraîcheur, cheveux courts et frisés, moustache noire, yeux petits mais vifs, spirituels, étincelants, taille moyenne mais admirablement prise.

Comme Alfred il était silencieux ; toutefois, il n'était pas comme lui taciturne : sa mélancolie n'allait jamais jusqu'à la tristesse : ses paroles étaient rares, jamais il ne se lançait dans une longue période, mais ce qu'il disait était toujours fin d'aperçus, pétillant d'esprit.

Au reste, son talent le reflétait comme une glace, et quelqu'un qui ne l'eût point connu eût pu s'en faire une idée parfaitement exacte par ses dessins, ses vignettes, ses tableaux.

La première fois que je le vis, c'est, je m'en souviens, chez notre bon et cher Nodier. — Nodier aimait beaucoup les deux frères.

Tony apportait à Marie Nodier une charmante aquarelle que

je vois encore, et représentant une femme assassinée, une Desdémone, une Vanina d'Ornano quelconque. Ce dessin était destiné à l'album de Marie.

Nous nous liâmes sans préparation, comme si nos deux cœurs se fussent cherchés depuis vingt-cinq ans; nous étions du même âge, lui un peu plus jeune que moi.

J'ai raconté dans ces Mémoires que nous avions fait côte à côte la campagne de Rambouillet, et que nous étions revenus ensemble.

Vingt fois il avait mis son pinceau ou son crayon à ma disposition pour faire un portrait de moi; vingt fois il avait biffé le papier, effacé le bois, gratté la toile, mécontent de son œuvre.

J'avais beau vouloir garder le dessin, le bois ou la peinture, il secouait la tête.

J'avais beau lui dire que c'était ressemblant:

— Non, disait-il; et personne plus que moi ne vous fera ressemblant.

— Pourquoi cela?

— Parce que vous changez dix fois de physionomie en dix secondes. Faites donc ressemblant un homme qui ne ressemble pas à lui-même?

Puis, pour me dédommager, il fouillait dans ses cartons, et me donnait quelque charmant dessin de *Minna et Brenda*, quelque charmante esquisse du *Dernier des Mohicans*.

Le principal mérite du caractère de Tony Johannot, le principal cachet de son talent, c'était ce don du ciel accordé particulièrement aux fleurs, aux oiseaux et aux femmes: le charme.

Aussi Tony plaisait même à ceux qui le critiquaient.

Sa couleur était peut-être un peu grise, mais elle était gaie, légère, argentée. Ses femmes se ressemblaient toutes, Virginie et Brenda, Diana Vernon et Ophélie; qu'importait! puisqu'elles étaient toutes jeunes, belles, gracieuses, chastes! Les filles des poëtes, de quelque pays que soient les poëtes, n'ont qu'un seul et même père, le génie.

Charlotte et Desdémone, Léonor et Haydée, doña Sol et Amy Robsart sont sœurs.

Or, qui peut reprocher à des sœurs d'avoir un air de famille?

Les autres dessinateurs reprochaient à Tony d'accaparer tous les libraires, comme on m'a reproché, à moi, d'accaparer tous les journaux.

Eh bien, Tony est mort depuis dix-huit mois; voyons, où sont donc ces vignettes qui n'attendaient qu'une vacance pour se produire?

Où sont donc les *Paul et Virginie*, les *Manon Lescaut*, les *Molière*, les *Cooper*, les *Walter Scott* illustrés qui devaient faire oublier ceux du pauvre mort? Où sont donc cette fantaisie et ce caprice qui devaient succéder au *chic*? Où est donc cet art qui devait remplacer la marchandise?

Et, quant à moi, — puisque l'on m'a fait ce même reproche d'accaparement, et qu'une occasion se présente de dire un mot à cet égard, je le dirai sans ambage: — à l'heure qu'il est (15 décembre 1853), j'ai, depuis un temps plus ou moins long déjà, laissé *la Presse* libre, *le Siècle* libre, *le Constitutionnel* libre; je n'ai plus qu'un roman à faire pour *le Pays*: voyons, messieurs les sacrifiés, les portes sont ouvertes, les colonnes sont vides; outre *le Constitutionnel*, outre *le Siècle*, outre *la Presse*, vous avez *la Patrie*, *l'Assemblée nationale* *le Moniteur*, *la Revue de Paris*, *la Revue des Deux Mondes*; faites des *Reine Margot*, messieurs! faites des *Monte-Cristo*, des *Mousquetaires*, des *Capitaine Paul*, des *Amaury*, des *Comtesse de Charny*, des *Conscience*, des *Pasteur d'Ashbourn*; faites, messieurs! faites! n'attendez pas que je sois mort pour cela. Je n'ai qu'un regret, c'est de ne pas pouvoir me distraire, en lisant mes livres, du travail gigantesque que je poursuis; distrayez-moi en me faisant lire les vôtres, et ce sera en même temps, je vous assure, une bonne chose pour moi et pour vous, et peut-être encore meilleure pour vous que pour moi.

Tony faisait comme moi: il travailla d'abord six heures par jour, puis huit, puis dix, puis douze, puis quinze: le travail est comme l'ivresse du hachich et de l'opium: il crée dans la vie réelle une vie factice, si pleine de rêves charmants et d'adorables hallucinations, que l'on finit par préférer la vie factice à la vie réelle.

Tony donc travaillait quinze heures par jour, et laissait dire.

Ce fut ainsi qu'après avoir exposé, avec son frère, cette série de tableaux-vignettes dont j'ai parlé à propos d'Alfred, il fit seul *Minna et Brenda sur le bord de la mer;* — la *Bataille de Rosbecque;* — la *Mort de Julien d'Avenel;* — la *Bataille de Fontenoy;* — *l'Enfance de Duguesclin;* — *l'Embarquement d'Élisabeth à Kenilworth;* — *Deux Jeunes Femmes près d'une fenêtre;* — *la Sieste;* — *Louis XIII forçant le passage du Méandre;* — un sujet tiré d'*André*, de George Sand; — un sujet tiré des *Évangiles;* — un sujet tiré de l'*Imitation de Jésus-Christ;* — le *Roi Louis-Philippe offrant à la reine Victoria deux tapisseries des Gobelins au château d'Eu.*

Enfin, après s'être abstenu aux expositions de 1843, de 1845 et de 1846, il envoie douze tableaux en 1848, cinq en 1850, trois en 1851, et, en 1852, une *Scène de village* et les *Plaisirs de l'automne.*

Trois ou quatre ans auparavant, les amis de Tony avaient été effrayés d'une chose qui, cependant, leur paraissait impossible, malgré la crainte des médecins.

Tony avait été menacé d'un phthisie pulmonaire.

Rien n'était plus solidement construit, il faut vous le dire, que la poitrine de Tony Johannot, et, à moins d'ambition démesurée, jamais poumons n'avaient été logés plus commodément pour accomplir leurs fonctions; aussi les amis de Tony Johannot en furent-ils quittes pour la peur.

Tony toussa, cracha un peu de sang, suivit un régime, et se guérit.

Il n'avait pas cessé de travailler. — Pour nous autres producteurs, le travail fait partie de l'hygiène. — Il venait de faire son *Évangile*, son *Imitation de Jésus-Christ;* il interrompait un tableau à l'huile, de *Ruth et Booz*, pour se mettre à l'illustration des œuvres de Victor Hugo, quand tout à coup il s'affaissa sur lui-même, et tomba sur ses genoux.

Il venait d'être frappé d'une apoplexie foudroyante!
Le 4 août 1852, il mourut.

La double nouvelle m'arriva trop tard : — je ne pus ni accompagner d'Orsay au cimetière de Chambourcy, ni suivre Tony Johannot au cimetière Montmartre.

C'est là que le créateur de tant de charmantes vignettes, de tant de ravissants tableaux, dort dans le caveau où l'avaient précédé ses deux frères, Charles et Alfred.

CCXXIX

Suites des préparatifs de mon bal. — L'huile et la détrempe. — Inconvénients du travail de nuit. — Comment Delacroix fait sa tâche. — Le bal. — Les hommes sérieux. — La Fayette et Beauchêne. — Costumes variés. — Le malade et le croque-mort. — Le dernier galop.

Revenons des peintres aux peintures.

Un onzième décorateur s'était fait inscrire, — Ziégler.

On ne comptait pas sur lui, mais on avait prévu le cas : un panneau avait été laissé en blanc. Ce panneau lui fut donné pour y faire une scène de *la Esmeralda*.

Trois jours avant le bal, tout le monde était à son poste : Alfred Johannot esquissait sa scène de *Cinq-Mars* ; Tony Johannot, son *Sire de Giac* ; Clément Boulanger, sa *Tour de Nesle* ; Louis Boulanger, sa *Lucrèce Borgia* ; Jadin et Decamps travaillaient en collaboration à leur *Debureau*, Granville à son *Orchestre*, Barye à ses *Tigres*, Nanteuil à ses panneaux de porte, qui étaient deux médaillons représentant, l'un Hugo, l'autre Alfred de Vigny.

Delacroix seul manquait à l'appel : on voulait disposer de son panneau, mais je répondis de lui.

Ce fut une chose curieuse que de voir commencer ce *steeple-chase* entre dix peintres d'un pareil mérite. Chacun, sans avoir l'air de s'occuper de son voisin, suivait des yeux le fusain d'abord, ensuite le pinceau. Ni les uns ni les autres, — les Johannot surtout, graveurs, dessinateurs de vignettes, peintres de tableaux de chevalet, — ni les uns ni les autres, dis-je, n'avaient l'habitude de la détrempe. Mais les peintres aux grandes toiles furent bientôt au courant. Louis et Clément Bonlanger, entre autres, semblaient n'avoir jamais fait que cela. Jadin et Decamps trouvaient dans ce nouveau mode d'exécution des tons merveilleux, et déclaraient ne plus vouloir peindre que la détrempe. Ziégler s'y était mis avec une certaine facilité, Barye prétendait que c'était de l'aquarelle en grand, seulement plus facile et plus rapide que l'aquarelle en petit. Granville dessinait avec de la sanguine, du blanc d'Espagne et du fusain, et tirait de ces trois crayons des effets prodigieux.

On attendait avec curiosité Delacroix, dont la facilité d'exécution est devenue proverbiale.

Seuls, comme je l'ai dit, les deux Johannot étaient en retard. Ils comprirent qu'ils n'auraient pas fini s'il ne travaillaient pas le soir.

En conséquence, tandis qu'on jouait, qu'on fumait, qu'on bavardait, tous deux, la nuit venue, continuèrent l'œuvre de la journée, se félicitant des tons que leur donnait la lumière, et de la supériorité de la lampe sur le jour pour cette peinture destinée à être vue aux quinquets. Ils ne cessèrent de travailler qu'à minuit, mais aussi avaient-ils rejoint les autres.

Le lendemain, quand vint le jour, Alfred et Tony poussèrent des cris de désespoir : à la lumière, ils avaient pris du jaune pour du blanc, du blanc pour du jaune, du vert pour du bleu, et du bleu pour du vert. Les deux tableaux avaient l'air de deux immenses omelettes aux fines herbes.

Sur ces entrefaites, le père Ciceri entra.

Il n'eut besoin que de jeter un coup d'œil sur les deux tableaux pour deviner ce qui était arrivé.

— Bon! dit-il, nous avons un ciel vert et des nuages jaunes? Ce n'est rien !

En effet, c'était sur les ciels surtout qu'avait pesé l'erreur commise.

Il prit les pinceaux, et, largement, vigoureusement, puissamment, en une minute il eut refait les ciels des deux tableaux : l'un calme, serein, tout d'azur; laissant apercevoir les splendeurs du paradis de Dante à travers le bleu du firmament ; l'autre bas, nuageux, tout chargé d'électricité, et près de se déchirer sous la flamme d'un éclair.

Tous ces jeunes gens apprenaient en un instant les secrets de la décoration, qu'ils avaient, la veille, pour la plupart, cherchés en tâtonnant des heures entières.

Personne ne s'avisa de travailler le soir. D'ailleurs, grâce à la leçon donnée par le père Ciceri, les choses avançaient à pas de géant.

Il n'était pas plus question de Delacroix que s'il n'eût jamais existé.

Le soir du second jour, je lui envoyai demander s'il se rappelait que le bal était fixé au lendemain. Il me fit répondre d'être parfaitement tranquille, et que, le lendemain, il arriverait, à l'heure du déjeuner.

Le lendemain, on commença l'œuvre avec le jour. La plupart des travailleurs, au reste, en étaient aux trois quarts de leur besogne. Clément Boulanger et Barye avaient fini. Louis Boulanger n'avait plus que trois ou quatre heures de travail. Decamps donnait les dernières touches à son *Debureau*, et Jadin à ses coquelicots et à ses bluets ; Granville en était à ses dessus de porte, quand, ainsi qu'il l'avait promis, Delacroix arriva.

— Eh bien, où en sommes-nous ? demanda-t-il.

— Mais vous voyez, dit chaque travailleur en s'effaçant pour laisser voir son œuvre.

— Ah çà ! mais c'est de la miniature que vous faites là ! Il fallait me prévenir : je serais venu il y a un mois.

Et il fit le tour des quatre chambres, s'arrêtant devant chaque panneau, et trouvant le moyen, grâce au charmant esprit dont il est doué, de dire un mot agréable à chacun de ses confrères.

Puis, comme on allait déjeuner, il déjeuna.

Le déjeuner fini :

— Eh bien ? demanda-t-il en se tournant vers le panneau vide.

— Eh bien, voilà ! lui dis-je ; c'est le tableau du *Passage de la mer rouge :* la mer est retirée, les Israélites sont passés, les Égyptiens ne sont point arrivés encore.

— Alors, je profiterai de cela pour faire autre chose. Que voulez-vous que je vous bâcle là-dessus ?

— Mais, vous savez, un roi Rodrigue après la bataille :

> Sur les rives murmurantes
> Du fleuve aux ondes sanglantes,
> Le roi sans royaume allait,
> Froissant, dans ses mains saignantes,
> Les grains d'or d'un chapelet.

— Ainsi, c'est bien cela que vous voulez ?
— Oui.
— Quand ce sera à moitié fait, vous ne me demanderez pas autre chose ?
— Parbleu !
— Va donc pour le roi Rodrigue !

Et, sans ôter sa petite redingote noire collée à son corps, sans relever ses manches ni ses manchettes, sans passer ni blouse ni vareuse, Delacroix commença par prendre son fusain ; en trois ou quatre coups, il eut esquissé le cheval ; en cinq ou six, le cavalier ; en sept ou huit, le paysage, morts, mourants et fuyards compris ; puis, faisant assez de ce croquis, inintelligible pour tout autre que lui, il prit brosse et pinceaux, et commença de peindre.

Alors, en un instant, et comme si l'on eût déchiré une toile, on vit sous sa main apparaître d'abord un cavalier tout sanglant, tout meurtri, tout blessé, traîné à peine par son cheval, sanglant, meurtri et blessé comme lui, n'ayant plus assez de l'appui des étriers, et se courbant sur sa longue lance; autour de lui, devant lui, derrière lui, des morts par monceaux ; — au bord de la rivière, des blessés essayant d'approcher leurs lèvres de l'eau, et laissant derrière eux une trace de sang ; — à l'horizon, tant que l'œil pouvait s'étendre, un champ de bataille acharné, terrible; — sur tout cela, se couchant dans un horizon épaissi par la vapeur du sang, un soleil pareil à un bouclier rougi à la forge ; — puis, enfin, dans un ciel bleu se fondant, à mesure qu'il s'éloigne, dans un vert d'une teinte inappréciable, quelques nuages roses comme le duvet d'un ibis.

Tout cela était merveilleux à voir : aussi un cercle s'était-il fait autour du maître, et chacun, sans jalousie, sans envie, avait quitté sa besogne pour venir battre des mains à cet autre Rubens qui improvisait tout à la fois la composition et l'exécution.

En deux ou trois heures, ce fut fini.

A cinq heures de l'après-midi, grâce à un grand feu, tout était sec, et l'on pouvait placer les banquettes contre les murailles.

Le bal avait fait un bruit énorme. J'avais invité à peu près tous les artistes de Paris ; ceux que j'avais oubliés m'avaient écrit pour se rappeler à mon souvenir. Beaucoup de femmes du monde en avaient fait autant, mais elles demandaient à venir masquées : c'était pour les autres femmes une impertinence que je laissai à la charge de celles qui l'avaient faite. Le bal était costumé, mais non masqué ; seulement, la consigne était sévère, et j'avais loué deux douzaines de dominos à l'intention des fraudeurs, quels qu'ils fussent, qui tenteraient de s'introduire en contrebande.

A sept heures, Chevet arrivait avec un saumon de cinquante livres, un chevreuil rôti tout entier, et dressé sur un plat d'argent qui semblait emprunté au dressoir de Gargantua, un pâté gigantesque, et le tout à l'avenant. Trois cents bouteilles de bordeaux chauffaient, trois cents bouteilles de bourgogne rafraîchissaient, cinq cents bouteilles de champagne se glaçaient.

J'avais découvert à la Bibliothèque, dans un petit livre de gravures du frère du Titien, un charmant costume de 1525 : cheveux arrondis et pendants sur les épaules, retenus par un cercle d'or ; justaucorps vert d'eau, broché d'or, lacé sur le devant de la chemise avec un lacet d'or, et rattaché à l'épaule et aux coudes par des lacets pareils ; pantalon de soie mi-parti rouge et blanc ; souliers de velours noirs à la François Ier, brodés d'or.

La maîtresse de la maison, très-belle personne, avec des cheveux noirs et des yeux bleus, avait la robe de velours, la collerette empesée, et le feutre noir à plumes noires d'Héléna Formann, seconde femme de Rubens.

Deux orchestres avaient été établis, dans chaque appartement, de sorte qu'à un moment donné, les deux orchestres jouant le même air, le galop pouvait parcourir cinq chambres, plus le carré.

A minuit, ces cinq chambres offraient un merveilleux spectacle. Tout le monde avait suivi le programme, et, à l'exception de ceux qui s'intitulent les hommes sérieux, chacun était venu déguisé ; mais les hommes sérieux avaient eu beau arguer de leur gravité, il n'y avait été fait aucune attention, et force leur avait été de revêtir des dominos des couleurs les plus tendres. Véron, homme sérieux mais gai, avait été affublé d'un domino rose ; Buloz, homme sérieux mais triste, avait été orné d'un domino bleu de ciel; Odilon Barrot, homme plus que sérieux, homme grave! avait obtenu, en faveur de son double titre d'avocat et de député, un domino noir ; enfin, la Fayette, le bon, l'élégant, le courtois vieillard souriant à toute cette folle jeunesse, avait sans résistance endossé le costume vénitien.

Cet homme qui avait pressé la main de Washington, cet homme qui avait forcé Marat de se cacher dans ses caves, cet homme qui avait lutté avec Mirabeau, cet homme qui avait perdu sa popularité en sauvant la vie à la reine, et qui, le 6 octobre, avait dit à une royauté de dix siècles : « Incline-toi devant cette royauté d'hier qu'on appelle le peuple! » cet homme qui, en 1814, avait poussé Napoléon à bas de son trône; qui, en 1830, avait aidé Louis-Philippe à monter sur le sien; qui, au lieu de tomber comme les autres, avait incessamment grandi dans les révolutions ; cet homme était là, simple comme la grandeur, bon comme la force, naïf comme le génie. De même qu'il était un sujet d'étonnement et d'admiration pour toutes ces ravissantes créatures qui, pour la première fois, le voyaient, le touchaient, lui parlaient, de même lui revivait ses jeunes années, regardait de tous ses yeux, touchait de ses deux mains, et répondait avec les plus courtoises paroles de cour à toutes les galanteries que lui faisaient ces charmantes reines de tous les théâtres de Paris.

Vous rappelez-vous avoir été pendant toute une soirée les favorites de cet homme illustre, Léontine Fay, Louise Despréaux, Cornélie Falcon, Virginie Déjazet? vous rappelez-vous votre étonnement en le trouvant simple et doux, coquet et galant, spirituel et respectueux, comme il avait été, quarante ans auparavant, aux bals de Versailles et de Trianon?

Un instant, Beauchêne s'assit près de lui, et ce fut, comme rapprochement, un singulier contraste ; Beauchêne avait le costume vendéen dans toute sa pureté : le chapeau entouré d'un mouchoir, la veste bretonne, la culotte courte, les guêtres, le cœur sanglant sur la poitrine, et la carabine anglaise à la main.

Beauchêne, qui passait pour un royaliste trop libéral sous les Bourbons de la branche aînée, passait pour un libéral trop royaliste sous ceux de la branche cadette.

Aussi le général la Fayette, le reconnaissant, lui dit avec son charmant sourire :

— Monsieur de Beauchêne, dites-moi, je vous prie, en vertu de quel privilége vous êtes le seul qui ne soit pas déguisé ici ?

Un quart d'heure après, tous deux étaient à une table d'écarté, et Beauchêne jouait contre le républicain de 1789 et de 1830, avec de l'or à l'effigie d'Henri V.

Les salons, d'ailleurs, présentaient l'aspect le plus pittoresque.

Mademoiselle Mars, Joanny, Michelot, Menjaud, Firmin, mademoiselle Leverd étaient venus avec leurs costumes d'*Henri III*. C'était la cour des Valois tout entière. — Dupont, la soubrette effrontée de Molière, la soubrette joyeuse de Marivaux, était en bergère de Boucher. — Georges, qui avait retrouvé les plus beaux jours de sa plus grande beauté, avait pris le costume d'une paysanne de Nettuno. — Madame Paradol portait celui d'Anne d'Autriche. — Rose Dupuis avait son costume de lady Rochester. — Noblet était en Folie; Javureck, en odalisque. — Adèle Alphonse, qui faisait son apparition dans le monde, arrivant, je crois, de Saint-Pétersbourg, était en jeune fille grecque ; Léontine Fay, en Albanaise. — Falcon, la belle juive, était en Rébecca ; Déjazet, en du Barry ; Nourrit, en abbé de cour; Monrose, en soldat de Ruyter; Volnys, en Arménien; Bocage, en Didier. — Allan, qui, sans doute, lui aussi, comme Buloz et Véron, s'était pris pour un homme sérieux, était venu en cravate blanche, en habit noir, en pantalon noir; mais, sur toute cette toilette de jeune premier, on avait implacablement passé un domino vert-chou.

Rossini avait pris le costume de Figaro, et luttait de popularité avec la Fayette. — Moyne, notre pauvre Moyne! qui avait tant de talent, et qui, malgré son talent, mourant de faim, s'est tué dans l'espérance que sa mort léguerait une pension à sa veuve, — Moyne avait pris le costume de Charles IX. Barye était en tigre du Bengale; Étex, en Andalous; Adam, en poupard; Zimmermann, en cuisinière; Plantade, en madame Pochet; Pichot, en magicien; Alphonse Royer, en Turc; Charles Lenormand, en Smyrniote; Considérant, en dey d'Alger; Paul de Musset, en Russe; Alfred de Musset, en paillasse; Capo de Feuillide, en toréro. — Eugène Sue, le sixième des hommes sérieux, était en domino pistache; Paul Lacroix, en astrologue; Pétrus Borel, qui prenait le nom du Lycanthrope, en jeune France; Bard, mon compagnon d'expédition à Soissons, en page du temps d'Albert Durer; Francisque Michel, en truand; Paul Fouché, en fantassin de la procession des Fous; Eugène Duverger, en Van Dyck; Ladvocat, en Henri II; Fournier, en matelot; Giraud, en homme d'armes du XIe siècle; Tony Johannot, en sire de Giac; Alfred Johannot, en Louis XI jeune; Menut, en page de Charles VII ; Louis Boulanger, en courtisan du roi Jean; Nanteuil, en soudard du XVIe siècle; Gaindron, en fou; Boisselot en jeune seigneur du temps de Louis XII; Chatillon, en Sentinelli ; Ziégler, en Cinq-Mars; Clément Boulanger, en paysan napolitain ; Roqueplan, en officier mexicain ; Lépaule, en Écossais ; Grenier, en marin ; Robert Fleury, en Chinois ; Delacroix, en Dante ; Champmartin, en pèlerin ; Henriquel Dupont, en Arioste ; Chenavard, en Titien ; Frédérick Lemaître, en Robert Macaire couvert de paillettes.

Plusieurs épisodes grotesques égayèrent la soirée.

M. Tissot, de l'Académie, avait eu l'idée de s'habiller en malade : à peine était-il entré, que Jadin entra, lui, en croque-mort, et, lugubre, un crêpe au chapeau, le suivit de salle en salle, emboîtant son pas dans le sien, et se contentant, de cinq minutes en cinq minutes, de répéter le mot : *J'attends!*

M. Tissot n'y tint pas : au bout d'une demi-heure, il était parti.

Il y eut pendant un moment sept cents personnes.

A trois heures, on soupa. Les deux chambres de l'appartement vacant sur mon palier avaient été converties en salle à manger.

Chose étrange ! il y eut à manger et à boire pour tout le monde.

Puis, après le souper, le bal recommença, ou plutôt commença.

A neuf heures du matin, musique en tête, on sortit, et l'on ouvrit, rue des Trois-Frères, un dernier galop dont la tête atteignait le boulevard, tandis que la queue frétillait encore dans la cour du square.

J'ai souvent songé, depuis, à donner un second bal pareil à celui-là, mais il m'a toujours paru que c'était chose impossible.

CCXXX

Une pièce politique. — Une pièce morale. — Doligny, directeur de théâtre en Italie. — Saint-Germain piqué de la tarentule. — Comment on aurait pu vivifier Versailles, si Louis-Philippe l'avait voulu. — La censure du grand-duc de Toscane. — Les cartons de l'imprimeur Batelli. — *Richard Darlington*, *Angèle*, *Antony* et *la Tour de Nesle*, représentés sous le nom d'Eugène Scribe.

Ce fut vers ce temps que l'on représenta à l'Odéon une pièce qui fit quelque sensation, d'abord par sa valeur propre, ensuite par la mesure qu'elle motiva.

Cette pièce avait pour titre: *une Révolution d'autrefois, ou les Romains chez eux.*

Les auteurs étaient Félix Pyat et Théo.

Ils avaient pris pour héros cet empereur insensé que, six ans plus tard, j'essayai à mon tour de mettre en scène, — Caligula.

L'intrigue de la pièce était nulle ou à peu près; son principal mérite était celui qui se rattache au second titre: *les Romains chez eux.*

En effet, ce fut la première fois que l'on vit des gens ayant toge sur le dos, et le cothurne aux pieds, parler, agir, manger, comme on agit et comme on parle dans la vie réelle.

Le sujet était la mort de Caligula, et l'avénement de Claude au trône.

Malheureusement pour la longévité de la pièce, elle contenait une scène qui fournit le sujet d'une application irrespectueuse au chef du gouvernement. C'était la scène IIIe du dernier acte.

Un soldat présentait Claude comme convenant parfaitement aux Romains, parce qu'il était *gros, gras et bête.* Il est impossible de se figurer l'effet que fit le *gros, gras et bête;* il y avait, à cette époque, une effrayante réaction contre Louis-Philippe. L'insurrection du mois de juin couvait déjà dans tous les esprits. On fit l'application des trois épithètes au chef du gouvernement, sans vouloir lui rendre cette justice, qu'il y en avait une, au moins, qu'il ne devait mériter que seize ou dix-sept ans plus tard.

Je n'avais pas assisté à la première représentation ; je parvins à me placer à la seconde, mais avec beaucoup de peine.

Remarquez bien que c'est de l'Odéon que je parle.

Tout Paris eût défilé au parterre d'Harel, — car je crois qu'Harel avait encore l'Odéon à ce moment-là, — si la pièce n'eût point été arrêtée à la troisième représentation.

Et ce qu'il y a de plus curieux, c'est que personne, ni directeur ni auteurs, ne comptait sur l'ouvrage, chose facile à voir à la façon dont il était monté. A part Lockroy et Provost, la pièce tout entière était distribuée à ce que l'on appelle, en termes de théâtre, la *troupe de fer-blanc*. Arsène jouait Chéréas, et Moëssard, Claude.

Dix-sept jours après, la Porte-Saint-Martin jouait une pièce qui devait faire un scandale d'un autre genre. La pièce avait pour titre : *Dix Ans de la vie d'une femme, ou les Mauvais Conseils*. Le rôle principal était joué par Dorval.

La pièce de *Dix Ans de la vie d'une femme* — le premier manuscrit, du moins — était d'un jeune homme de trente ans à peu près, nommé Terrier. Harel, en la lisant, y avait vu un pendant au *Joueur*, et avait accolé Terrier à Scribe.

Il résulta de l'accolement une pièce à faire dresser les cheveux! un drame qu'eussent à peine osé signer Mercier ou Rétif de la Bretonne!

Quelque chose comme dix-huit ans après, nous étions au conseil d'État, discutant, devant la commission formée pour préparer la loi sur les théâtres, la question de la censure dramatique et de la liberté théâtrale, et, à ce propos, j'entendais Scribe attaquer, plus violemment qu'il n'a l'habitude de le faire, la *littérature immorale*. Il demandait une censure qui fût un frein salutaire pour préserver le talent des excès de tout genre auxquels il se livre trop communément. Je me permis d'interrompre l'austère orateur et je lui adressai cette question en riant, d'un bout à l'autre de la salle :

— Dites donc, Scribe, est-ce à la littérature morale qu'appartient le drame intitulé *Dix Ans de la vie d'une femme?*

— Hein?...

Je répétai la demande.

Scribe répondit comme il avait été attaqué, en riant.

Relisez l'ouvrage, et vous verrez qu'il lui eût été difficile de répondre autrement (1).

Le fait, est que, s'il y eût eu une censure en 1832, le talent de mon confrère Scribe, que plus que personne j'apprécie, retenu par *un frein salutaire*, n'eût point donné aux âmes timorées le spectacle d'une pièce qui est demeurée, non pas comme le modèle, mais comme l'expression la plus avancée de *l'excentricité* dramatique.

C'est M. Scribe qui, dans la phrase suivante, prononcée par lui devant le conseil d'État, me fournit le mot qui me manquait :

« On ne gagne pas beaucoup d'argent avec les pièces vraiment littéraires ; on réussit souvent mieux à en gagner avec des *excentricités* et des *attaques contre la morale et le gouvernement*. »

Au reste, c'est une belle chose que la réputation d'homme moral que possède mon illustre confrère, non-seulement en France, mais encore à l'étranger ; et je vais vous raconter, à ce sujet, une anecdote qui ne sera point sans charme.

J'habitais Florence depuis deux ans, sans qu'il fût venu à l'idée d'un seul directeur de spectacle de jouer de moi, homme immoral, aucune pièce, soit originale, soit traduite, sur aucun des théâtres de la ville des fleurs.

Un beau matin, tandis que j'étais encore couché, j'entends dans mon salon retentir une voix connue, et résonner un nom ami.

La voix et le nom étaient ceux de Doligny.

Vous vous rappelez que je vous ai parlé de Doligny à propos du Tompson de *Richard Darlington*, et que j'ai rendu toute justice à la façon distinguée dont il avait joué ce rôle.

---

(1) Voir, dans nos *Études dramatiques*, l'analyse critique de *Dix Ans de la vie d'une femme*.

Eh bien, c'était Doligny, qui, comédien et directeur, venait, avec une troupe française, chercher fortune en Italie.

Partout la fortune a trois cheveux: en Italie, elle n'en a qu'un ; partout elle tourne sur une seule roue : en Italie, elle tourne sur deux.

Ce qui veut dire qu'en Italie, plus que partout ailleurs, la fortune est, pour tout le monde, et particulièrement pour les directeurs d'entreprises littéraires, une Atalante difficile à rejoindre et à saisir aux cheveux.

Doligny courait donc de Turin à Milan, de Milan à Rome, de Rome à Naples, de Naples à Venise, de Venise à Bologne, dans l'espoir de rejoindre la fortune.

Il n'y avait pas encore réussi.

Enfin, il avait cru voir le spectre d'or prendre la route de Florence. Il s'était frappé le front, et s'était dit :

— Comment n'ai-je pas encore songé à cela?

Ce à quoi il n'avait pas songé, c'est que j'étais à Florence.

J'emporte avec moi, — d'où cela vient-il? je n'en sais rien ; mais, enfin, cela est, — j'emporte avec moi une atmosphère de vie et de mouvement qui est devenue proverbiale.

J'ai habité trois ans Saint-Germain ; eh bien, les habitants de Saint-Germain eux-mêmes, ces respectables sujets de la Belle au bois dormant, ne se reconnaissaient plus : j'avais communiqué à la ville un entrain que ses habitants avaient pris d'abord pour une espèce de fièvre endémique et contagieuse dans le genre de celle que produit la piqûre de l'araignée napolitaine. J'avais acheté le théâtre, et les meilleurs artistes de Paris, en venant souper chez moi, jouaient de temps en temps, avant de s'asseoir à table, afin de se mettre en appétit, soit *Hamlet,* soit *Mademoiselle de Belle-Isle,* soit *les Demoiselles de Saint Cyr,* au bénéfice des pauvres. Ravelet n'avait plus assez de chevaux ; Collinet n'avait plus assez de chambres, et le chemin de fer m'avoua, un jour, une augmentation de vingt mille francs de recettes par an depuis que j'étais à Saint-Germain.

Il est vrai qu'à l'époque des élections, Saint-Germain me

trouva trop *immoral* pour avoir l'honneur d'être son représentant.

Saint-Germain était donc ressuscité, ou à peu près; Saint-Germain courait sa forêt à cheval, Saint-Germain allait au spectacle, Saint-Germain tirait sur ma terrasse des feux d'artifice qu'on voyait de Paris, et, cela, au grand étonnement de Versailles, qui, de temps en temps, se levait du fond de sa tombe, regardant avec ses yeux vides par-dessus les collines de Louveciennes, et disait de sa voix de trépassé :

— Qu'a donc Saint-Germain à se trémousser ainsi? Voyez, moi, est-ce que je bouge? Que diable! quand on est mort, ce n'est pas pour tirer des feux d'artifice, ce n'est pas pour aller au spectacle, ce n'est pas pour monter à cheval! Voyez, moi, je dors comme un académicien, et je pousse même le respect des convenances jusqu'à ne pas ronfler!

Et Versailles se recouchait dans son sépulcre doré, où, comme il le disait lui-même, il ne ronflait même pas.

Un jour, cela ennuya le roi d'entendre ce bruit qui venait du côté de Saint-Germain, et, si bien qu'il prêtât l'oreille, de ne pas entendre le plus petit souffle venant de Versailles.

Il appela M. de Montalivet.

Le roi aimait M. de Montalivet, quoiqu'il n'aimât point les gens d'esprit.

Montalivet et Vatout, c'étaient les deux exceptions de la cour.

— Mon cher comte, dit Louis-Philippe, comprenez-vous une chose?

— Laquelle, sire?

— C'est que nous soyons parvenus à ressusciter Saint-Germain (on avait fait accroire au roi que c'était lui qui avait fait ce miracle); c'est que nous soyons parvenus à ressusciter Saint-Germain, et qu'avec la galerie, avec les eaux tous les premiers dimanches du mois, nous ne parvenions pas même à galvaniser Versailles!

— Sire, répondit Montalivet, voulez-vous que Versailles, au lieu d'être triste jusqu'à la mort, soit gai jusqu'à la folie!

— Mon cher comte, répondit le roi, je ne vous cache pas que cela me ferait le plus grand plaisir.

— Eh bien, sire, Dumas a quinze jours de prison à faire comme garde national : ordonnez que Dumas fasse ses quinze jours de prison à Versailles.

Le roi tourna le dos à M. de Montalivet, et ne lui adressa pas la parole d'un mois.

Qu'en résulta-t-il ? Que Versailles devint de plus en plus triste, et, après avoir passé du mélancolique au sombre, passa du sombre au funèbre.

Quant à Saint-Germain, je ne sais ce qu'il est devenu ; mais on m'a assuré que, depuis mon départ, il avait été pris du spleen, et frisait tout simplement l'agonie.

Or, c'était la connaissance de cette qualité vivifiante qui attirait Doligny à Florence. Il se disait :

— Puisque Dumas est en Toscane, la Toscane doit être redevenue le département de l'Arno, et nous allons rire et gagner de l'argent.

Doligny se trompait : on rit peu par toute l'Italie ; mais l'on ne rit pas du tout en Toscane. Quant à y gagner de l'argent, je ne connais que le comte de Larderette qui y fasse fortune ; mais sa spéculation n'a rien de littéraire...

J'écoutai l'exposé des projets de Doligny avec une mélancolie dont la progression ne laissa pas que de l'inquiéter.

— Eh bien, me demanda-t-il, me suis-je trompé ?
— En quoi ?
— N'allez-vous pas à la cour ?
— Le moins que je puis ; mais j'y vais.
— Ne voyez-vous pas la société ?
— Le moins que je puis ; mais, enfin, je la vois.
— N'avez-vous pas d'amis ?
— Le moins que je puis ; mais j'en ai.
— Croyez-vous donc que mes acteurs soient mauvais ?
— Je ne les connais pas.
— Croyez-vous donc que la représentation de vos pièces ne piquera pas la curiosité ?
— Si fait.
— Ne croyez-vous pas, enfin, que, grâce à tout cela, je puisse faire de l'argent ?

— Je le crois ; mais...
— Mais quoi?
— Il faut en faire avec d'autres pièces que les miennes.
— Pourquoi cela?
— Parce qu'on ne vous les laissera pas jouer.
— On me refusera vos pièces?
— Oui.
— Quel motif donnera-t-on à ce refus?
— On n'en donnera pas.
— Cependant, mon cher ami, au fond de tout cela, il y a une raison.
— Sans doute.
— Cette raison, dites-la-moi.
— Mon ami, c'est un aveu pénible que vous me demandez.
— Faites-le pour moi.
— Je ne sais comment vous dire, à vous, une chose que j'ai honte de me dire à moi-même.
— Songez que ma fortune en dépend !
— Mon ami, je suis un auteur immoral.
— Bah !
— Oui.
— Qui a dit cela?
— *Le Constitutionnel;* de sorte que la chose s'est répandue de l'orient au couchant, et du midi au septentrion.
— Vous me désespérez !
— Que voulez-vous !...
— Je vais toujours leur envoyer vos pièces.
— Envoyez, mais ce sera inutile.
— Il me semble, cependant, que, quand ils les auront lues...
— Oui, mais ils ne les liront pas.
— Et ils les refuseront?
— Sur l'étiquette.
— Ah ! par exemple, j'en veux avoir le cœur net.
— Ayez-en le cœur net, mon cher ; il ne vous en coûtera rien que vos frais de loyer, si vous avez loué la salle.
— Mais certainement que je l'ai louée.
— Diable ! envoyez, alors.

— Pas plus tard qu'aujourd'hui.

— Allez! seulement, prévenez-moi du refus, aussitôt que vous en serez prévenu vous-même.

— A quoi bon?

— Qui sait? peut-être alors aurai-je une idée.

— Pourquoi ne l'avez-vous pas tout de suite?

— Ah! mon cher, les idées sont des demoiselles fort capricieuses qui ne se laissent prendre qu'à leur fantaisie, et la fantaisie de mon idée est de ne se produire qu'après le refus de la censure grand-ducale.

— Allons, il faut bien en passer par les caprices de votre idée.

Et Doligny s'en alla, désespéré du refus probable qui le menaçait, et, cependant, ayant quelque espoir dans l'idée qui devait naître de ce refus.

Trois jours après, je le revis. Grâce à la protection de l'ambassadeur Belloc, un charmant homme, le refus ne s'était fait attendre que trois jours.

— C'était une grande faveur : il pouvait se faire attendre un mois, six semaines... toujours!

— Eh bien? dis-je en apercevant Doligny.

— Eh bien, ça y est.

— Refusé?

— Refusé.

— Quelles pièces aviez-vous envoyées?

— *Richard Darlington, Antony, Angèle, la Tour de Nesle.*

— Peste! vous n'y avez pas été de main morte! les quatre pièces les plus immorales d'un auteur immoral.

— Croyez-vous que, si j'en envoyais d'autres?...

— Inutile.

— Alors, il ne me reste plus qu'à utiliser votre idée!

— Vous tenez particulièrement à ces quatre pièces?

— Je crois que ce sont celles qui font le plus d'effet. Cependant, si vous croyez que vous obteniez plus facilement le visa pour d'autres...

— Oh! cela ne fait rien.

— Comment, cela ne fait rien?

— Du moment que je me charge de vous obtenir le visa, c'est tout ce qu'il vous faut?

— Parbleu! Et vous vous en chargez?

— Je m'en charge.

Je pris mon chapeau.

— Vous allez?

— Venez avec moi.

— Je vous suis de confiance.

— Et vous avez raison.

Je faisais, à cette époque, un grand ouvrage sur les peintres de la Galerie des offices. Je conduisis Doligny chez l'imprimeur.

— Mon cher Batelli, dis-je en entrant, il faut que vous me rendiez un service.

— Avec plaisir, monsou Doumasse.

— Voici ce dont il s'agit.

— Voyons!

— Il s'agit de me faire quatre cartons à ces quatre pièces, de changer les quatre titres, et de mettre un autre nom d'auteur.

— C'est facile. Seulement, expliquez-moi bien la cose.

— Vous voyez ce qu'il y a là?

— *Ricard Darlington*, drame en trois actes et en sept tableaux, par monsou Alessandre Doumasse.

— C'est cela... Eh bien, il s'agit de mettre : *l'Ambitieux ou le Fils du bourreau*, par M. Eugène Scribe.

— *Bene!* Après?

— Vous voyez ce qu'il y a là?

— *Angèle*, drame en cinq actes, par monsou Alessandre Doumasse.

— Il s'agit de mettre : *l'Échelle de femmes*, par M. Eugène Scribe.

— *Bene!* Après?

— Vous voyez ce qu'il y a là?

— *Antony*, drame en cinq actes, par monsou Alessandre Doumasse.

— Il s'agit de mettre : *l'Assassin par amour*, par M. Eugène Scribe.
— *Bene!* Après?
— Vous voyez ce qu'il y a là?
— *La Tour de Nesle*, par MM. Gaillardet et Doumasse.
— Il s'agit de mettre *l'Adultère puni*, par M. Eugène Scribe.
— *Bene! bene!*

Au bout d'une heure, les cartons étaient composés, tirés et collés ; le même jour, les quatre pièces étaient déposées aux bureaux de la censure.

Trois jours après, elles étaient rendues avec le visa.

Les censeurs n'avaient pas fait la plus petite observation, n'avaient pas trouvé le plus petit mot à dire.

C'est tout au plus si le comité de censure n'avait pas proposé au grand-duc de fonder un prix de vertu en faveur de quatre pièces si édifiantes.

Le même soir, toute la ville, à l'exception de MM. les censeurs, savait qu'on venait de permettre la représentation de quatre pièces de M. Alexandre Dumas, cachées sous le pseudonyme moral d'Eugène Scribe.

Je n'ai jamais eu succès pareil. On trouva ces quatre ouvrages des chefs-d'œuvre d'innocence ; le grand-duc, l'homme le plus innocent de son grand-duché, applaudit à tout rompre!

Scribe, à cette occasion, allait recevoir la croix de commandeur de Saint-Joseph. Par bonheur pour Scribe, quelqu'un révéla la supercherie au grand-duc.

Scribe en fut quitte pour la peur.

CCXXXI

Premier mot sur *la Tour de Nesle* et M. Frédéric Gaillardet. — La *Revue des Deux Mondes*. — M. Buloz. — Le *Journal des Voyages*. — Mes premiers essais dans le roman historique. — *Isabel de Bavière*. — Un homme d'esprit de cinq pieds neuf pouces.

Abandonnons l'Italie — où nous retournerons au reste bientôt — et revenons aux pièces que, par un innocent subterfuge, comme dirait un auteur moral, je devais faire jouer dans la capitale de Son Altesse impériale le grand-duc de Toscane.

Il y en avait déjà deux de jouées à Paris au mois d'avril 1832, où nous sommes arrivés: *Antony* et *Richard;* mais il en restait deux à faire : *la Tour de Nesle* et *Angèle*.

Dieu me garde, au moment où j'en serai à la naissance de la première de ces pièces, de rien dire ou faire qui puisse réveiller les susceptibilités endormies de M. Gaillardet! J'ai, depuis le 2 juin 1832, c'est-à-dire depuis vingt-cinq ans passés, fait quelque chose comme quarante drames et huit cents volumes; on comprendra donc que je n'ai aucun intérêt à réclamer une paternité de plus ou de moins. Mais l'affaire a fait tant de bruit à cette époque, elle s'est dénouée si ostensiblement, que je n'ai presque pas le droit de la passer sous silence; seulement, quand nous en serons là, je promets de ne citer que des faits dont j'aurai la preuve, et de dépouiller ces faits de tout sentiment de haine ou d'agression.

Depuis ce temps, M. Gaillardet a quitté la France pour l'Amérique, Paris pour la Nouvelle-Orléans. A ma grande joie, il a, m'a-t-on dit, fait fortune là-bas; à ma plus grande joie encore, mes livres, à ce qu'on m'assure, n'ont pas été étrangers à sa fortune. — Tant mieux! — Heureux celui à qui la Providence fait un doux repos, et permet, au tiers de la vie à peine, après un début brillant, de jeter la plume, et de se reposer sur des lauriers français, les plus enviés de tous les lauriers, et sur les fleurs américaines, les plus brillantes de toutes les fleurs !

Celui-là, dans l'obscurité dissipée un instant autour de lui, mais qui revient peu à peu l'envelopper de son ombre amie, celui-là, comme Horace, garde pour chaque jour la chose joyeuse, et remet chaque jour le souci au lendemain ; celui-là ne connaît pas la lutte quotidienne et le labeur nocturne ; celui-là n'en est pas arrivé à vivre plus longtemps à la lumière de la lampe qu'à la clarté du soleil. Il peut se coucher à l'heure où chante le rouge-gorge, se réveiller à l'heure où chante l'alouette ; rien n'interrompt pour lui l'ordre de la nature : ses jours sont des jours, ses nuits sont des nuits ; et, quand arrive son dernier jour ou sa dernière nuit, il a vécu sa vie et dans sa vie.

Moi, j'aurai passé à travers la mienne, emporté par la locomotive effrénée du travail, je ne me serai assis à aucune de ces tables aux longs festins où s'enivrent les autres, j'aurai goûté à toutes les coupes ; et les seules que j'aurai épuisées, —car l'existence de l'homme, si rapide qu'elle soit, a toujours du temps pour celles-là, — les seules que j'aurai épuisées seront les coupes amères !

A cette époque de 1832, au reste, je n'étais pas encore le travailleur que je suis devenu depuis. J'étais un jeune homme de vingt-neuf ans, ardent au plaisir, ardent à l'amour, ardent à la vie, ardent à tout enfin, excepté à la haine.

C'est une chose étrange que je n'aie jamais pu haïr pour un tort ou une offense personnels. Si j'ai conservé dans mon cœur quelque antipathie ; si j'ai manifesté, soit dans mes paroles, soit dans mes écrits, quelques sentiments agressifs, c'est contre les gens qui, en art, se sont opposés à la grandeur ; qui, en politique, se sont opposés au progrès. Si j'attaque aujourd'hui, après vingt-cinq ans écoulés, M. Viennet, M. Jay, M. Étienne, toute l'Académie, enfin, ou du moins la majeure partie de ses membres, ce n'est point parce que ces messieurs, en général, ont signé des pétitions contre nous, ou, en particulier, ont fait défendre mes pièces : c'est parce qu'ils ont empêché la France de marcher à la conquête souveraine de l'art, de fonder la monarchie universelle de l'intelligence. Si j'en veux, après trente ans, au roi Louis-Philippe, ce n'est pas de m'avoir supprimé mes gratifications parce que je m'occupais de littérature, ou d'avoir exigé ma démission, parce que j'avais un drame reçu au Théâtre-Français; c'est parce que ce prétendu roi citoyen avait une haine raisonnée contre les idées nouvelles, une répulsion instinctive pour tout mouvement qui tendait à faire faire un pas à l'espèce humaine. Or, comment voulez-vous que, moi, le mouvement, j'admette sans discussion, quelque part que je les rencontre, la mort ou l'immobilité, qui est le simulacre de la mort!

Or, en 1832, déjà je commençais à trouver que faire du théâtre, je ne dirai point ne m'occupait pas assez, mais m'occupait trop de la même occupation. J'avais, comme je l'ai dit, essayé d'écrire quelques petites nouvelles : *Laurette*, *le Cocher de cabriolet*, *la Rose rouge*. J'ai raconté que j'avais fait imprimer, sous le titre de *Nouvelles contemporaines*, ce volume à mes frais, ou plutôt aux frais de ma pauvre mère et qu'il s'en était vendu six exemplaires à trois francs ; ce qui me laissait à cinq cent quatre-vingt-deux francs au-dessous de mes frais.

Un des six exemplaires vendus, ou plutôt, probablement, un des trois ou quatre cents exemplaires donnés, était tombé entre les mains de M. le directeur de la *Revue des Deux Mondes*, et il avait jugé que, si faibles que fussent ces nouvelles, l'auteur qui les avait écrites pourrait, en travaillant, faire quelque chose.

Ce directeur se nommait M. Buloz. Sous le règne de Louis-Philippe, il était devenu une puissance dans l'État; aujourd'hui encore, il est resté une puissance dans la littérature.

Il est bien entendu que ce n'est point par sa valeur littéraire personnelle que M. Buloz est une puissance; c'est par la valeur littéraire des autres, employée à forte dose.

Nous avons inventé, Hugo, Balzac, Soulié, de Musset et moi, la littérature facile; et nous avons, tant bien que mal, réussi à nous faire une réputation avec cette littérature, si facile qu'elle fût.

M. Buloz avait inventé, lui, la littérature ennuyeuse; et, tant bien que mal, il s'est fait une fortune avec cette littérature, si ennuyeuse qu'elle soit.

Il va sans dire que, pour son compte, M. Buloz n'a jamais fait non-seulement une ligne de littérature facile, mais même une ligne de littérature ennuyeuse.

Ce n'est point que, quand M. Buloz s'avise d'écrire, il ne soit ennuyeux comme M. tel ou tel, et même davantage; mais il ne suffit pas d'écrire pour faire de la littérature.

M. Nisard a difficilement, laborieusement, ennuyeusement expliqué un jour ce que c'était que la littérature facile. Nous tâcherons de dire, nous, et de dire d'une façon amusante, ce que c'est que la littérature ennuyeuse.

Il est vrai que nous pourrions mettre un renvoi ici, et dire « Voir M. Désiré Nisard ou M. Philarète Chasles; » mais nous connaissons nos lecteurs, ils aimeraient mieux nous croire que d'y aller voir.

MM. Désiré Nisard et Philarète Chasles viendront à leur tour. Occupons-nous maintenant de M. Buloz.

M. Buloz, d'abord compositeur, puis prote dans une imprimerie, était, en 1830, un homme de trente-quatre ou trente-cinq ans, pâle de teint, avec une barbe rare, les yeux mal d'accord, les traits plutôt effacés que caractéristiques, les cheveux jaunâtres et clair-semés; au moral, taciturne, presque sombre, mal disposé à répondre par une surdité naissante, maussade dans ses bons jours, brutal dans ses mauvais, en tout temps d'un entêtement coriace.

Je l'avais connu par Bixio et par Bocage. Tous deux, à cette époque, étaient liés avec lui. M. Buloz a été, depuis, pour eux ce qu'il est pour tout le monde, c'est-à-dire infidèle à une amitié quand il n'est point ingrat à un service. Je ne saurais dire comment il est aujoud'hui avec Bixio; mais je crois pouvoir assurer qu'il est très-mal avec Bocage.

Nous n'étions pas riches à cette époque; nous mangions dans un petit restaurant de la rue de Tournon, attenant à l'hôtel de l'*Empereur Joseph II*, et où l'on servait des dîners pas très-mauvais, ma foi! à six sous le plat.

L'ambition de M. Buloz était d'avoir une Revue; j'eus le bonheur de l'aider dans cette ambition, je crois avoir déjà dit comment; qu'on m'excuse si je me répète.

M. Ribing de Leuven avait un journal qui marchait assez mal, un journal de luxe, comme les gens riches ou à fantaisies en ont pour se ruiner; — on l'appelait le *Journal des Voyages*.

Adolphe et moi décidâmes M. de Leuven à vendre ce journal à Buloz.

Buloz, Bocage, Bonnaire, et je crois même Bixio, réunirent quelques fonds, et devinrent propriétaires du susdit journal, qui prit le titre de *Revue des Deux Mondes*.

Cela se passait en 1830 ou 1831.

Nous nous mîmes tous à travailler de notre mieux à ce journal, que nous regardions comme un enfant couvé en commun, et que nous aimions d'un amour paternel.

Le premier lait que je lui donnai à sucer, pour mon compte fut un *Voyage en Vendée* qu'on a retrouvé en partie dans mes Mémoires.

Puis voici ce qui m'arriva :

J'ai dit ma profonde ignorance historique, j'ai dit mon grand désir d'apprendre; j'entendais fort parler du duc de Bourgogne: je lus l'*Histoire des ducs de Bourgogne*, de Barante.

Pour la première fois, un historien français laissait à la chronique tout son pittoresque, à la légende toute sa naïveté.

L'œuvre commencée par les romans de Walter Scott s'acheva dans mon esprit. Je ne me sentais pas encore la force de faire un roman tout entier; mais il se produisait alors un genre de littérature qui tenait le milieu entre le roman et le drame, qui avait quelque chose de l'intérêt de l'un, beaucoup du saisissant de l'autre, où le dialogue alternait avec le récit; on appelait ce genre de littérature : scènes historiques.

Avec mon aptitude déjà bien décidée au théâtre, je me mis

à découper, à raconter et à dialoguer des scènes historiques, tirées de l'*Histoire des ducs de Bourgogne.*

Elles étaient empruntées à l'une des époques les plus dramatiques de la France, au règne de Charles VI ; elles me donnaient la figure échevelée du roi fou, la poétique figure d'Odette, l'impérieuse et adultère figure d'Isabel de Bavière, l'insoucieuse figure de Louis d'Orléans, la terrible figure de Jean de Bourgogne, la pâle et poétique figure de Charles VII ; elles me donnaient l'Ile-Adam et son épée, Tanneguy-Duchatel et sa hache, le sire de Giac et son cheval, le chevalier de Bois-Bourdon et son pourpoint doré, Périnet-Leclerc et ses clefs.

Puis elles m'offraient l'avantage, à moi, déjà metteur en scène, de me donner un théâtre connu où faire mouvoir mes personnages, puisque les événements se passaient aux environs de Paris, et à Paris même.

Je commençai à composer mon livre, le poussant devant moi comme un laboureur fait de sa charrue, sans savoir précisément ce qu'il adviendrait. Il en advint *Isabel de Bavière.*

Au fur et à mesure que j'achevais ces scènes, je les portais à Buloz ; Buloz les portait à l'imprimerie, les imprimait, et, tous les quinze jours, les abonnés me lisaient.

Dès ce moment éclatèrent dans ces essais mes deux principales qualités, celles qui donneront dans l'avenir quelque valeur à mes livres et à mes pièces de théâtre : le dialogue, qui est le fait du drame ; le récit, qui est le fait du roman.

Ces qualités, — on sait avec quelle insouciante franchise je parle de moi, — ces qualités, je les ai à un degré supérieur.

A cette époque, je n'avais pas encore découvert en moi deux autres qualités non moins importantes, et qui dérivent l'une de l'autre : la gaieté, la verve amusante.

On est gai, parce que l'on se porte bien, parce qu'on a un bon estomac, parce qu'on n'a pas de motifs de chagrin. Cela, c'est la gaieté de tout le monde.

Mais, moi, j'ai la gaieté persistante, la gaieté qui se fait jour, non pas à travers la douleur, — toute douleur me trouve, au contraire, ou compatissant pour les autres, ou profondément atteint dans moi-même, — mais qui se fait jour à travers les tracas, les chagrins matériels, et même les dangers secondaires.

On a de la verve, parce que l'on est gai ; mais souvent cette verve s'éteint comme une flamme de punch, s'évapore comme une mousse de vin de Champagne.

Un homme gai, nerveux, plein d'entrain en paroles, est parfois lourd et maussade seul, en face de son papier, la plume à la main.

Au contraire, le travail m'excite; dès que j'ai la plume à la main, une réaction s'opère; mes plus folles fantaisies sont souvent sorties de mes jours les plus nébuleux. Supposez un orage avec des éclairs roses.

Mais, comme je l'ai dit, à cette époque de ma jeunesse, je ne me connaissais ni cette verve ni cette gaieté.

Un jour, je recommandais Lassailly à Oudard. Il s'agissait d'un secours, je crois. Ma lettre, au lieu d'être lamentable, était gaie, mais, dans sa gaieté, pressante et imprégnée de cœur.

Lassailly lut la lettre, qu'il devait remettre lui-même, et, se retournant de mon côté d'un air stupéfait :

— Tiens! dit-il, c'est drôle!
— Quoi?
— Vous avez donc de l'esprit, vous?
— Pourquoi donc n'en aurais-je pas? Envieux!
— Ah! c'est que vous seriez peut-être le premier homme de cinq pieds neuf pouces qui en eût eu!

Je me rappelai plus d'une fois, en faisant Porthos, ce mot plus profond qu'il ne paraît au premier abord.

Mon brevet d'esprit me fut donc donné par Lassailly, garçon qui ne manquait pas d'un certain mérite, mais qui, du côté de l'esprit, était aussi mal partagé de la nature que l'était, du côté de la finesse, le renard auquel on avait coupé la queue.

D'ailleurs, à cette époque, j'aurais reconnu cette merveilleuse qualité de la gaieté, que je l'eusse renfermée au fond de moi-même, et cachée avec terreur à tous les yeux.

Alors, la seule gaieté permise était la gaieté satanique, la gaieté de Méphistophélès ou de Manfred.

Gœthe et Byron étaient les deux grands rieurs du siècle.

J'avais mis, comme les autres, un masque sur mon visage. Voyez mes portraits de cette époque-là : il y en a un de Devéria, fait en 1831, qui peut parfaitement, et avec quelques modifications, devenir le portrait d'Antony.

Ce masque, au reste, devait tomber peu à peu, et laisser mon visage à découvert dans les *Impressions de voyage*.

Mais, je le répète, en 1832, je posais encore pour Manfred et Childe Harold.

Or, comme on n'a, quand on est un tempérament impressionnable, de ces sortes de travers-là qu'avec une époque tout entière, l'époque qui posait elle-même pour le sombre et pour le terrible, après avoir fait un succès à mes débuts, comme poëte dramatique, fit un succès à mes débuts comme romancier.

CCXXXII

Succès de mes *Scènes historiques*. — Clovis et Hlode-Wig. — Je veux me mettre à étudier sérieusement l'histoire de France. — L'abbé Gauthier et M. de Moyencourt. — Cordelier-Delanoue me révèle Augustin Thierry et Chateaubriand. — Nouveaux aspects de l'histoire. — Un drame en collaboration avec Horace Vernet et Auguste Lafontaine. — *Édith aux longs cheveux.*

Mes *Scènes historiques sur le règne de Charles VI* furent un des premiers succès de la *Revue des Deux Mondes*.

Ce succès me décida à faire une suite de romans qui s'étendraient du règne de Charles VI jusqu'à nos jours.

Mon premier désir est toujours illimité; ma première inspiration est toujours pour l'impossible. Seulement, comme je m'y entête, moitié par orgueil, moitié par amour de l'art, j'arrive à l'impossible. Comment? — J'essayerai de vous le dire, mais je ne le comprends pas bien moi-même : — en travaillant comme personne ne travaille, en retranchant de la vie tous ses détails, en supprimant le sommeil.

Ce désir une fois formulé dans ma pensée, je ne fus donc plus préoccupé que de le mettre à exécution.

Ayant trouvé un filon d'or dans le puits que j'avais creusé au commencement du XVe siècle, je ne doutais pas, tant était grande ma confiance en moi-même, qu'à chaque puits que je creuserais dans un siècle plus rapproché de nous, je ne trouvasse un filon, sinon d'or, du moins de platine ou d'argent.

Je mets l'argent en dernier, parce qu'à cette époque le platine avait encore une valeur intermédiaire entre l'argent et l'or.

Pourtant, une chose m'inquiétait : du XIVe au XIXe siècle, c'est-à-dire de Charles VI à Napoléon, j'apprendrais bien l'histoire au public en l'apprenant moi-même; mais qui me l'apprendrait de Clovis à Charles VI?

Qu'on me pardonne de dire *Clovis*. Je le disais alors, je le dis encore aujourd'hui, mais, de 1833 à 1840, j'ai dit *Hlode-Wig*.

Il est vrai que personne ne me comprenait ; c'est pour cela que je suis revenu à dire *Clovis*, comme tout le monde.

Je résolus de faire, en quelques pages, une manière d'introduction à mon roman d'*Isabel de Bavière*, roman destiné à ouvrir la série de mes romans historiques.

Vous allez juger de mon ignorance, et apprécier ma naïveté, car je vais vous dire une chose que personne bien certainement n'avouerait.

Pour apprendre l'histoire de France, dont je ne savais pas le premier mot en 1831, — excepté ce qui avait rapport à Henri III, — et que, d'après le dire général, je tenais pour l'histoire la plus ennuyeuse du monde, j'achetai l'*Histoire de France*, par demandes et par réponses, de l'abbé Gauthier, revue et corrigée depuis par M. de Moyencourt.

Et je me mis bravement à étudier l'histoire de France, prenant le plus sérieusement du monde des notes dans le genre de celles-ci, lesquelles résumaient poétiquement tout un chapitre :

> En l'an quatre cent vingt, Pharamond, premier roi,
> Est connu seulement par la salique loi.

> Clodion, second roi, nommé le Chevelu,
> Au fier Aétius cède, deux fois vaincu.

> Francs, Bourguignons et Goths triomphent d'Attila.
> Chilpéric fut chassé, mais on le rappela.

> Clovis, à Tolbiac, fit vœu d'être chrétien;
> Il défait Gondebaud, tue Alaric, arien;
> Entre ses quatre fils partage ses États,
> Source d'atrocités, de guerres, d'attentats.

> Childebert, en cinq cent, eut Paris en partage;
> Les Bourguignons, les Goths éprouvent son courage.

Et cela continuait jusqu'à Louis-Philippe, dont voici le distique :

> Philippe d'Orléans, tiré de son palais,
> Succède à Charles-Dix, par le choix des Français.

Il y avait, dans ces quatrains et ces distiques, si instructifs qu'ils fussent, une singularité qui m'attristait bien un peu : c'est que, parmi tous ces vers, il ne s'en trouvait que deux qui fussent féminins. A la vérité, il pouvait y avoir une raison à cela : cette *Histoire de France* étant particulièrement destinée aux collèges, il s'agissait, sans doute, de faire venir le moins possible de mauvaises idées aux écoliers en leur rappelant, même indirectement, *un genre* qui a perdu la race humaine.

Je prenais donc mes notes avec acharnement, estimant déjà que je savais assez l'histoire pour commencer à l'apprendre aux autres, lorsque, par fortune, Delanoue entra dans mon cabinet de travail.

Si vite que j'eusse caché mon abbé Gauthier, corrigé par M. de Moyencourt, Delanoue vit le mouvement.

— Que lisais-tu donc là? me demanda-t-il.
— Rien.
— Comment, rien? Tu tenais un livre!
— Oh! un livre... oui.

Sans doute crut-il que c'était un livre obscène, et que je voulais le lui cacher.

Il insista de telle façon, qu'il n'y avait pas moyen de résister.

— Tiens, lui dis-je, un peu humilié d'être surpris dans une lecture élémentaire, c'est une histoire de France.
— Bon! l'histoire de l'abbé Gauthier... Connu!

Et, sans avoir besoin de jeter le moins du monde les yeux sur le livre :

> — Neuf cent quatre vingt-sept voit Capet sur le trône.
> Ses fils ont huit cents ans conservé la couronne!

dit-il.

— Oh! tu sais cela par cœur?
— C'est le pendant des *Racines grecques*.

> O, se doit compter pour septante;
> Ὀβελός, a broche tournante.

Delanoue prenait à mes yeux, comme instruction, des proportions fantastiques.

— Comment, tu ne connais pas l'*Histoire de France*, par l'abbé Gauthier, et le *Jardin des Racines grecques*, par M. Lancelot?
— Je ne connais rien, mon cher!
— Ca doit bien te faire rire.
— Mais pas trop.
— Alors, pourquoi lis-tu cela?
— C'est que je voudrais avoir des notes précises sur les premiers siècles de notre histoire.
— Et tu cherches cela dans l'abbé Gauthier?

— Tu vois.

— Ah! tu es bon! Est-ce là dedans que tu as pris tes notes pour *Henri III* ?

> Henri-Trois, de Pologne, en France est ramené,
> Redoute les ligueurs, et meurt assassiné.

— Non, c'est dans l'Estoile, dans Brantôme, dans d'Aubigné, dans la *Confession de Sancy*; mais je ne sache pas qu'il y ait quelque chose de pareil sur Mérovée ou Clovis.

— D'abord, on ne dit pas Mérovée et Clovis.

— Comment dit-on?

— On dit Méro-Wig et Hlode-Wig; ce qui signifie *éminent guerrier* et *guerrier célèbre*.

— Où as-tu vu cela?

— Parbleu! dans les *Lettres sur l'histoire de France*, par Augustin Thierry.

— Les *Lettres sur l'histoire de France*, par Augustin Thierry?

— Oui.

— Où les trouve-t-on?

— Partout.

— Combien cela coûte-t-il?

— Peut-être dix francs, douze francs, je ne sais pas bien.

— Te charges-tu de m'acheter cela, et de le faire envoyer en sortant?

— C'est la chose du monde la plus facile.

— Connais-tu d'autres livres sur cette époque-là?

— Il y a les *Études historiques*, de Chateaubriand, puis les sources.

— Quelles sources?

— Les auteurs de la décadence, Jornandès, Zozime, Sidoine Apollinaire, Grégoire de Tours.

— Tu as lu tous ces auteurs-là?

— Oui, en partie.

— Et l'abbé Gauthier ne les avait pas lus?

— D'abord, il n'avait pas pu lire Augustin Thierry, qui a écrit surtout depuis sa mort. Quant à Chateaubriand, il était son contemporain, et les historiens ne lisent jamais leurs contemporains; enfin, quant à Jornandès, à Zozime, à Sidoine Apollinaire et à Grégoire de Tours, je soupçonne l'abbé Gauthier de n'avoir pas même connu leur existence.

— Mais avec quoi donc a-t-il fait son histoire?

— Mais avec les abbés Gauthier qui ont écrit les mêmes histoires avant lui.

— Te charges-tu de m'acheter Chateaubriand, en même temps que Thierry?

— Parfaitement.

— Tiens, voici de l'argent... Je ne te renvoie pas.

— Non; mais tu voudrais avoir ton Augustin Thierry et ton Chateaubriand?

— Je te l'avoue.

— Dans un quart d'heure, tu les auras.

Un quart d'heure après, je les eus.

J'ouvris au hasard. J'étais tombé sur Augustin Thierry.

Je lus, — je me trompe, — je ne lus pas, je dévorai le merveilleux travail de l'auteur de la *Conquête des Normands* sur les rois de la première race; puis ces espèces de scènes historiques intitulées *Récits mérovingiens*.

Alors, sans même avoir besoin d'ouvrir Chateaubriand, tous les spectres de ces rois, debout au seuil de la monarchie, m'apparurent à partir du moment qu'ils s'étaient faits visibles aux yeux du savant chroniqueur, — depuis Clodio, *à qui ses éclaireurs rapportent que la Gaule est la plus noble des régions, remplie de toute espèce de biens, plantée de forêts d'arbres fruitiers*, et qui porte le premier sur le territoire des Gaules la domination des Francs, — jusqu'au grand et religieux Karl, *se levant à table plein d'une grande crainte, se mettant à une fenêtre qui regardait l'Orient, et y demeurant très-longtemps et les bras croisés, pleurant et n'essuyant pas ses larmes*, parce qu'à l'horizon il voyait apparaître les vaisseaux normands.

Je vis ce dont je ne me doutais pas enfin, un monde tout entier vivant, à la distance de douze siècles, dans l'abîme sombre et profond du passé.

Je restai anéanti.

J'avais cru jusque là Clovis et Charlemagne des ancêtres de Louis XIV; mais voilà que, sous la plume d'Augustin Thierry, une espèce de géographie nouvelle se faisait, chaque race coulait isolément, suivait son véritable cours à travers les âges : Gaulois, immenses comme un lac, — Romains, majestueux comme un fleuve, — Francs, terribles comme une inondation, — Huns, Burghunds, West-Goths, dévorants et rapides comme des torrents.

Quelque chose de pareil à ce qui s'était passé en moi chez le général Foy se manifesta de nouveau. Je vis que, pendant les neuf années qui venaient de s'écouler, je n'avais rien ou presque rien appris; je me rappelai mes conversations avec Lassagne; je compris qu'il y avait plus à voir dans le passé que dans l'avenir; j'eus honte de mon ignorance, et je serrai presque convulsivement ma tête dans mes deux mains.

Pourquoi donc ceux qui savaient ne produisaient-ils pas?

Oh! c'est que j'ignorais, à cette époque, avec quelle paternelle bonté Dieu traite les hommes; comment il fait des uns les mineurs qui tirent de la terre l'or et les diamants, des autres les orfévres qui les cisellent et qui les montent.

J'ignorais que Dieu avait fait d'Augustin Thierry un mineur, et de moi un orfévre.

Je restai sept ou huit jours hésitant devant l'énorme tâche qui me restait à accomplir; puis, pendant cette halte, mon courage m'étant revenu, je me mis bravement à l'œuvre, oubliant tout pour cette étude de l'histoire.

Ce fut dans cette période que je fis *Teresa* et la pièce dont je vais parler.

Horace Vernet avait envoyé de Rome un grand tableau représentant *Édith aux longs cheveux cherchant le corps d'Harold sur le champ de bataille d'Hastings.*

C'était un tableau appartenant à la catégorie que Vernet appelle en riant sa grande peinture.

Le tableau m'avait singulièrement séduit, non pas à cause du sujet, mais à cause du nom de l'héroïne.

Il me prit fantaisie de faire un drame qui aurait nom *Édith aux longs cheveux*.

On ne pouvait faire qu'en vers un drame qui portait un titre si poétique.

Charles VII m'avait un peu familiarisé avec ce que l'on appelle encore aujourd'hui à l'Académie la langue des dieux.

Comment tout ce que j'entrevoyais, et dont l'étude était pour moi d'une absolue nécessité, comment tout cela tiendrait-il dans ma pauvre tête sans la faire éclater?

Et remarquez bien que je n'entrevoyais encore que la première race.

Comment me débrouillerais-je au milieu de Charlemagne et de ses fils, représentant les intérêts et les types de la race franque? Comment reconnaîtrais-je ces Eudes, ces Robert, rois nationaux, poussant et régnant sur cette terre conquise, dont ils vont être les Camille et les Pélage?

C'était effrayant de ne rien savoir, à trente ans, de ce que les autres hommes savent à douze.

J'avais étudié le théâtre; je le savais à être content de moi; il me fallait étudier l'histoire comme le théâtre, et, derrière cette histoire, barrière placée sur mon chemin, qui me disait qu'il n'y aurait pas une nouvelle étude à faire, plus longue, plus sèche, plus ardue que les précédentes?

L'étude du théâtre m'avait pris cinq ou six ans. Combien de temps allait me prendre l'étude de l'histoire?

Hélas! j'étudierais donc toute ma vie!

Et, si j'eusse étudié à l'âge des autres, je n'aurais donc plus rien à faire qu'à produire!

De mon drame, je n'avais encore que le titre.

Il va sans dire que je ne savais de la bataille d'Hastings que ce que j'en avais lu dans l'*Ivanhoe* de Walter Scott.

Aussi, je comptais faire, non pas un drame historique, mais quelque chose comme la *Cymbeline* de Shakspeare.

Sur ces entrefaites, je lus, par hasard, un roman d'Auguste Lafontaine; — je voudrais bien vous dire lequel, mais je n'en sais plus rien; — tout ce que je me rappelle, c'est que l'héroïne se nomme Jacobine.

On faisait prendre un narcotique à cette Jacobine, on l'endormait, on la faisait passer pour morte, et, grâce à cette mort supposée, qui la déliait des entraves de la terre, elle pouvait épouser son amant.

Cela ressemblait bien un peu à *Roméo et Juliette;* mais quelle est ici-bas l'idée qui ne ressemble pas peu ou prou à une autre idée?

Vous remarquerez qu'il y avait déjà bien longtemps que j'avais ce diable de drame dans la tête; car je l'avais, au mois d'août 1830, proposé à Harel, au lieu et place de *Napoléon*, qu'à toute force je ne voulais pas faire.

On a vu comment Harel combattit et vainquit ma résistance.

Quant à *Édith aux longs cheveux*, il l'avait refusée net, et vous allez voir tout à l'heure qu'il n'avait pas si mal fait.

Voici ce que c'était qu'*Édith aux longs cheveux;* vous la reconnaîtrez sous un autre nom, vêtue d'une autre manière, et, au lieu de marcher en cinq actes, traînant derrière elle une queue de huit tableaux.

Une jeune fille abandonnée vit dans une espèce d'Éden, au milieu des ombrages verts, des oiseaux chantants et des fleurs; une rivière coule, rongeant un des angles de son jardin, et sur cette rivière, comme sur l'Arno ou sur le canal de la Brenta, passent de beaux jeunes gens qui lui font rêver l'amour, de beaux gentilshommes qui lui font rêver l'ambition.

Un de ces gentilshommes l'aperçoit, s'arrête devant la gracieuse apparition, pénètre dans ce qu'il croit un palais de fée, et trouve une jeune fille qui lui semble la sœur des oiseaux et des fleurs au milieu desquels elle vit; comme eux, elle chante; comme elles, elle est blanche, rose et parfumée.

Il aime Édith.

Quant à Édith, elle n'aime rien, que la cour, les bals, les fêtes, la souveraine puissance.

Ethelwood est le favori du roi; elle se laissera aimer par Ethelwood, en attendant.

Édith est une de ces femmes blanches comme le marbre, froides et sans cœur comme lui; une statue de courtisane antique retrouvée dans les fouilles de Pompéi, et qui s'est animée au jour et au soleil. Elle vit, voilà tout; mais ne lui demandez pas d'aimer.

Il est assez rare que je crée de ces sortes de rôles dans mes livres ou dans mes drames, mais j'avais alors un exemple sous les yeux. L'exemple m'entraîna. Il y a toujours un peu du monde matériel extérieur dans le monde idéal et intérieur de l'artiste.

Elle a dit à Ethelwood qu'elle l'aimait, mais elle ne l'aime point Derrière Ethelwood, elle a vu le roi.

Le roi aussi l'a vue; c'est la fatalité qui veut qu'on ne puisse voir certaines femmes sans les aimer.

Le roi a vu Édith, et l'aime.

Mais qui est-elle, et comment arriver auprès d'elle? Lui, roi, ne sait rien de tout cela; il lui faut des ministres pour son amour, comme il lui en faut pour son royaume; mais, si Ethelwood l'aide à porter la moitié de sa puissance, Ethelwood l'aidera à porter le poids de cet amour.

Ce qu'Ethelwood avait craint arrive : le roi aime la même femme que lui.

Cette femme, c'est sa vie; il veut la soustraire au roi, à quelque prix que ce soit.

C'est le lendemain qu'il doit venir visiter Édith avec le roi. Il a la nuit devant lui et pour lui, — la nuit, cette fidèle alliée des amants, nous devrions dire cette capricieuse amie, car elle en trahit presque autant qu'elle en sert!

Il part; deux heures après, il est près d'Édith.

Il serre dans sa main un flacon plein de ce puissant narcotique qui n'existe qu'au théâtre, et qu'on ne trouve que chez les pharmaciens de Shakspeare.

En la voyant si belle, si jeune, presque aimante pour la première fois, — car elle pense au roi, tout en caressant Ethelwood, — l'amant hésite même à endormir ce chef-d'œuvre de la création. Le Sommeil, disaient les anciens, est frère de la Mort. Si la sœur allait être jalouse du frère, et allait cueillir, comme une fleur de tombe, l'âme de cette belle enfant pendant son sommeil!

Une ballade que chante Édith sur une vassale épousée par

un roi le décide; le narcotique est versé dans le verre de la jeune fille : à peine l'a-t-elle bu, qu'une langueur mortelle s'empare de toute sa personne; elle se sent engourdir; elle crie, appelle, repousse instinctivement Ethelwood, et s'endort désespérée, croyant qu'elle meurt.

Lui, retourne au palais; le lendemain, quand il reviendra avec le roi, le roi et lui trouveront Édith au tombeau.

Édith est déposée dans le caveau mortuaire; le roi et Ethelwood descendent dans le sépulcre; le roi s'agenouille. Ethelwood reste debout, la main sur le cœur de la jeune fille, craignant que, d'un moment à l'autre, la vie ne reparaisse dans la mort. Il lui semble sentir un léger battement d'artères, il lui semble que le marbre glacé se réchauffe peu à peu... Qu'arriverait-il si Édith allait se réveiller ?

Il se fait un prétexte de la douleur du roi, et l'entraîne juste au moment où le cœur d'Édith commence à tressaillir sous sa main.

Édith, restée seule, se réveille comme Juliette; mais, en se réveillant, Juliette trouve là Roméo qui l'attend. Édith est seule avec les morts, avec les terreurs et les superstitions de la jeune fille : elle crie, elle appelle, elle secoue la porte du sépulcre; la porte s'ouvre, Ethelwood paraît.

Pour la première fois, elle se jette dans ses bras, avec l'effusion de la reconnaissance. Ce n'est pas un roi qui lui apporte une couronne, c'est quelque chose de bien plus grand, de bien plus précieux, de bien plus providentiel : c'est un sauveur qui lui apporte la vie.

Pendant quelques secondes, elle l'aime de toute la force de sa vie, qu'elle a cru perdre.

Cette expression est si franche, si vraie, si instantanée, qu'elle trompe le pauvre amant. Il se croit aimé; il croit pouvoir tout dire à la jeune fille.

Le roi l'a vue et est amoureux d'elle.

Alors, pour le public seulement, sous le masque de la fille aimante, commencent à apparaître un à un les traits de la femme ambitieuse.

Ethelwood avoue donc sa ruse à Édith : il lui apprend comment il lui a fait prendre un narcotique, comment il l'a endormie ; il lui révèle ce qu'il lui avait caché jusqu'alors, c'est-à-dire qu'il est un des premiers seigneurs de l'État; mais cela ne suffit plus à Édith! il lui raconte que, pendant son sommeil, le roi est descendu dans son caveau, a prié à genoux près de ce corps adoré qu'il prenait pour un cadavre; et que lui, Éthelwood, en proie à toutes les angoisses du désespoir, attendait, un poignard à la main, le premier mouvement d'Édith et le premier soupçon du roi pour poignarder le roi.

Au milieu du récit du pauvre fou, Édith ne suit que sa propre pensée. Le roi l'aime! Pourquoi, au lieu d'être la femme du favori du roi, ne serait-elle pas la femme du roi?...

Le roi, pendant qu'il était sur cette tombe, ne lui a-t-il point passé au doigt son anneau de fiançailles?... Un anneau, c'est une couronne en petit!

Cependant, il faut sortir de cette tombe, qui pèse si fort sur la poitrine d'Édith, et profiter de la nuit pour gagner le château d'Ethelwood. Ethelwood va explorer les environs; puis, si le chemin est solitaire, il reviendra chercher Édith.

Édith reste un instant seule. Cet instant, elle l'emploie à chercher la trace des pieds du roi sur les dalles humides, les traces de sa main sur le marbre glacé. Dans ce court instant, elle dévoile tout son cœur, abîme d'ambition où s'est englouti l'amour.

Ethelwood revient la chercher.

C'est presque à regret qu'elle quitte ce tombeau, où un roi l'a baisée au front, et a passé une bague à son doigt.

A l'acte suivant, on est au château du comte. Édith semble heureuse... Ethelwood est heureux.

On annonce l'arrivée du roi. Que vient-il faire chez le comte?

Édith le saura; car, obligée de se cacher pour ne pas être vue du roi, elle se cachera de manière à ne pas perdre un mot de ce qu'il dira au comte.

Le roi est profondément atteint. Comme tout cœur blessé, son cœur cherche la lutte; la guerre avec la France va offrir

offrir une diversion à sa douleur; il passera sur le continent. Mais il a besoin qu'une main ferme et sûre gouverne ses États en son absence; il a pensé à Ethelwood; Ethelwood sera régent, et, pour le récompenser de son dévouement, bien plus que pour l'attacher aux intérêts du royaume, — sûr comme il l'est de sa loyauté, — il lui donnera sa sœur pour femme.

Ethelwood essaye de repousser ce double honneur: la princesse Éléonor, — je crois qu'elle s'appelait Éléonor, je n'en suis pas bien sûr; mais le nom de la princesse ne fait rien à la chose: en argot de théâtre, cela s'appelle la princesse *Bouche-Trou*; — la princesse Éléonor ne l'aime pas, objecte-t-il. Ethelwood se trompe, la princesse Éléonor l'aime.

Ethelwood refuse tout.

Ce refus étonne d'abord le roi, puis l'irrite... Une querelle s'allume entre le sujet et le roi.

Le sujet porte la main à la garde de son épée.

Dès lors, il a tout encouru, confiscation, dégradation, mort sur l'échafaud.

Ethelwood sera pauvre, Ethelwood renoncera à la noblesse, Ethelwood bravera la mort, mais il n'épousera pas une autre femme qu'Édith.

Le roi sort, défendant à Ethelwood de le suivre: mais Ethelwood est l'hôte du roi; il doit le reconduire jusqu'à la porte du château; il doit lui tenir l'étrier; il doit lui présenter le genou pour monter à cheval.

A peine le roi est-il sorti, et le comte a-t-il disparu derrière lui, qu'une épaisse tapisserie se soulève, et qu'Édith entre en scène.

Elle n'a rien vu, sinon que le roi est jeune et beau: elle n'a rien entendu, sinon qu'il l'aime. Le dévouement d'Ethelwood, son refus d'épouser la sœur du roi, le danger qu'il court, tout cela a glissé sur son cœur comme un souffle sur un miroir.

Elle va à la fenêtre.

Ethelwood, à genoux, présente l'étrier au roi.

Dans ce qui, aux yeux de la noblesse, est un honneur, Édith ne voit, elle, qu'une honte; et, en regardant ce roi, tout couvert d'or et de pierreries, enveloppé des hommages d'un peuple comme d'un manteau de pourpre, se grandissant de la bassesse de ce qui l'entoure, il lui arrive de murmurer tout bas :

— Si je devenais reine !...

En ce moment, Ethelwood rentre.

Sa résolution est prise, et Édith va la connaître. Il demande une plume, du papier et de l'encre.

C'est son testament de mort qu'il écrit.

— Vas-tu donc mourir? demande Édith.

— Non ; mais je vais enfin te rendre ce que tu as fait pour moi. Je ne t'ai versé que la moitié de la liqueur contenue dans le flacon ; le reste était pour moi, au cas où cette liqueur, au lieu d'être un narcotique, eût été un poison.

— Eh bien ?

— Eh bien, le reste de la liqueur contenue dans le flacon, je l'ai bu.

Édith pâlit ; elle commence comprendre.

Ce parchemin où Ethelwood a rapidement tracé quelques lignes, il dira à tous que, contre la colère du roi, le comte a cherché un refuge dans la mort.

Comme Édith a été déposée dans son tombeau, Ethelwood sera déposé dans le sien ; mais, comme il veillait sur elle, elle, à son tour, veillera sur lui ; comme il avait la clef de la mort, elle aura la clef de la vie.

Édith repousse cette idée ; elle mesure sa faiblesse, elle pressent son ambition, mais il est trop tard : Ethelwood, en quittant le roi, a pris le narcotique. Il chancelle, il pâlit, il se laisse aller entre les bras d'Édith en lui remettant la clef du tombeau, et en lui disant :

— A demain !

Le lendemain, au lieu de rouvrir à son amant les portes de la vie, Édith vient rapporter au roi sa bague de fiançailles. Le roi croit d'abord voir l'ombre de celle qu'il a aimée ; puis, peu à peu, il se rassure ; il touche, joyeux, cette main tiède et vivante, qu'il a touchée morte et glacée ; il renouvelle à Édith pleine de vie les offres qu'il avait faites à Édith couchée sur le tombeau. La jeune fille était venue chercher le vertige ; elle avait besoin de toutes les promesses de l'ambition pour oublier! Cette clef du tombeau de son amant la brûle comme un fer rouge. Elle s'approche de la fenêtre, demande si la rivière qui coule au-dessous du palais est bien profonde.

— C'est un gouffre qui engloutit tout ce qu'on y jette

Édith détourne la tête, et, avec un cri étouffé, y laisse tomber la clef en disant :

> Que pour l'éternité
> L'abîme l'engloutisse, ou le courant l'entraîne !

LE ROI.

Que faites-vous, Édith?

ÉDITH.

Moi ? Rien... Je me fais reine!

J'avais réfléchi deux ans au sujet, et j'avais travaillé quelque chose comme trois ou quatre mois au plan de ce bel ouvrage. J'en étais content en raison, non pas de son mérite, mais de la peine qu'il m'avait coûté : c'est-à-dire que je croyais avoir fait un chef d'œuvre.

Ainsi, pour la première fois de ma vie, — ce fut en même temps la dernière, — invitai-je deux ou trois amis à venir entendre la lecture que j'en devais faire au Théâtre-Français.

J'avais un splendide auditoire.

L'illusion dura jusqu'à la fin du premier acte ; mais, je dois le dire, elle n'alla pas plus loin.

A la fin du premier acte, je sentais déjà que mon chef-d'œuvre ne mordait pas sur le public.

Au second acte, ce fut plus froid encore.

Au troisième, c'était glacé!

Un des plus grands supplices qui soient imposés à un auteur, en expiation de ses pièces, c'est de lire devant un comité venu avec des intentions bienveillantes, et de sentir peu à peu ces intentions se faner, jaunir, tomber à la brise de l'ennui, comme tombent les feuilles d'automne aux brises mortelles de l'hiver.

Ah! qu'on donnerait de choses, dans un pareil moment,

pour ne pas aller jusqu'au bout, pour rouler son manuscrit, tirer sa révérence, et sortir!

Mais point! — malgré le service que l'auteur rendrait à son auditoire, l'auteur est condamné à lire; l'auditoire, à entendre. Il faut aller jusqu'au bout! il faut descendre, marche à marche, l'escalier de ce sépulcre, plus froid que l'escalier de la mort!

C'était, je le répète, la première fois que la chose m'arrivait; juste punition de mon orgueil!

Je me levai immédiatement après le dernier hémistiche, et je sortis, laissant *Édith aux longs cheveux* sur la table du comité.

Je sentais que, cette fois, ce n'était point un narcotique qu'elle avait pris, comme Juliette, mais que c'était un bel et bon poison qu'elle avait avalé, comme Roméo.

Cependant je n'eus pas le courage de sortir sans avoir une réponse.

Cette réponse, je l'attendis dans le cabinet du régisseur.

Ce fut mademoiselle Mars en personne qui me l'apporta.

Pauvre mademoiselle Mars! elle avait l'air funèbre; on eût dit qu'elle revenait du convoi d'Ethelwood, après avoir été la veille à celui d'Édith. Elle employait toute sorte de circonlocutions pour m'annoncer que le comité ne trouvait pas ma pièce jouable.

Selon elle, il n'y avait là qu'une moitié de pièce.

« Que devenait Édith après avoir jeté la clef dans le gouffre? que devenait Ethelwood, enfermé dans ce tombeau? que devenait la sœur du roi, amoureuse de ce mort vivant?

» Était-il possible que la Providence vît un pareil crime sans s'en mêler? que la justice divine entendît porter une pareille plainte devant elle, et rendît une ordonnance de non-lieu? Il y avait certainement une suite à souder à ce commencement, une seconde partie à accrocher à cette première partie.

» N'y avait-il pas moyen d'utiliser cette sœur du roi? ne pouvait-elle pas représenter le dévouement, comme Édith représentait l'ingratitude? ne pouvait-elle pas, de même que le roi avait voulu descendre dans le caveau, pour voir sa fiancée morte, ne pouvait-elle pas, elle, descendre dans ce tombeau, pour voir son fiancé mort?

» Ce qui avait failli arriver pour le roi ne pouvait-il pas arriver pour la sœur, c'est-à-dire qu'Ethelwood...? »

Je pris la main de mademoiselle Mars.

— La pièce est faite, lui dis-je : elle s'appellera *Catherine Howard*. — Merci! grâce à vous, je tiens la fin... Où sont mes amis, que je leur annonce cette bonne nouvelle?

Mes amis étaient loin. Ils s'étaient fait montrer une porte dérobée par laquelle ils fussent sûrs de fuir sans me rencontrer.

Le lendemain, je reçus une lettre du secrétaire de la Comédie-Française, qui m'invitait à venir reprendre le manuscrit.

« Flanquez-le au feu! » lui répondis-je.

Je ne sais s'il a fait selon mes instructions; mais ce que je sais, c'est que je ne l'ai jamais revu, et que les seuls vers dont je me souvienne sont les deux et demi que j'ai cités.

On les immola tous, sire : — ils étaient trois mille!

Et voilà comment fut enterrée la belle *Édith aux longs cheveux*.

Nous dirons, dans son lieu et place, comment vint au monde sa sœur, *Catherine Howard*, qui ne valait pas beaucoup mieux qu'elle, et qui mourut à la fleur de son âge, en l'an de grâce 1834.

CCXXXIII

Invasion du choléra. — Aspect de Paris. — La médecine et le fléau. — Proclamation du préfet de police. — Les prétendus empoisonneurs. — Réclame d'Harel. — *Le Mari de la veuve*. — Comment cette pièce fut faite. — Mademoiselle Dupont. — Eugène Durieu et Anicet Bourgeois. — Catherine (non Howard) et le choléra. — Première représentation du *Mari de la veuve*. — Un horoscope qui ne s'est pas vérifié.

Cependant, la France suivait depuis longtemps avec inquiétude la marche du choléra. Parti de l'Inde, il avait pris la route des grands courants magnétiques, avait traversé la Perse, gagné Saint-Pétersbourg, et s'était rabattu sur Londres.

Le détroit seul nous séparait de lui.

Qu'était-ce donc que la distance de Douvres à Calais pour un géant qui venait de faire trois mille lieues?

Aussi traversa-t-il le détroit d'une seule enjambée.

Je me rappelle le jour où il frappa son premier coup : le ciel était d'un bleu de saphir; le soleil, plein de force. Toute la nature renaissait avec sa belle robe verte et les couleurs de la jeunesse et de la santé sur les joues. Les Tuileries étaient émaillées de femmes, comme l'est une pelouse de fleurs; les émeutes, éteintes depuis quelque temps, laissaient un peu de calme à la société, et permettaient aux spectateurs de se hasarder dans les théâtres.

Tout à coup, cet effroyable cri retentit, poussé par une de ces voix dont parle la Bible, qui passent dans les airs en jetant à la terre les malédictions du ciel.

— Le choléra est à Paris!

On ajoutait :

— Un homme vient de mourir rue Chauchat; il a été littéralement foudroyé!

Il sembla qu'à l'instant même un crêpe s'étendait entre le ciel bleu, le soleil si pur et Paris.

On fuyait dans les rues, on se pressait de rentrer chez soi, on criait : « Le choléra! le choléra! » comme, dix-sept ans auparavant, on criait : « Les Cosaques! »

Mais, si bien qu'on fermât portes et fenêtres, le terrible démon de l'Asie se glissait par les gerçures des contrevents, par les serrures des portes.

Alors, on tenta de lutter contre lui.

La science s'avança et essaya de le prendre corps à corps. Il la toucha du bout du doigt, et la science fut terrassée.

Elle se releva étourdie, mais non vaincue : elle commença à étudier la maladie.

On mourait parfois en trois heures; d'autres fois, il fallait moins de temps encore.

Le malade, ou plutôt le condamné, éprouvait tout à coup un léger frémissement: puis venait la première période du froid, puis les crampes, puis les selles effrayantes et sans fin ; puis la circulation s'arrêtait par l'épaississement du sang; les capillaires s'injectaient; le malade devenait noir et mourait.

Seulement, rien de tout cela n'était positif; les périodes se suivaient, se précédaient, se mêlaient; chaque tempérament apportait sa variété à la maladie.

Au reste, tout cela n'était que symptômes; on mourait avec des symptômes, comme d'une maladie inconnue. Le cadavre était visible; l'assassin invisible! il frappait; on voyait le coup; on cherchait inutilement le poignard.

On médicamenta au hasard; comme un homme surpris par un voleur dans la nuit frappe au hasard au milieu de l'obscurité, espérant atteindre ce voleur, la science espadonna dans les ténèbres.

En Russie, on traitait le choléra par la glace. Les attaques présentaient des symptômes typhoïdes.

On partit de ce point.

Les uns administrèrent des toniques, c'est-à-dire du punch, du vin chaud, du bordeaux, du madère.

Les autres, n'ayant en vue que les douleurs d'entrailles, traitèrent ces douleurs par les deux systèmes en présence à cette époque : ceux-ci par le système physiologique de Broussais, qui consistait à saigner les malades, et à leur mettre des sangsues sur l'estomac et sur le ventre : — traitement qui avait pour but de combattre la maladie dans sa nature inflammatoire ; — ceux-là par les opiacés, les calmants, les adoucissants, l'opium, la belladone, l'ellébore : — c'était combattre sinon la maladie, du moins la douleur ; — d'autres, enfin, essayaient de réchauffer par les bains de vapeur, les frictions, les fers brûlants.

Quand la période de froid était attaquée à temps, et qu'avec une réaction énergique, on parvenait à la vaincre, le malade, en général, était sauvé.

Toutefois, on n'en sauvait pas un sur dix ! C'était tout le contraire de la dîme.

Le fléau frappait de préférence sur les classes pauvres, mais n'épargnait pas les riches. Les hôpitaux s'encombraient avec une effroyable rapidité.

Un homme tombait malade chez lui ; deux voisins le posaient sur une civière, et le portaient à l'hôpital le plus rapproché.

Souvent, avant d'arriver, le malade était mort, et l'un des porteurs, sinon tous les deux, prenait sa place sur la civière.

Un cercle de visages épouvantés se formait autour du mort ; un cri retentissait au milieu de cette foule : un homme, une de ses mains à sa poitrine, l'autre à ses entrailles, se tordait comme un épileptique, tombait à terre, se roulait sur le pavé, devenait bleu, et expirait.

La foule se dispersait terrifiée, levant les bras au ciel, tournant la tête en arrière, fuyant pour fuir, car le danger était partout ; elle ne comprenait rien aux distinctions que les médecins établissaient entre ces trois mots : épidémique, — endémique, — contagieux.

Les médecins étaient des héros ! Jamais général sur le champ de bataille le plus sanglant ne courut dangers pareils à ceux auxquels s'exposait l'homme de science debout au milieu de l'hôpital, ou allant par la ville de lits en lits.

Les sœurs de charité étaient des saintes, parfois des martyres.

Les bruits les plus étranges couraient, venant on ne savait d'où, et étaient répétés par le peuple avec des imprécations et des menaces.

On disait que c'était le gouvernement qui, pour se débarrasser d'un surcroît de population encombrant Paris, faisait jeter du poison dans les fontaines et dans les brocs des marchands de vin. Paris semblait atteint de folie; ceux-là mêmes à qui leur fonction faisait un devoir de le rassurer l'épouvantaient.

Le 2 avril, le préfet de police, M. Gisquet, adressait aux commissaires de police la circulaire suivante :

« Monsieur le commissaire,

» L'apparition du choléra-morbus dans la capitale, source de vives inquiétudes et d'une douleur réelle pour tous les bons citoyens, a fourni aux éternels ennemis de l'ordre une nouvelle occasion de répandre parmi la population d'infâmes calomnies contre le gouvernement : ils ont osé dire que le choléra n'était autre chose que l'empoisonnement effectué par les agents de l'autorité pour diminuer la population, et détourner l'attention générale des questions politiques.

» *Je suis informé que, pour accréditer ces atroces suppositions, des misérables ont conçu le projet de parcourir les cabarets et les étals de boucherie avec des fioles et des paquets de poison, soit pour en jeter dans les fontaines ou les brocs, ou sur la viande, soit simplement pour en faire le simulacre, et se faire arrêter en flagrant délit par des complices qui, après les avoir signalés comme attachés à la police, favoriseraient leur évasion, et mettraient ensuite tout en œuvre pour démontrer la réalité de l'odieuse accusation portée contre l'autorité.*

» Il me suffira, monsieur, de vous signaler de pareils desseins pour vous faire sentir la nécessité de redoubler de surveillance sur les établissements de marchands de liquides et les boutiques des bouchers et vous engager à prévenir les habitants contre des attentats qu'ils ont personnellement un puissant intérêt à prévenir.

» Si des tentatives aussi audacieuses venaient à se réaliser, je n'ai pas besoin de vous dire combien il importerait de saisir les coupables, et de les mettre sous la main de la justice. C'est une tâche dans laquelle vous serez secondé par tous les amis de l'ordre et tous les honnêtes gens.

» Recevez etc.

» GISQUET. »

Une heure après l'apparition d'une pareille circulaire, on eût dû mettre le préfet de police en accusation.

On n'en fit rien.

M. Gisquet répondait à une stupidité par une calomnie.

Ce n'étaient plus les agents du gouvernement qui empoisonnaient les fontaines et les brocs des marchands de vin, pour décimer la population, et détourner l'attention des affaires politiques : — c'étaient les républicains qui jetaient des fioles de poison sur les étals des bouchers, pour dépopulariser le gouvernement de Louis-Philippe !

On pouvait comprendre la première accusation : elle venait de l'ignorance ; mais la seconde ! la seconde, qui venait de l'autorité, et de quelle autorité ! de celle qui devait être la mieux instruite sur ces sortes d'affaires !

Le peuple ne demandait qu'à ne pas croire à la présence de la peste : cet ennemi invisible qui frappait du sein des nuées l'irritait par son invisibilité.

Il se refusait à croire que l'on mourût d'un empoisonnement aérien, par un ciel si pur, avec un soleil si radieux.

Une cause matérielle, visible, palpable faisait bien mieux son affaire ; — sur cette cause, au moins, il pouvait se venger.

Des placards contenant à peu près les mêmes accusations avaient été affichés.

Le même jour, des rassemblements eurent lieu autour des placards ; puis on se porta aux barrières.

De pauvres malheureux furent assommés à coup de bâton, assassinés à coups de couteau, déchirés par les ongles des femmes et les dents des chiens.

On montrait du doigt un homme, on le poursuivait; — atteint, l'homme était mort!

Je vis de loin une de ces terribles exécutions.

La foule se ruait vers la barrière; on comptait les têtes par milliers; chacun était une vague de cet océan irrité; grand nombre de garçons bouchers avec leur tabliers tachés de sang étaient mêlés à l'effroyable marée : chaque tablier, au milieu de tous ces flots, semblait une vague d'écume.

Paris menaçait de devenir mieux qu'un grand charnier : il menaçait de devenir un immense abattoir.

Le préfet fut forcé de se rétracter et de reconnaître qu'un assassin, un meurtrier, un empoisonneur qui échappait à toutes les recherches avait rompu son ban, et se cachait dans Paris.

Cet assassin, ce meurtrier, cet empoisonneur, c'était le choléra !

Oh! qui a vu Paris à cette époque ne l'oubliera jamais, avec son ciel implacablement bleu, son soleil railleur, ses promenades désertes, ses boulevards solitaires, ses rues sillonnées par des corbillards, et hantés par des fantômes.

Les salles de spectacle semblaient d'immenses tombeaux. Harel fit mettre cette réclame dans les journaux pendant les représentations de *Dix Ans de la vie d'une femme* :

« On a remarqué avec étonnement que les salles de spectacle étaient les seuls endroits publics où, quel que fût le nombre des spectateurs, aucun cas de choléra ne s'était encore manifesté. Nous livrons ce fait INCONTESTABLE à l'investigation de la science. »

Pauvre Harel! il avait encore de l'esprit quand personne non-seulement n'en avait plus, mais ne songeait même plus à en avoir!

A ce moment, les journaux accusaient jusqu'à sept ou huit cents morts par jour!

Chose étrange! les autres maladies semblaient avoir disparu; elles s'arrêtaient stupéfaites; la mort n'avait plus qu'une manière de frapper.

On quittait un ami le soir; on lui serrait la main en lui disant : « Au revoir! » Le lendemain, une voix qui venait on ne savait d'où, de l'abîme, murmurait à votre oreille :

— Tu sais bien, un tel?
— Oui... Eh bien?
— Il est mort!

On avait dit *au revoir*, c'était *adieu* qu'à tout hasard il eût fallu dire.

Bientôt les bières manquèrent; dans ce terrible *steeple-chase* entre la mort et les faiseurs de cercueils, les faiseurs de cercueils furent distancés.

On entassa les cadavres dans des tapissières; on en roulait dix, quinze, vingt à l'église. Les parents suivaient le char commun, ou ne le suivaient pas. Chacun savait le numéro de son mort, et pleurait ce numéro-là. On disait une messe collective; puis, la messe dite, on prenait le chemin du cimetière, on versait le contenu de la tapissière dans la fosse commune, et l'on recouvrait le tout d'un linceul de chaux.

Le 18 avril fut le point culminant de la première période. Le chiffre monta à près de mille!

A cette époque, je demeurais, comme je l'ai dit, rue Saint-Lazare, dans le square d'Orléans, et je voyais, de ma fenêtre, passer chaque jour cinquante ou soixante convois se rendant au cimetière Montmartre. Ce fut avec cette perspective devant les yeux que je fis une de mes comédies les plus gaies : *le Mari de la veuve*.

Voici comment la pièce fut faite.

Mademoiselle Dupont, l'excellente soubrette de la Comédie-Française, qui riait avec des lèvres si roses et de si blanches dents; mademoiselle Dupont, la Martine la plus effrontée que j'aie jamais vue, avait obtenu une représentation à bénéfice.

Je l'avais connue chez Firmin plutôt qu'au théâtre; elle n'avait jamais joué dans aucune de mes pièces.

Un matin, — c'était, autant que je puis me rappeler, la

veille même du 29 mars, jour où devait éclater le choléra, — elle se présenta chez moi.

Tout était prêt pour sa représentation à bénéfice ; elle venait seulement me demander pour elle une scène épisodique.

Nous étions au samedi, je crois ; la représentation devait avoir lieu le mardi ou le mercredi suivant. Il n'y avait pas de temps à perdre.

Je suis stupide à l'endroit des choses d'à-propos ; et cependant, comment refuser à la charmante soubrette une demande de si peu d'importance ?

— Remettez la représentation à samedi, lui dis-je, et, au lieu d'une scène, je vous ferai une comédie en un acte.

— Vous y engagez-vous ?

— D'honneur !

— Je vais voir si c'est possible, et, dans une heure, je suis ici.

Vingt minutes après, je recevais de mademoiselle Dupont un billet qui m'annonçait qu'elle avait obtenu un sursis de douze jours, et qui m'invitait à faire dans la pièce un rôle pour mademoiselle Mars.

J'étais à peu près brouillé avec mademoiselle Mars, depuis *Antony*, et elle n'était pas fâchée de se raccommoder avec moi.

J'avais un ami, homme d'infiniment d'esprit, chef ou sous-chef de bureau au ministère de l'intérieur ; — cet ami s'est même fait un nom depuis dans l'administration. Il s'appelait et, par bonheur, s'appelle encore Eugène Durieu.

Deux ou trois fois, depuis un an, je l'avais rencontré, et, chaque fois, il m'avait raconté quelque sujet de pièce, tantôt en un acte, tantôt en deux actes, tantôt en trois actes. Jamais, cependant, je ne sais pourquoi, nous n'avions rien arrêté.

Je lui écrivis ; il accourut.

— Passons la revue de vos sujets, lui dis-je ; j'ai besoin d'une pièce en un acte pour la représentation à bénéfice de mademoiselle Dupont.

— Êtes-vous fou ? elle est affichée pour mardi prochain !

— Elle est retardée de huit jours.

— Et vous croyez que, d'ici là, la pièce pourra être écrite, lue, distribuée, apprise et jouée ?

— J'en fais mon affaire.

— Bon !

— Un jour pour écrire la pièce, un jour pour la recopier, un jour pour la lire ; il restera encore sept jours pour les répétitions ; c'est du luxe !

Eugène Durieu reconnut la justesse du calcul, et me vida son sac.

Nous nous arrêtâmes au sujet du *Mari de la veuve* ; mais le plan était loin d'être fait.

— Écoutez ! dis-je à Durieu, il est midi ; j'ai affaire jusqu'à cinq heures. Anicet Bourgeois désire avoir ses entrées au Théâtre-Français ; pourquoi ? je n'en sais rien : un caprice ! Allez le trouver de ma part ; débrouillez avec lui le scénario ; revenez ensemble à quatre heures et demie, nous dînerons. Dans la soirée, nous ferons le numérotage des scènes ; je pourrai me mettre à la pièce cette nuit ou demain matin, et, en tout cas, à quelque heure que je m'y mette, vingt-quatre heures après celle où je m'y serai mis, elle sera finie.

Durieu partit tout courant. Je rentrai à cinq heures, comme j'avais dit, et trouvai mes deux collaborateurs à la besogne. Le terrain n'était pas encore déblayé : je vins à la rescousse.

Ils me quittèrent à minuit, me laissant un numérotage de scènes à peu près complet.

Le lendemain, ainsi que je m'y étais engagé, je me mis à l'œuvre.

J'en étais à ma troisième ou quatrième scène, quand la femme de chambre entra tout effarée, et pâle comme une morte.

— Ah ! monsieur ! monsieur ! monsieur ! dit-elle.

— Eh bien, qu'y a-t-il, Catherine ?

— Ah ! monsieur, il y a... Mon Dieu ! mon Dieu !

— Après ?

— Il y a que le choléra... Ah ! monsieur, j'ai des crampes !

— Le choléra est à Paris ?

— Oui, monsieur, il y est, le gredin !

— Diable ! Et c'est sûr, ce que vous me dites là ?

— Un homme vient de mourir, rue Chauchat, monsieur. Il n'y a qu'un quart d'heure qu'il est mort, et il est déjà noir comme un nègre !

— Comment l'a-t-on traité ?

— Par les frictions, monsieur ; mais rien n'y a fait... Noir, monsieur ! tout noir !

— On l'aura peut-être frotté avec une brosse à cirage

— Oh ! monsieur, pouvez-vous plaisanter !... Rue Chauchat, monsieur ! rue Chauchat !

En effet, la rue Chauchat est voisine de la rue Saint-Lazare. Qui empêchait le choléra, en sortant de la rue Chauchat, de passer par la rue Saint-Lazare, et, en passant par la rue Saint-Lazare, de frapper à ma porte ?

— Si le choléra sonne, n'ouvrez pas, Catherine ! repris-je ; je vais aller voir ce qui se passe.

Je pris mon chapeau, et sortis.

C'est alors que je vis se dérouler sous mes yeux le spectacle de terreur que j'ai essayé de peindre.

Je rentrai, assez mal disposé, je l'avoue, à faire de la comédie, et j'écrivis à mademoiselle Dupont :

« Ma belle Martine,

» Je présume qu'en arrêtant le jour de votre représentation, vous aviez compté sans le choléra.

» Il vient d'arriver de Londres, et a débuté, il y a deux heures, rue Chauchat.

» Son début fait un tel bruit, qu'il nuirait, j'en ai peur, à votre recette.

» Que dois-je faire à l'endroit de la comédie en un acte ?

» A vous, quand même.

» ALEX. DUMAS. »

On trouva mademoiselle Dupont chez elle, et, par le messager qui avait porté ma lettre, je reçus la réponse suivante :

« Mon cher Dumas,

» Il y a si longtemps que ma représentation traîne, que je veux en finir d'une façon ou de l'autre.

» Faites donc toujours la pièce, je vous en supplie; elle ira quand elle ira.

» Toute à vous.

» DUPONT. »

Je me remis donc au *Mari de la veuve*.

Comme je l'avais promis, la pièce fut faite en vingt-quatre heures.

Le rôle principal plut à mademoiselle Mars, qui l'accepta.

Sa présence dans une pièce était une garantie de rapidité.

En effet, nous avons déjà dit quelle était la probité de mademoiselle Mars à l'endroit du théâtre et des auteurs. Elle vint exactement aux répétitions, malgré le choléra, et me fit enrager pour une pièce en un acte comme elle eût pu le faire pour une pièce en cinq actes. Chaque jour, elle trouvait quelque chose à corriger; j'emportais la pièce, et je faisais la correction chez moi.

Voilà comment *le Mari de la veuve* fut fait, avec cette perspective funèbre dont je vous parlais tout à l'heure.

La pièce, d'ailleurs, était adorablement montée : les cinq rôles qu'elle comporte étaient remplis par mademoiselle Mars, Monrose, Anaïs, Menjaud et mademoiselle Dupont.

Au jour dit, la pièce passa. Le choléra nous avait fait une rude concurrence; il n'y avait pas cinq cents personnes dans la salle.

La pièce eut un succès médiocre, et attrapa même un coup de sifflet.

Menjaud, après avoir reçu une averse, rentrait, en se secouant, au château.

« — Quel temps! disait-il, me voilà trempé comme du vin de collége! »

Un spectateur siffla; un maître de pension, sans doute.

Le mot, au reste, n'était pas de moi; je l'avais entendu dire à Soulié quelques jours auparavant, et je l'avais utilisé, le trouvant drôle.

Ce me fut une nouvelle preuve de cette vérité, que ce qui s'encadre admirablement dans l'esprit de l'un jure dans celui de l'autre.

Je cherche dans tous les journaux le compte rendu de la représentation, et je n'en trouve de trace que dans l'*Annuaire historique* de Lesur, et dans la *Gazette de France*.

Mes lecteurs me permettront de mettre sous leurs yeux cette double appréciation que la critique fait de l'ouvrage; elle est courte et sincère. Voici celle de Lesur :

« THÉATRE-FRANÇAIS. — Représentation au bénéfice de mademoiselle Dupuis... »

D'abord, Lesur se trompe : c'est *de mademoiselle Dupont* qu'il eût fallu dire.

« *Le Mari de la veuve*, comédie en un acte en prose, par M***.

» Jamais, peut-être, salle de spectacle n'offrit un aspect plus triste et une assemblée moins nombreuse un jour de représentation à bénéfice. Le choléra avait envahi Paris; la ville était en proie à la terreur, l'émeute courait les rues, le rappel battait à l'heure de l'ouverture des bureaux. Il n'y eut donc, ce soir-là, que très-peu de spectateurs assez hardis pour aller respirer le camphre et le chlore dans la solitude du Théâtre-Français, et juger par eux-mêmes du mérite de la pièce nouvelle. Sous ce rapport, les absents n'ont guère perdu.

» Quelques détails agréables, quelques mots spirituels et le talent de mademoiselle Mars doivent soutenir ce léger ouvrage pendant *une dizaine de représentations*.

» L'auteur, qui, sans doute, ne s'aveuglait pas sur l'importance de sa pièce, a gardé l'anonyme. »

Et d'un! — Passons à la *Gazette de France*.

« On a donné dernièrement une petite comédie : *le Mari de la veuve*, de M. Alexandre Dumas, laquelle, quoique écrite avec assez de rapidité et de naturel dans le dialogue, n'offre que fort peu de bon sens dans l'intrigue et de vérité dans les caractères; mais cette pièce est si agréablement jouée par Monrose, Menjaud, mademoiselle Mars et mademoiselle Dupont, qu'elle devient fort amusante, et fait beaucoup rire ceux qui ont l'esprit de se moquer des quolibets et de l'indifférence silencieuse des petits journaux contre le Théâtre-Français, et d'aller plus souvent à ce théâtre qu'à *Atar-Gull* ou à *Madame Gibou*.

La pièce a aujourd'hui plus de trois cents représentations.

CCXXXIV

Mon régime contre le choléra. — Je suis atteint par l'épidémie. — J'invente l'éthérisation. — Harel vient me proposer *la Tour de Nesle*. — Le manuscrit de Verteuil. — Janin et la tirade des *grandes dames*. — Première idée de la *scène de la prison*. — Mes conditions avec Harel. — Avantages faits par moi à M. Gaillardet. — Le spectateur de l'Odéon. — Les auteurs connus et les auteurs inconnus. — Ma première lettre à M. Gaillardet.

Le choléra allait son train; mais on en était arrivé à s'habituer au choléra.

En France, on s'habitue à tout, — hélas!

On avait même dit que la meilleure manière de combattre le choléra, c'était de n'y point penser, de vivre comme d'habitude, si l'on pouvait.

Ce régime m'allait très-bien à l'époque dont il est question. J'écrivais *Gaule et France*, ouvrage qui me fatiguait beaucoup comme recherches; de sorte que je n'étais pas fâché d'oublier un peu, le soir, mon travail du matin.

Il en résultait que, chaque soir, j'avais quelques amis : Fourcade, Collin, Boulanger, Liszt, Châtillon, Hugo parfois, Delanoue presque toujours. — On causait, on parlait art; parfois on décidait Hugo à dire des vers; Liszt, qui jamais ne se faisait prier un seul instant, frappait de toutes ses forces sur un mauvais piano qu'il injuriait tout en le mettant en cannelle, et la soirée s'écoulait sans qu'on pensât plus au choléra que s'il eût été à Pétersbourg, à Bénarès ou à Pékin.

D'ailleurs, on avait fait le calcul que, cinq cents trépassés par jour sur un million d'hommes, ce n'était pas tout à fait un mort par mille vivants, et l'on avait, à tout prendre, bien plus de chances d'être un des mille vivants que d'être le mort.

Ce calcul, comme on le voit, était on ne peut plus rassurant.

Au milieu de tout cela, Harel, qui était en froid avec Hugo, venait de temps en temps me tourmenter pour lui faire une pièce. Il prétendait que le moment était on ne peut plus favorable, qu'il n'y avait de succès nulle part, et que le premier qui aurait un succès, en pareille circonstance, l'aurait de cent représentations.

Quant au choléra, il le traitait de mythe, l'assimilait aux fantômes de Sémiramis et d'Hamlet, et avait mis un morceau de papier dans sa tabatière pour ne point oublier qu'il était à Paris.

L'objet pour lequel il me poursuivait avec cet acharnement était un drame intitulé *la Tour de Nesle*, dans lequel il y avait, disait-il, une idée à révolutionner tout Paris.

Je repoussais le tentateur avec énergie en lui disant que le même sujet m'avait déjà été proposé deux fois : une par Roger de Beauvoir, auteur de *l'Écolier de Cluny*; l'autre par Fourcade, qui, à cette époque, voulait faire de la littérature.

Henri Fourcade était le frère de ce Fourcade, mon vieil ami, dont j'ai déjà parlé à propos de mes premières amours à Villers-Cotterets; qui, on se le rappelle, dansait si bien, et — luxe dont j'avais été étourdi — avait dans sa poche, en allant au bal, une paire de gants de rechange.

Un soir donc que nous venions de rire, de causer, de dire

des vers, de faire de la musique et de souper, comme j'allais reconduire mes amis, et que je les éclairais du haut de mon palier, je me sentis pris d'un léger tremblement dans les jambes; je n'y fis point attention, je m'appuyai sur la rampe, moitié pour éclairer ceux qui descendaient, moitié pour me soutenir moi-même, et leur criai un sonore et franc *Au revoir!*

Puis, le bruit des pas s'étant éteint dans la cour, je me retournai pour rentrer.

— Oh! monsieur, me dit Catherine, comme vous êtes pâle!

— Bah! vraiment, Catherine? fis-je en riant.

— Que monsieur se regarde dans une glace, et il verra.

Je suivis le conseil de Catherine, je me regardai dans une glace.

J'étais fort pâle, en effet.

En même temps, je me sentis pris d'un frisson qui, peu à peu, tournait au grelottement.

— C'est drôle, dis-je, j'ai froid.

— Ah! monsieur, s'écria Catherine, c'est comme cela que ça commence.

— Quoi, Catherine?

— Le choléra, monsieur.

— Vous croyez donc que j'ai le choléra, Catherine?

— Oh! pour sûr, monsieur... Ha!

— Alors, Catherine, ne perdons pas de temps : un morceau de sucre trempé dans l'éther, et le médecin!

Catherine sortit, se heurtant à tous les meubles, et criant :

— Oh! mon Dieu! mon Dieu! monsieur qui a le choléra!

Pendant ce temps, comme je sentais que les forces me manquaient rapidement, je m'approchai de mon lit, je me dévêtis aussi vite que possible, et je me couchai.

Je grelottais de plus en plus.

Catherine rentra; la pauvre fille avait à peu près perdu la tête ; au lieu de m'apporter un morceau de sucre trempé dans l'éther, elle m'apportait un verre à malaga plein d'éther.

Quand je dis plein, par bonheur la main lui avait tremblé, et le verre n'était plus qu'aux deux tiers.

Elle me le présenta.

A plus juste titre qu'elle, je ne savais guère, de mon côté, ce que je faisais; ne me souvenant plus de ce que je lui avais demandé, ignorant le contenu du verre qu'elle me présentait, je le portai à mes lèvres, et j'avalai d'un seul trait la valeur d'une once d'éther.

Il me sembla que j'avalais l'épée de l'ange exterminateur!

Je poussai un soupir, fermai les yeux, et tombai la tête sur l'oreiller. Jamais chloroforme n'avait produit un effet plus rapide. A partir de ce moment, et pendant les deux heures que dura mon évanouissement, je n'eus plus conscience de rien; seulement, quand je rouvris les yeux, j'étais dans un bain de vapeur qu'à l'aide d'un conduit, mon médecin m'administrait sous mes couvertures, tandis qu'une bonne voisine me frottait, par-dessus les draps, avec une bassinoire pleine de braise.

Je ne sais pas ce qu'il adviendra de moi en enfer, mais je n'y serai jamais plus près d'être rôti que je ne le fus cette nuit-là.

Je passai cinq ou six jours sans pouvoir mettre le pied hors de mon lit; j'étais littéralement roué.

Tous les jours, on me remettait la carte d'Harel; seulement, à lui comme aux autres, on répondait que je ne recevais pas.

Lorsque je rouvris ma porte, la première chose que j'aperçus par l'entre-bâillement, ce fut sa souriante et spirituelle figure.

— Et le choléra, lui demandai-je, y croyez-vous?

— Il est parti!

— Vous en êtes sûr?

— Il ne faisait pas ses frais... Ah! mon ami, le bon moment pour lancer un drame!

— Vous croyez?

— Il va y avoir une réaction en faveur des théâtres; d'ailleurs, vous avez vu ce que j'ai fait mettre dans les journaux?

— Oui, à l'endroit des salles de spectacle, où aucun cas de

choléra n'a jamais été constaté... Mon cher Harel, vous êtes l'homme le plus spirituel du XIXe siècle !

— Eh! non!

— Pourquoi cela?

— Vous le voyez bien, puisque je ne puis pas vous déterminer à me faire une pièce.

— En conscience, suis-je en état?

— Vous?...

Il haussa les épaules.

— J'ai une fièvre de tous les diables.

— Elle vous tiendra lieu d'inspiration.

— Mais, enfin, voyons, qu'est-ce que c'est que votre pièce?

— Eh bien, je vais vous dire la vérité.

— Vrai?

— Parole d'honneur.

— Harel! Harel! Harel!

— Que vous êtes bête!

— Vous voyez bien que je ne vous le fais pas dire.

— Mais si, vous me le faites dire; et c'est ce qui prouve votre esprit, puisque vous me rendez stupide.

— Voyons, trêve de marivaudage! Nous disons...?

— Nous disons qu'un jeune homme de Tonnerre, nommé Frédéric Gaillardet, m'a apporté un manuscrit où il y a une idée; mais il n'a jamais fait de théâtre : ce n'est point écrit, dramatiquement parlant. Je n'en ai pas moins traité avec lui; j'avais mon projet.

— Voyons votre projet.

— Depuis longtemps, Janin a envie de faire du drame.

— Bon!

— J'ai dit : « Voilà l'occasion toute trouvée! » Je lui ai porté le manuscrit de mon jeune auteur.

— Après?

— Il l'a lu.

— Eh bien?

— Il a reconnu comme moi qu'il y avait un drame.

— Et ce drame?...

— Il l'a cherché pendant six semaines, et ne l'a point trouvé.

— Alors, il n'a rien ajouté au manuscrit primitif?

— Si fait, il l'a récrit.

— Ensuite?

— C'est mieux écrit, mais ce n'est pas plus jouable.

— De sorte que voilà déjà deux auteurs?

— Ne vous inquiétez pas de Janin.

— Pourquoi cela?

— Parce que, ce matin, manuscrit à lui, manuscrit à M. Gaillardet, il a tout pris à brassée, et a tout jeté sur le canapé de Georges en me disant : « Allez au diable, vous et votre drame! »

— Alors, vous êtes venu à moi; merci!

— Qu'est-ce que cela vous fait, mon ami? Lisez cela.

— Mais je vous dis que je suis très-faible, que je ne puis pas même lire.

— Je vous enverrai Verteuil; il vous lira la pièce : il lit très-bien.

— Et je n'aurai pas de désagrément avec votre jeune homme?

— Un mouton, mon cher!

— Je comprends, et vous voulez le tondre?

— Il n'y a pas moyen de parler sérieusement avec vous.

— Envoyez-moi Verteuil.

— Quand?

— Quand vous voudrez.

— Dans une heure, il sera ici.

— Eh bien, vous vous en allez?

— Je n'ai garde de rester.

— Pourquoi cela?

— Vous n'auriez qu'à vous dédire.

— Oh! je ne m'engage à rien.

— C'est inutile, puisque vous vous êtes engagé.

— A quoi?

— A me livrer la pièce faite dans quinze jours.

— Harel!

— Soignez le rôle de Georges.
— Harel!
— Adieu.

Harel était parti.

— Ah! l'animal! murmurai-je en retombant sur mon oreiller, il me donnera une rechute.

Une heure après, comme l'avait dit Harel, Verteuil était à la maison.

Il croyait me trouver levé et convalescent; il me trouva au lit, brûlé de fièvre, et maigri de vingt-cinq livres.

Je lui fis peur.

— Oh! me dit-il, vous n'allez pas travailler dans cet état?

— Que diable voulez-vous, mon cher! puisque Harel l'exige!

— Non, je remporte le manuscrit, et je dis à mademoiselle Georges que c'est impossible, à moins de vous tuer.

— Y a-t-il quelque chose dans ce manuscrit?

— Sans doute, il y a quelque chose; mais...

— Mais quoi?

— Dame! vous verrez... Je n'ose pas dire.

— Alors, laissez-moi cela; je le lirai.

— Quand?

— A mon loisir. Est-ce bien écrit, au moins?

— C'est recopié par moi?

— Bon!

— Je ne vous ai apporté que la copie du manuscrit de Janin, pour que vous perdiez le moins de temps possible.

— Y a-t-il une grande différence entre les deux manuscrits?

— Comment l'entendez-vous?

— Au fond.

— C'est la même chose, à part une ou deux tirades ajoutées par Janin.

— Et dans la forme?

— Dame! il y a le style, vous savez, c'est pimpant, brillant, cassant.

— Je verrai cela.

— Quand voulez-vous que je revienne?
— Revenez demain.
— A quelle heure?
— Vers midi.
— A demain midi; reposez-vous d'ici là.
— Je tâcherai... Adieu.
— Adieu.
Il me donna la main.
— Prenez garde! vous avez une fièvre de cheval.
— C'est bien là-dessus que je compte. Mille tendresses à Georges; qu'elle soit tranquille : s'il y a un rôle pour elle, il faudra bien qu'il vienne ou qu'il dise pourquoi.
— Vous n'avez pas autre chose à lui faire dire?
— Que je l'aime de tout mon cœur, c'est tout.

Et Verteuil sortit, me laissant seul avec la fièvre et la copie du manuscrit de Janin.

Encore une fois, je le répète, — et ces quelques lignes, c'est à M. Frédéric Gaillardet que je les adresse, — Dieu me garde, après vingt et un ans écoulés, d'avoir l'apparence d'une intention hostile pour un homme qui m'a fait l'honneur de risquer sa vie contre la mienne, et d'échanger avec moi un coup de pistolet; mais je dois, selon ma franchise accoutumée, raconter les choses comme elles se sont passées, bien certain que, s'il le fallait, aujourd'hui encore, les souvenirs de Bocage, de Georges, de Janin, de Verteuil seraient d'accord avec les miens.

Cette déclaration faite, je reprends mon récit.

Resté seul, je commençai la lecture du manuscrit.

La pièce débutait par le second tableau, c'est-à-dire par le monologue d'Orsini. — Au reste, à peu de chose près, ce second tableau, alors le premier, resta ce qu'il était.

Il n'y avait, comme me l'avait dit Verteuil, et comme je le reconnus plus tard moi-même, entre le manuscrit de M. Gaillardet et celui de Janin d'autre différence que le style. Janin, on le sait, sous ce rapport, est un maître devant lequel les petits s'inclinent, et que les grands saluent.

Cependant, une tirade entière, la plus brillante peut-être

de tout le drame, appartenait à Janin : c'était celle des *grandes dames*.

Le premier défaut qui me frappa dans l'ouvrage, moi homme de théâtre, c'est que, la pièce commençant au second tableau, aucun des personnages n'était connu, aucun des caractères ne se trouvait exposé ; de sorte que, tout en lisant ce tableau, c'est-à-dire celui de la tour, le tableau de la taverne commença de m'apparaître comme dans un nuage.

Je ne m'y arrêtai point : ce n'était pas le moment. Je commençai le second ; mais je proteste que je n'allai pas plus loin que la huitième ou dixième page. Le drame déviait complétement de la route qu'à mon avis il devait suivre.

Ce qui ressortit pour moi comme l'essence du drame, ce fut la lutte entre Buridan et Marguerite de Bourgogne, entre un aventurier et une reine, l'un armé de toutes les ressources de son génie, l'autre de toutes les puissances de son rang.

Il allait sans dire que le génie devait naturellement triompher de la puissance.

Ensuite, j'avais depuis longtemps en tête une idée qui me semblait des plus dramatiques ; je voulais arriver à mettre cette situation sous les yeux du public :

Un homme arrêté, condamné, couché, sans ressource et sans espérance, au fond d'un cachot ; un homme qui sera perdu si son ennemi a le courage de ne pas venir jouir de son abaissement, et de le faire empoisonner, étrangler ou poignarder dans son coin, cet homme sera sauvé si cet ennemi cède au désir de venir l'insulter une dernière fois ; car, avec la parole, seule arme qui lui reste, il l'épouvantera à ce point que son ennemi déliera peu à peu les chaînes de ses bras et le carcan de son cou, lui ouvrira la porte qu'avec tant de soin il avait fait fermer sur lui, et l'emmènera en triomphe, lui qui, s'il sortait jamais de ce sépulcre anticipé, semblait n'en devoir sortir que pour monter sur l'échafaud.

La lutte entre Marguerite de Bourgogne et Buridan me donnait cette situation. Je ne la laissai point échapper, comme on le comprend bien. C'est ce qu'on appela depuis la *scène de la prison*.

Cela trouvé, je ne m'inquiétai plus du reste. J'écrivis à Harel que j'étais tout à lui pour *la Tour de Nesle*, et le priai de venir me trouver afin de régler les conditions auxquelles ce nouveau drame serait fait.

Il faut que j'explique au public ce que j'entendais par régler les conditions.

Je désirais, puisque Janin se retirait loyalement — plus que loyalement, généreusement, — de la collaboration, je désirais que M. Gaillardet, qui avait un instant abandonné sa moitié à Janin, rentrât dans sa moitié.

Voici quels étaient à cette époque, à moins de traité particulier, les droits d'auteur au théâtre de la Porte-Saint-Martin, auquel le drame de M. Gaillardet était destiné : quarante-huit francs de droits d'auteur, et vingt-quatre francs de billets par soirée.

Vingt-quatre francs de droits et douze francs de billets avaient, en conséquence, été concédés à Janin.

Janin, nous l'avons dit, rendait sa part; je désirais que cette part fît retour à M. Gaillardet, et que mon droit, à moi, fût établi en dehors, et comme si j'étais complétement étranger à l'ouvrage.

Je mettais aussi, comme condition *sine quâ non*, de ne pas me nommer.

Il avait été convenu, dans le traité avec Janin, que Janin se nommerait.

Harel ne fit aucune difficulté de m'accorder ce traité à part ; c'était celui de *Christine* : dix pour cent sur la recette, et trente-six ou quarante francs de billets, je crois.

Il n'y avait rien à dire, puisque le droit était proportionnel ; — faisait-on de l'argent, j'en gagnais; n'en faisait-on pas, je ne pesais sur la recette que dans de légères proportions.

Or, remarquez bien que, à cette époque de choléra, les grandes recettes étaient de deux ou trois cents francs. L'Odéon joua une fois pour un spectateur qui refusa de reprendre son argent, exigea que l'on jouât pour lui, et siffla. Mais, en sifflant, le malheureux avait donné une arme contre lui : le directeur fit venir un commissaire de police, qui, sous prétexte que le siffleur troublait la représentation, le mit à la porte.

Harel, dis-je, ne fit aucune difficulté pour le traité à part; mais il n'en fut pas de même pour l'incognito que je désirais garder : ce fut une véritable lutte que je dus soutenir, et dans laquelle il déploya le luxe éblouissant de son esprit, l'arsenal foudroyant de ses paradoxes.

Je résistai; Harel se retira vaincu.

Il était décidé et signé que j'avais mon traité à part, que je ne me nommerais pas, et que M. Gaillardet, nommé seul le soir de la première représentation et sur l'affiche, toucherait seul la totalité des droits accordés au théâtre de la Porte-Saint-Martin, à l'époque où M. Gaillardet avait signé son traité; seulement, je me réservais de mettre le drame à mon nom dans mes œuvres complètes.

A partir de ce moment, Verteuil ne me quitta plus. Tous les matins, il venait, et, tant dicté qu'écrit de ma main, tous les soirs, il emportait un tableau.

Après le tableau de la prison, Harel accourut. C'était un chef-d'œuvre qui devait faire pâlir le succès d'*Henri III*. Je ris.

Je devais absolument me nommer; il était impossible que je ne me nommasse pas.

Je me fâchai. Harel s'en alla désespéré.

Les directeurs avaient alors une singulière idée dont ils sont bien revenus depuis : c'est qu'ils faisaient plus d'argent, à mérite égal, avec un nom connu qu'avec un nom inconnu. Je crois qu'ils se trompaient. Plus le nom est connu, plus il soulève de sentiments envieux de la part de la critique; plus il est inconnu, plus la critique l'entoure de bienveillance. La critique, qui ne fait pas d'enfants, ne choie et ne caresse que les orphelins qu'elle peut adopter; mais elle se détourne, irritée et grondeuse, de ceux qui se présentent portés sur les épaules d'un père vigoureux.

Aujourd'hui, les directeurs sont tombés dans l'abus contraire. On a cherché dans les recueils de proverbes toutes les pièces qui n'étaient pas des pièces, — toutes les comédies qui n'étaient pas des comédies, — tous les drames qui n'étaient pas des drames, — et on les a joués avec plus ou moins de succès.

Cet essai a eu pour but de prouver, je le crois du moins, que l'art dramatique est un art à part; art rare et difficile, — puisque la Grèce ne nous a légué qu'Eschyle, Euripide, Sophocle et Aristophane; Rome, que Plaute, Térence et Senèque; l'Angleterre, que Shakspeare et Sheridan; l'Italie, que Machiavel et Alfieri; l'Espagne, que Lope de Vega, Calderon, Alarcon et Tirso de Molina; l'Allemagne, que Goethe et Schiller; la France, que Corneille, Rotrou, Molière, Racine, Voltaire et Beaumarchais; c'est-à-dire vingt-trois noms nageant sur un océan de vingt-trois siècles!

En réalité, voici, à mon avis, ce qui arrive :

Il se fait plus de bruit autour de l'ouvrage d'un homme connu; on attend et l'on accueille l'apparition de cet ouvrage avec une curiosité plus grande; mais aussi l'exigence des spectateurs monte à la mesure de la réputation : on se lasse d'entendre appeler un homme *l'Heureux*; comme les Athéniens se lassaient d'entendre appeler Aristide *le Juste;* et la réaction s'opère avec une âpreté d'autant plus rigoureuse que la faveur a été plus grande. Enfin, l'homme qui tombe, s'il est inconnu, ne tombe que de la hauteur de la pièce par laquelle il débute; l'homme connu qui tombe, au contraire, tombe de la hauteur de tous ses succès passés.

J'ai éprouvé la chose pour mon compte : — à trois époques de ma vie, la réaction m'a ébranlé, au point que, pour rester où j'en étais, il m'a fallu faire des efforts plus grands que ceux que j'avais faits pour y monter. Nous ne sommes pas loin de la première de ces époques, et je raconterai cette phase de ma vie avec la même simplicité que je raconte le reste.

Après neuf jours de travail qui devait retarder ma convalescence de plus d'un mois, Verteuil emportait les deux derniers tableaux du drame avec cette lettre pour Harel :

« Cher ami,

» Ne vous inquiétez point de ces deux derniers tableaux.

Ils sont faibles, cela se conçoit : arrivé au bout, la force m'a manqué. Regardez-les comme non avenus, puisqu'ils sont à refaire.

» Mais donnez-moi deux ou trois jours de repos, et soyez tranquille. Je commence à être de votre avis : il y a un énorme succès dans l'ouvrage.

» Tout à vous,

» ALEX. DUMAS. »

Après le quatrième acte, le plus faible de tout l'ouvrage, Harel m'avait écrit :

« Mon cher Dumas,

» J'ai reçu votre quatrième acte.

» Hum! hum! C'est un drôle de corps que votre roi Louis le Hutin! Mais, enfin, il y a de l'esprit à foison, et l'esprit fait tout passer.

» J'attends le cinquième acte.

» Tout à vous,

» HAREL. »

Le cinquième arrivait; seulement, le cinquième était bien autrement mauvais que le quatrième!

Aussi, Harel accourut-il un crêpe à son chapeau, et la tête couverte de cendres. Il était en deuil de son succès.

Tout ce que je pus dire ne le rassura point; il me fallut, le même soir, me remettre au travail.

Le surlendemain, les tableaux étaient refaits, et Harel était rassuré.

Le même jour, tenant à mettre, autant que possible, les procédés de mon côté, j'écrivis à M. Gaillardet :

« Monsieur.

» M. Harel, avec lequel je suis en relations continues d'affaires, est venu me prier de lui donner *quelques conseils*, pour un ouvrage *de vous* qu'il désire monter.

» J'ai saisi avec plaisir cette occasion de faire arriver au théâtre un jeune confrère que je n'ai pas l'honneur de connaître, mais que je désire bien sincèrement y voir réussir. J'ai aplani toutes les difficultés qui se seraient présentées à vous pour la mise en répétition d'un premier ouvrage, et *votre* pièce, telle qu'elle est maintenant, me paraît susceptible d'un succès.

» Je n'ai pas besoin de vous dire, monsieur, que vous en restez *seul* auteur, que mon nom *ne sera point prononcé*; c'est là une condition sans laquelle je reprendrais de l'ouvrage ce que j'ai été heureux d'y pouvoir ajouter.

» Si vous regardez ce que j'ai fait pour vous comme un service, permettez-moi de vous le *rendre*, et non de vous le *vendre*.

» ALEX. DUMAS. »

Et, en effet, à mon point de vue du moins, c'était bien un service *rendu*, puisque, quoique je me substituasse à Janin comme collaborateur, je ne prenais ni les droits d'auteur ni les droits de billets attachés à cette collaboration, et qui, dans le traité resté entre les mains d'Harel, et en vertu duquel Harel procédait, revenaient à Janin.

Harel avait-il le droit, du consentement de Janin, et sur la prière de Janin, de me substituer à Janin?

Je crois que oui, puisque ma substitution laissait le nom seul de M. Gaillardet sur l'affiche, et lui donnait quarante-huit francs de droits et douze francs de billets, au lieu de vingt-quatre francs de droits et six francs de billets.

M. Gaillardet y gagnait comme argent, puisqu'il recevait le double; M. Gaillardet y gagnait comme réputation, puisqu'il se nommait seul.

Il me reste à prouver que le traité Janin-Gaillardet et Harel était passé sous l'empire de l'ancien traité, accordant seulement quarante-huit francs de droits et douze francs de billets. La chose me sera facile avec deux dates.

Le traité Janin-Gaillardet et Harel avait été signé le 29 mars 1832, et le traité nouveau, qui régit encore aujourd'hui le théâtre de la Porte-Saint-Martin, n'a été signé entre M. Harel et la commission des auteurs, que le 11 avril suivant.

Je le répète, j'aurais voulu passer sous silence toute cette ridicule querelle de paternité; je vais être forcé de mettre sous les yeux du lecteur des détails qui ne l'intéressent que médiocrement, mais qu'il aurait, cependant, le droit de réclamer si je les passais sous silence.

J'écris l'histoire de l'art pendant la première moitié du XIX° siècle; — je parle de moi comme d'un étranger ; je mettrai les pièces sous les yeux de mon arbitre naturel, c'est-à-dire du public ; il jugera sur pièces, comme on dit au palais.

Je ne me donnerai pas raison, je ne donnerai pas tort à M. Gaillardet; j'écrirai pour raconter, et non pour prouver. *Ad narrandum, non ad probandum.*

CCXXXV

Réponse et protestation de M. Gaillardet. — Frédérick et le rôle de Buridan. — Transaction avec M. Gaillardet. — Première représentation de *la Tour de Nesle*. — La pièce et ses interprètes. — Le lendemain d'un succès. — M. ***. — Un *bon* procès en perspective. — Caprice de Georges. — Le directeur, l'auteur et le collaborateur.

Mon étonnement fut grand quand je reçus de M. Gaillardet une réponse qui, au lieu d'un remerciment, était une protestation.

M. Gaillardet m'écrivait que la pièce était à lui seul, lui appartenait en propre; qu'il n'avait jamais entendu et n'entendait jamais avoir de collaborateur.

J'avoue que les bras me tombèrent. La pièce, de l'avis de tout le monde, était injouable telle qu'elle était, et Janin y avait renoncé, reconnaissant tout haut qu'il ne savait qu'y faire pour la rendre meilleure.

Je courus chez Harel. Je ne lui avais pas demandé la communication du traité, et l'avais cru sur parole. Je l'accusai de m'avoir trompé.

Il tira alors le traité de son bureau, et me le fit lire.
Voici quel en était le texe:

« Entre MM. Gaillardet et Jules Janin d'une part ;
» Et M. Harel, directeur de la Porte-Saint-Martin, d'autre part ;
» Il a été convenu ce qui suit :
» MM. Gaillardet et Jules Janin remettent et cèdent à M. Harel, pour être joué sur le théâtre de la Porte-Saint-martin, un drame en cinq actes intitulé *la Tour de Nesle*.
» M. Harel reçoit l'ouvrage, et le fera représenter très-incessamment.
» Fait double à Paris, le 29 mars 1832.
» *Signé :* F. GAILLARDET, J. JANIN, HAREL. »

Puisque MM. Janin et Gaillardet *remettaient* et *cédaient* conjointement leur drame, c'est que M. Gaillardet avait un collaborateur, et que ce collaborateur s'appelait M. Janin.

Or, il avait toujours un collaborateur; seulement, ce collaborateur ne lui enlevait pas la moitié de ses droits, et ne s'appelait plus ni M. Janin ni autrement, puisqu'il n'était pas nommé.

Je ne puis croire que ce fût la personne de Janin qui fût regrettée par M. Gaillardet; car lui-même, ainsi qu'on le verra, écrivit plus tard que Janin lui avait été subrepticement imposé.

Harel n'eut point de peine à me convaincre qu'il était dans le droit de m'apporter le drame de M. Gaillardet, puisque le drame lui était *remis* et *cédé.*

Le drame n'eût point été refait par moi, et eût été à refaire, que je ne me fusse certes pas mis à l'œuvre; mais c'était chose faite en conscience et de bonne foi. Le salut du théâtre, ruiné par les émeutes et le choléra, reposait entièrement sur l'ouvrage. Je fus le premier d'avis qu'il fallait attendre l'arrivée de M. Gaillardet.

Depuis la livraison du premier tableau, d'ailleurs, la pièce était en répétition.

Or, dès les premières répétitions, un incident assez étrange s'était produit.

Les deux rôles principaux avaient été distribués à Georges et à Frédérick; mais, je l'ai dit, le choléra faisait rage.

Frédérick, qui était venu écouter la lecture du premier acte, et qui avait emporté le rôle, avait peur du choléra; il se tenait à la campagne, et, malgré les billets de répétition, ne donnait pas signe de vie.

Frédérick, homme d'un talent capricieux, violent, emporté, a naturellement dans le caractère de l'emportement, de la violence, du caprice.

C'est le Kean français.

Harel ne pouvait attendre ni la fin de la peur de Frédérick, ni la fin du choléra. Il songea à remplacer l'artiste qui s'obstinait à rester absent. Il jeta les yeux autour de lui.

Bocage était sans engagement: il traita avec Bocage.

Bocage prit son rôle, s'engagea à répéter envers et contre tous les choléras de la terre, rentra chez lui, et se mit à l'étude. Le lendemain, il arrivait au théâtre sans manuscrit : il savait son premier tableau.

Le bruit de ce qui s'était passé arriva à Frédérick; il accourut. Je n'ai jamais vu de désespoir pareil au sien.

Frédérick est un grand artiste, artiste de talent et de cœur; il était blessé à la fois dans son cœur et dans son talent. Il offrit jusqu'à cinq mille francs à Bocage pour que celui-ci lui rendît son rôle, Bocage s'y refusa, et le rôle resta à Bocage.

Ce fut alors une belle chose que votre douleur, Frédérick, et je ne l'oublierai jamais !

Les répétitions continuèrent avec Bocage et mademoiselle Georges.

Un jour, Harel, qui demeurait alors rue Bergère, m'envoya chercher.

M. Gaillardet venait d'arriver, et voici sous quelle impression ; — j'emprunte la chose à lui-même, tant je désire rester en dehors du débat:

« ...Je pars, et, avant de descendre chez moi, j'entre en habit de voyage chez M. Harel.

» — Je suis un homme ruiné! me dit-il. Je vous ai trompé, c'est vrai. Maintenant, qu'allez-vous faire?

» — Arrêter la pièce.

» — Vous n'y parviendrez pas; *j'en change le titre, et je la joue;* vous m'attaquez en contrefaçon, vol, plagiat, tout ce que vous voudrez. Vous obtiendrez douze cents francs de dommages-intérêts. Si vous laissez jouer, au contraire, vous gagnerez douze mille francs, etc., etc.

» Il disait vrai, car telle est d'ordinaire la protection que nos juges accordent à l'écrivain qu'on dépouille... »

Si je me le rappelle bien, ce fut sur ces entrefaites que j'arrivai. Les dispositions étaient violentes de part et d'autre; aussi l'explication fut-elle violente.

Nous faillîmes sortir de chez Harel pour aller chercher chacun nos témoins.

Harel intervint, nous calma, et amena M. Gaillardet à signer une transaction par laquelle nous nous reconnûmes de part et d'autre auteurs en commun de *la Tour de Nesle*. Nous nous réservions de la mettre chacun à notre nom seul dans nos œuvres complètes. La pièce devait être jouée et imprimée sous le nom seul de M. Gaillardet; mais Harel insista pour que son nom fût suivi d'étoiles.

Cet accord signé, les répétitions continuèrent sans encombre.

Au reste, au fur et à mesure qu'elle se débrouillait, la pièce prenait des proportions gigantesques, et je commençais à croire, comme Harel, que ce serait un grand succès.

Les rôles de Marguerite et de Buridan étaient bien réellement faits pour Georges et pour Bocage; tous deux y étaient magnifiques. — Lockroy, qui, par amitié pour moi, jouait le bout de rôle de Gaultier d'Aulnay, y était ravissant de jeunesse, d'amour et de poésie; Provost (dans Savoisy), Serres (dans Landry), Delafosse (dans Philippe d'Aulnay), complétaient l'ensemble.

Le jour de la représentation arriva : c'était le 29 mai 1832;

j'avais envoyé une loge à Odilon Barrot, en lui faisant dire que je dînerais chez lui, et me réservais une place dans sa loge.

Le dîner dura plus longtemps qu'on ne croyait ; madame Odilon Barrot, jeune et charmante femme alors, toujours femme d'esprit, et d'un esprit original, — chose rare chez les femmes, — était sur les épines. Le grand tribun ne se figurait pas que l'on pût, pour une première représentation, éprouver de pareilles impatiences.

Nous arrivâmes à la moitié du second tableau, juste pour entendre la tirade des *grandes dames*.

La salle était en ébullition. On sentait le grand succès ; il était dans l'air ; on le respirait.

La fin du second tableau fut d'un effet terrible. Buridan sautant par la fenêtre dans la Seine, Marguerite démasquant sa joue sanglante, et s'écriant : « Voir ton visage, et puis mourir, disais-tu ? Qu'il soit donc fait ainsi que tu désires... Regarde, et meurs ! » tout cela était d'un effet saisissant et terrible ! Et, quand, après cette orgie, — cette fuite, — cet assassinat, — ces rires éteints dans les gémissements, — cet homme précipité dans le fleuve, — cet amant d'une nuit assassiné sans pitié par sa royale maîtresse, — on entendit la voix insouciante et monotone de l'avertisseur de nuit qui criait : « Il est trois heures ; tout est tranquille : Parisiens, dormez ! » la salle éclata en applaudissements.

Le troisième tableau est mauvais, je puis le dire hardiment : il était presque entièrement de moi, et fait tout de *chic* ; cependant, il ne laissa pas languir l'intérêt ; le second en avait bourré les spectateurs pour un certain temps. — J'ai dit, on se le rappelle, qu'à part un remaniement de scène, le second était presque tout entier dans le manuscrit de M. Gaillardet.

La fin du troisième tableau, d'ailleurs, releva le commencement : la dernière scène était tout entière à Gaultier d'Aulnay venant demander à Marguerite de Bourgogne vengeance du meurtre de son frère, sans savoir que ce meurtre avait été commis par elle ; Lockroy y était magnifique de douleur.

Le quatrième tableau ne valait guère mieux que le troisième ; c'était celui où Buridan et Marguerite se rencontraient à la taverne d'Orsini, et où Marguerite déchirait dans les tablettes confiées à son amant la fameuse page qui constatait le meurtre. La scène principale était invraisemblable ; je l'avais recommencée trois ou quatre fois avant de la réussir. Ajoutons que je n'en ai jamais été content ; Georges, qui, de son côté, la sentait fausse, la jouait moins bien que les autres.

Au reste, le public était pris, et dans cette situation d'esprit où il accepte tout.

Le cinquième tableau était court, spirituel, nerveux et plein de surprises. L'arrestation et la sortie de Buridan firent le plus grand effet.

Enfin, arrivait le fameux acte de la prison.

Un jour, mon fils me demandait, — il n'avait pas encore fait de pièces à cette époque :

— Quels sont les premiers principes d'un drame?

— Que le premier acte soit clair, que le dernier soit court, et surtout pas de prison au troisième !

Quand je disais cela, j'étais ingrat : jamais je n'ai vu d'effet pareil à cet acte de la prison, merveilleusement joué, d'ailleurs, par les deux acteurs entre lesquels il se passe, et qui en portent tout le poids.

Serres (Landry) y fut charmant de verve naïve. Bocage, avec ses grands yeux siciliens, ses dents blanches comme des perles, sa barbe noire, était d'une beauté physique à laquelle j'ai vu atteindre un seul homme, peut-être : Mélingue, un des plus beaux acteurs que j'aie vus sous le costume.

Après le tableau de la prison, les autres pouvaient indifféremment être bons ou mauvais : le succès était décidé.

Ce n'était pas malheureux ! le septième tableau, avec le troisième, était le plus faible de l'ouvrage ; il se sauva par l'esprit, et parce que, au bout du compte, les spectateurs trouvèrent, comme Harel, que le roi Louis le Hutin était un *drôle de corps*.

Enfin, venait le cinquième acte, qui avait tant épouvanté Harel. Il était divisé en deux tableaux : le huitième, d'un comique terrible; le neuvième, qui pouvait, comme épouvante dramatique, être comparé au second. Quelque chose y rappelait la fatalité antique de Sophocle, mêlée à la terreur scénique de Shakspeare. Aussi le succès fut-il immense, et le nom de M. Frédéric Gaillardet proclamé au milieu des applaudissements.

Madame Odilon Barrot était ravie; elle s'était amusée comme une pensionnaire.

Odilon Barrot, peu familiarisé avec les théâtres de drame, était stupéfait que l'émotion pût être poussée jusque-là.

Il va sans dire que, comme pour *Richard Darlington*, Harel était venu me faire toute sorte d'offres si je consentais à me nommer.

J'avais refusé pour *Richard*, où rien ne m'engageait; je refusai bien autrement pour *la Tour de Nesle*, où j'étais à la fois retenu par une promesse d'honneur et par une promesse écrite.

Je rentrai chez moi, je le jure, sans un seul sentiment de regret. C'était, cependant, la première représentation d'une pièce qui devait tenir l'affiche près de huit cent fois!

Le lendemain, quelques-uns de mes amis qui connaissaient la part que j'avais prise à *la Tour de Nesle* vinrent pour me faire leurs compliments.

Au nombre de ces amis, était un de mes meilleurs, Pierre Collin.

— Tu sais ce qu'Harel a fait? me dit-il en entrant.

— Ce qu'il a fait?

— Sur l'affiche?

— Non.

— Au lieu de procéder, comme cela se fait en mathématiques, du connu à l'inconnu, il a procédé de l'inconnu au connu.

— Je ne comprends pas.

— Au lieu de mettre : « MM. Gaillardet et ***, » il a mis : « MM. *** et Gaillardet. »

— Ah! le malheureux! m'écriai-je, il va me faire une nouvelle querelle avec M. Gaillardet; et ce qu'il y a de pis, c'est que, cette fois-ci, M. Gaillardet aura raison.

Je pris mon chapeau et ma canne.

— Où vas-tu?

— Je vais chez Harel. Viens-tu avec moi?

— Il faut que j'aille à mon bureau.

— Alors, vite une voiture! je t'y jetterai en passant, à ton bureau.

Cinq minutes après, j'étais chez Harel.

— Ah! vous voilà! me dit-il; vous savez le tour que j'ai joué à Gaillardet?

— C'est parce que je viens de l'apprendre que j'accours... Comme vous avez eu tort, cher ami!

— Bon! en quoi? N'était-il pas convenu que les étoiles précéderaient le nom de M. Gaillardet? C'est un droit que vous avez: vous êtes de quatre ans plus ancien que lui au théâtre.

— Mais l'usage veut que les étoiles suivent le nom.

— L'usage est un sot, mon cher: ou nous le changerons, ou nous lui donnerons de l'esprit; nous en avons à nous deux assez pour cela, quand le diable y serait!

— Dites que vous en avez assez à vous tout seul.

— Ah! vous me trahissez? vous passez contre moi?

— Non pas, je reste neutre; seulement, si M. Gaillardet en appelle à mon témoignage, je serai forcé de dire la vérité.

— Mon cher, nous avons un grand succès; avec un peu de scandale, nous aurons un succès immense... Si M. Gaillardet réclame, notre scandale est tout trouvé. — Il aura fait quelque chose à la pièce, au moins.

— Harel!

— Ah! vous êtes charmant! vous croyez qu'il vous suffit de faire des chefs-d'œuvre, et de dire: « Je n'en suis pas. » Eh bien, que cela vous convienne ou non, tout Paris saura que vous en êtes.

— Allez-vous-en au diable! je voudrais n'avoir jamais touché à votre maudite pièce... Tenez, on sonne chez vous: je parie que c'est M. Gaillardet.

Harel ouvrit sa porte, et attendit un instant.

— Qu'est-ce? demanda-t-il.

— Je ne sais pas, monsieur, répondit le domestique; c'est un homme qui apporte un papier timbré.

— Un papier timbré?... Voilà du nouveau! Montrez-moi cela.

L'homme était un huissier qui venait au nom de M. Gaillardet, et qui, comme Aman pour Mardochée, servait de *héraut à sa gloire*.

Le papier timbré était une assignation devant le tribunal de commerce, pour que M. Harel eût à enlever les malencontreuses étoiles.

— Bon! m'écriai-je, voilà notre affaire! je vais en trouver autant en rentrant chez moi... Que vous êtes bête d'avoir tant d'esprit, vous, allez!

Harel se frottait les mains, que toutes ses articulations en craquaient.

— Bon procès! dit-il, bon procès! j'en demande deux pareils par an, pendant six ans, et ma fortune est faite!

— Mais vous le perdrez!

— Je le sais bien.

— C'est donc un mauvais procès, alors.

— D'abord, vous saurez que ce n'est point une preuve qu'un procès soit mauvais parce qu'on le perd; puis, si je le perds, j'en appellerai.

— Mais vous le perdrez en appel, puisque je vous dis que je serai contre vous.

— Vous ne direz pas que vous n'êtes pas de la pièce, je suppose.

— Je dirai que je ne devais pas être nommé.

— En attendant, vous le serez au tribunal de commerce, au tribunal d'appel; vous le serez par l'avocat de M. Gaillardet, vous le serez par le vôtre; les journaux répéteront les plaidoyers, les trois étoiles auront fait du bruit devant le nom, les trois étoiles en feront après; les manuscrits seront communiqués: celui de M. Gaillardet, celui de Janin, le vôtre... Mon cher, je ne comptais que sur cent représentations; aujourd'hui, je parie pour deux cents.

— Que le diable vous emporte!
— Vous ne restez pas à dîner avec nous?
— Merci.
— Vous n'embrassez pas Georges?
— Si fait... Est-elle contente de son succès?
— Enchantée! quoique vous l'ayez un peu sacrifiée à Bocage, convenez-en.
— Bon! ne va-t-elle pas me faire un procès, elle aussi?
— Elle en a bonne envie, et cela pourra bien arriver, à moins que vous ne lui promettiez de lui faire une pièce.
— Oh! je le lui promets, qu'à cela ne tienne!
— Elle a une idée.
— Ce n'est pas *le Divorce?*

Georges m'avait tourmenté longtemps pour lui faire une pièce sur le divorce de l'empereur.

— Non, soyez tranquille.

Je montai chez elle. Nous nous embrassâmes, comme nous nous embrassons encore aujourd'hui quand nous nous rencontrons.

Je lui racontai toute notre discussion à propos de M. Gaillardet, et j'eus la douleur de voir qu'elle donnait entièrement raison à Harel.

— Alors, c'est bien, dis-je, n'en parlons plus... A propos, que m'a-t-il dit?
— Harel?
— Oui.
— Quelque bêtise.
— Justement... Il m'a dit que vous aviez une idée.
— Insolent!
— Une idée de pièce, bien entendu. Peste! vous avez bien mieux que des idées : vous avez des caprices.
— Pas pour vous, dans tous les cas!
— C'est bien ce dont je me plains.

J'allai me mettre à genoux devant elle, et, baisant ses belles mains :

— Dites donc, Georges, est-ce que nous aurons le ridicule, aux yeux de la postérité, d'avoir passé l'un près de l'autre sans que ces fameux atomes crochus dont parle Descartes aient respectivement fonctionné chez nous?

— Taisez-vous, grande bête! et allez conter toutes ces niaiseries-là à votre Dorval.

— Ah! Dorval!... pauvre Dorval, il y a un siècle que je ne l'ai vue!

— Bon! vous avez été vous loger porte à porte avec elle.

— Justement! autrefois, nous n'avions qu'une porte entre nous! maintenant, nous avons un mur.

— Mitoyen!

— Bravo!... Ah çà! voyons votre idée.

— Eh bien, mon cher, j'ai joué des princesses, j'ai joué des reines...

— Et même des impératrices!

— Tenez, voilà pour vous!

Elle leva sur moi sa belle main, que j'arrêtai au passage, et que je baisai.

— Et même des impératrices! répétai-je.

— Eh bien, je voudrais jouer une femme du peuple.

— Oui! je vous connais : vous jouerez cela avec une robe de velours et tous vos diamants.

— Eh non! puisque je vous dis une femme du peuple, une mendiante.

— Bah! avancez-vous jusqu'à la rampe, tendez la main au public, et il n'y aura plus de pièce, ou plutôt il n'y aura plus de mendiante!

— Oh! mais sur quelle herbe avez-vous donc marché aujourd'hui?

— Sur une herbe qui poussait dans votre cabinet de toilette un jour qu'Harel m'y a enfermé pour faire *Napoléon*.

— Allons, taisez-vous, et faites-moi ma pièce.

— Une mendiante... Nous avons Jane Shore; cela vous va-t-il?

— Non; Jane Shore est une princesse; je veux une femme du peuple, je vous dis.

— Je ne sais pas faire ces femmes-là.

— Aristocrate!

— Voyons, avez-vous un sujet ?
— J'ai quelqu'un qui en a un.
— Envoyez-moi votre quelqu'un.
— Je vous l'enverrai.
— Qui est-ce ?
— Anicet.
— Cela tombe à merveille ; je lui dois une pièce.
— Comment cela ?
— Nous avons fait ensemble *Teresa*, je me suis nommé ; nous ferons ensemble votre *Mendiante*, et il se nommera.
— Ah çà ! mais c'est donc une rage de ne pas vous nommer ? *Richard !* *la Tour de Nesle !* Vous finirez par ne vous nommer que pour les mauvais drames.
— C'est à propos de *Catherine Howard* que vous dites cela ?
— Non, je dis cela... en l'air.

On frappa à la porte.

— Bon ! continua-t-elle, voilà Harel qui vient nous ennuyer.

Voyons, entre ; que veux-tu ?
— J'apporte des nouvelles de M. Gaillardet.
— Une seconde assignation ?
— Non, la copie d'une lettre qui sera demain dans tous les journaux.
— Ah ! laisse-nous tranquilles ! dit Georges.
— Attends donc que je te la lise.
— Mon cher Harel, vous nous dérangez beaucoup, je vous en préviens.
— Je ne trouve pas ! dit-il.

En effet, j'étais resté à genoux devant Georges.
— Écoutez.

Et il lut :

« 30 mai.

» Monsieur le rédacteur,

» Nommé seul hier comme auteur de *la Tour de Nesle*, mon nom se trouve aujourd'hui précédé sur l'affiche de deux M et de *** C'est une erreur ou une méchanceté dont je ne veux être ni la victime ni la dupe. Dans tous les cas, veuillez annoncer, je vous prie, que, dans mon traité comme sur le théâtre, et comme, je l'espère, sur l'affiche de demain, je suis et serai le seul auteur de *la Tour de Nesle*.

» F. GAILLARDET. »

— Là! dis-je à Harel, c'est bien fait.
Harel déplia une seconde lettre.
— Voici ma réponse, dit-il.
— Mon cher, la seule réponse que vous ayez à faire, c'est de changer les étoiles de place.
— Cela n'entre pas dans mon système planétaire... Écoutez.
Et il lut :

« 1er juin.

» Monsieur le rédacteur,

» Voici ma réponse à l'étrange lettre de M. Gaillardet, qui se prétend seul auteur de *la Tour de Nesle*.

» La pièce, tout entière pour le style, et dans les dix-neuf vingtièmes au moins pour la composition, appartient au célèbre collaborateur qui, pour des raisons particulières, n'a pas voulu se nommer après un immense succès.

» Du travail primitif de M. Gaillardet, il ne reste rien ou presque rien. Voilà ce que j'affirme, et ce que prouvera, au besoin, la comparaison du manuscrit représenté avec le manuscrit de M. Gaillardet.

» Agréez, etc.

» HAREL. »

Le 2 juin, les journaux contenaient cette réplique de M. Gaillardet :

« Monsieur le rédacteur,

» Pour toute réponse à M. Harel, ayez la bonté d'insérer la lettre ci-jointe, que m'écrivit le *célèbre collaborateur* dont vous parle M. Harel, lettre que je reçus à Tonnerre, où je venais d'apprendre que j'avais un collaborateur.

» F. GAILLARDET. »

Suivait ma lettre.

J'avoue que l'insertion de cette lettre m'étonna : elle était au moins maladroite, puisqu'elle faisait à M. Gaillardet un adversaire d'un homme qui voulait rester neutre.

Il ne m'était plus possible de me taire ; les journaux, toujours assez malveillants pour moi, commençaient à m'attaquer, et j'avais eu, la veille, avec M Viennot du *Corsaire*, dans les bureaux mêmes du journal, une querelle qui faillit finir par un duel.

Au reste, je sentais vaguement qu'il y avait, au bout de tout cela, un coup d'épée ou de pistolet à donner ou à recevoir.

Et, après tous les déboires que m'avait valus l'ouvrage, j'aimais autant que ce fût avec M. Gaillardet qu'avec un autre.

Ajoutez à cela que, depuis mon attaque de choléra, j'étais d'une faiblesse extrême, que je ne mangeais plus, et que j'étais pris, tous les soirs, d'une fièvre qui me rendait d'exécrable humeur.

Je pris donc la plume, et, sous l'impression désagréable que je venais d'éprouver, à la reproduction de ma lettre, je répondis :

A M. le Rédacteur en chef du journal le...

« Permettez-moi d'abord de vous remercier, monsieur, de l'insertion de la lettre que j'avais écrite à M. Gaillardet, reproduite dans votre numéro d'hier.

» Elle sera une preuve, vis-à-vis du public, de la délicatesse que j'avais désiré mettre dans mes relations avec ce jeune homme ; mais cette délicatesse, ce me semble, a été bien mal appréciée ; au reste, les deux seules conversations que j'ai eues avec lui m'ont prouvé qu'il ne pouvait pas la comprendre (1).

---

(1) Je suis obligé, pour ne pas altérer la fidélité des textes, de reproduire les lettres dans leur intégralité ; seulement, aujourd'hui, je désapprouve tout ce que les miennes peuvent contenir de blessant.

» Mais comment M. Gaillardet n'a-t-il pas senti, au moins, que l'insertion de cette lettre nécessiterait de ma part une réponse, que cette réponse ne pourrait que lui être désavantageuse, et que, cherchant le ridicule avec une lanterne, il ne pouvait manquer d'être plus heureux que Diogène ?— Eh bien, cette réponse qu'il me force à lui faire, la voici :

» Je n'ai pas lu le manuscrit de M. Gaillardet ; ce manuscrit, sorti un instant des mains de M. Harel, y est rentré presque aussitôt ; car, en consentant à faire un ouvrage sur un titre et une situation connus, j'ai craint d'être influencé par un travail antérieur au mien, et de perdre ainsi la verve qui m'était nécessaire pour achever cette œuvre.

» Maintenant, puisque M. Gaillardet trouve que le public n'est pas encore assez au courant de cette pauvre affaire, qu'il convoque l'arbitrage de trois hommes de lettres, *à son choix;* qu'il arrive devant eux, avec son manuscrit, et moi avec le mien ; ils jugeront alors de quel côté est la délicatesse, et de quel côté est l'ingratitude.

» Pour être fidèle jusqu'au bout aux conditions que je me suis bénévolement imposées, dans la lettre que j'ai écrite à M. Gaillardet, permettez-moi, monsieur le rédacteur, de ne pas plus me nommer ici que je ne l'ai fait sur l'affiche.

« L'AUTEUR DU MANUSCRIT DE *la Tour de Nesle.* »

Dès lors, on le comprend, c'était une guerre déclarée entre M. Gaillardet et moi.

CCXXXVI

a quoi servent les amis. — Le *Musée des Familles*. — Un article de M. Gaillardet. — Ma réponse à cet article. — Cartel de M. Gaillardet. — Je l'accepte avec empressement. — Mon adversaire demande un premier répit de huit jours. — Je l'assigne devant la commission des auteurs dramatiques. — Il décline cet arbitrage. — Je lui envoie mes témoins. — Il réclame un délai de deux mois. — Lettre de Janin aux journaux.

Quoique de grands événements s'amassent comme un orage terrible à l'horizon, et soient près de passer à travers la mesquine discussion dont nous écrivons l'histoire, je crois qu'il est mieux, puisque nous l'avons entamée, de la suivre jusqu'au bout que d'y revenir plus tard.

M. Gaillardet persista dans son procès, et le gagna. — J'ai dit que j'avais complétement refusé de seconder Harel dans sa défense.

Les étoiles mal-apprises qui avaient usurpé le pas sur M. Gaillardet furent forcées de marcher à la suite ; mais, comme l'avait désiré Harel, tout Paris savait que j'étais de *la Tour de Nesle*.

Cela fit-il grand bien au drame? J'en doute ; j'ai déjà exprimé mon opinion sur le plaisir qu'éprouve le public à faire une réputation à un jeune homme inconnu aux dépens des réputations établies.

Deux ans s'écoulèrent pendant lesquels *la Tour de Nesle* obtint deux ou trois cents représentations, plus ou moins. Je ne pensais plus à cette vieille querelle ; j'avais seulement, dans ces deux années, publié *Gaule et France*, — ouvrage bien incomplet au point de vue de la science, mais singulièrement remarquable au point de vue de la prédiction qui le termine, — et fait jouer *Angèle*, lorsqu'un matin, un de mes amis, — les amis servent surtout à ce que l'on va voir, — lorsqu'un matin, un de mes amis entra dans ma chambre comme j'étais encore couché, et, après quelques paroles échangées, me demanda si j'avais lu le *Musée des Familles*.

Je le regardai d'un air passablement stupéfait.

— Le *Musée des Familles?* lui demandai-je. Et à quel propos aurais-je lu le *Musée des Familles?*

— C'est qu'il y a un article de M. Gaillardet.

— Tant mieux pour le *Musée des Familles.*

— Un article sur *la Tour de Nesle.*

— Ah! sur le drame?

— Non, sur la tour.

— Eh bien, qu'est-ce que cela me fait?

— C'est que, dans cet article sur la tour, M. Gaillardet parle du drame.

— Eh bien, que dit-il du drame? Achevons.

— Il dit que c'est son meilleur drame, à lui.

— Il n'est pas dégoûté! c'est presque un de mes meilleurs, à moi.

— Vous devriez lire cela.

— A quoi bon?

— Parce qu'il faudrait peut-être y répondre.

— A l'article de M. Gaillardet?

— Oui.

— Croyez-vous?...

— Dame! lisez.

J'appelai Louis.

Le domestique que j'avais alors s'appelait Louis; c'était un drôle que je retrouvais de temps en temps ivre, en rentrant le soir, et qui donnait pour prétexte qu'ayant un duel le lendemain matin, il avait besoin de s'étourdir.

Je l'expédiai chez le directeur du *Musée des Familles,* Henry Berthoud, avec un mot par lequel je priais celui-ci de m'envoyer le numéro où se trouvait l'article de M. Gaillardet.

Louis revint avec le numéro demandé.

Voici ce que je lus :

LA TOUR DE NESLE.

Un soir, le soleil couchant enluminait le ciel d'un rouge pourpre, et encadrait d'un ruban de feu l'horizon que bornent Sèvres et Saint-Cloud ; j'étais sur le pont des Arts, *l'Ermite* de M. de Jouy à la main. Guidé par l'académicien, je m'étais rendu là comme un observateur au centre d'un point de vue ; car cette place est pour l'œil un foyer où viennent aboutir et converger mille rayons. En face de moi, la Cité, ce berceau de Paris, avec ses maisons entassées en forme de triangle, et rapprochées l'une de l'autre comme un corps de bataille ; à la tête de la Cité, le pont Neuf avec ses vieilles arches et ses neuf rues aboutissantes. A gauche, le Louvre, qui n'est plus le vieux Louvre avec sa grosse tour et son beffroi ; les Tuileries, ce royal pied-à-terre dont le nom s'est anobli de la noblesse du temps et des révolutions qui ont passé sur sa tête ; monument dont on peut dire ce que Milton dit de Satan : « La foudre l'a frappé et l'a marqué au front! » A droite, la Monnaie, le seul édifice de Paris qui, joint au Timbre-Royal et à la Morgue, possède une physionomie propre, et, pour ainsi dire, le caractère de sa destination. Au-dessous, l'Institut et la bibliothèque Mazarine.

J'en étais là de ma *circum-spection*, lorsque mon *cicerone* (c'est toujours de M. de Jouy que je parle) m'apprit, en note, qu'à cette place existait jadis la tour de Nesle, du haut de laquelle, suivant les chroniqueurs, plusieurs reines ou princes faisaient précipiter dans la Seine, afin de s'en débarrasser plus sûrement et plus vite, les malheureux qu'ils y avaient attirés. Cette anecdote me frappa. Jeune encore, et sur les bancs de mon collége, j'avais lu Brantôme et ce qu'il contait de la tour de Nesle ; mais le souvenir s'en était effacé de ma mémoire : il y rentra vif et soudain. Empruntant une double puissance à l'heure et aux lieux où j'étais, sa force fut doublement impressive ; elle m'étreignit des pieds à la tête... Pour la première fois, je devinai le drame ; et mon premier, mon meilleur drame fut fait !

C'est qu'il y a quelque chose d'attachant et de terrible à la fois dans cette histoire de débauches et de tueries princières, consommées le soir, à minuit, entre les murs épais d'une tour, et n'ayant pour témoin que les lampes qui brûlent, les assassins qui attendent, et Dieu qui veille! il y a quelque chose qui saisit l'âme dans l'égorgement de ces jeunes hommes (ils étaient tous jeunes et beaux!) venus là sans armes et sans défiance... Curée vraiment royale, et qu'envieraient les hyènes et les tigres ! Mais je me laisse aller à des réflexions de poëte, et j'oublie que je suis et ne veux être qu'un conteur.

Parlons du monument, d'abord ; ensuite, je parlerai de ses mystères.

Au temps du roi Philippe le Bel et de ses fils, Paris avait pour limite, en descendant la rive gauche de la Seine, une enceinte élevée par Philippe-Auguste, qui lui donna son nom. Cette enceinte, dont les murailles correspondaient, à peu près, aux dernières tours du Louvre, avait pour défense extérieure un fossé qui communiquait avec la Seine, et en conduisait les eaux jusqu'à la porte de Bussy.

Au delà de l'enceinte étaient le grand et le petit Pré-aux-Clercs, ainsi nommés parce qu'ils servaient de promenade, les jours de fête, aux écoliers de l'Université. Ils embrassaient l'espace occupé maintenant par les rues des Petits-Augustins, des Marais-Saint-Germain, du Colombier, Jacob, de Verneuil, de l'Université, des Saints-Pères, etc.

En deçà, et adossé à l'enceinte, était l'hôtel de Nesle, qui présentait une façade de onze grandes arcades, avec enclos planté d'arbres, et dont l'extrémité, du côté du quai, était attenante à l'église des Augustins. Cet hôtel occupait l'emplacement du collége Mazarin, de l'hôtel de la Monnaie et autres lieux contigus : sa cour spacieuse, ses bâtiments et ses jardins étaient à peu près circonscrits par les rues Mazarine, de Nevers, et le quai Conti, autrefois nommé quai de Nesle.

Amaury de Nesle, propriétaire de cet hôtel, le vendit en 1308, à Philippe le Bel pour la somme de cinq mille livres ; Philippe le Long le donna à Jeanne de Bourgogne, sa femme, et celle-ci, par son testament, en ordonna la vente, pour que le prix fût appliqué à la fondation d'un collége qui fut appelé collége de Bourgogne. En 1381, Charles VI le vendit au duc de Berry, son oncle. Trouvant les jardins trop circonscrits, ce dernier leur adjoignit, en 1385, sept arpents de terre situés au delà des fossés de la ville, et, pour établir la communication, il fit construire un pont sur le fossé. Cette partie extérieure fut nommée *petit séjour de Nesle*.

Des mains du duc de Berry, l'hôtel passa encore entre celles de plusieurs princes, et fut, enfin, aliéné par Henri II et Charles IX, en 1552 et 1570. Sur son terrain s'élevèrent différentes constructions telles que l'hôtel de Nevers, l'hôtel de Guénégaud, qui, depuis, a pris le nom de Conti ; plus tard, enfin, ce qui restait de cet hôtel fut démoli pour faire place au collége Mazarin, aujourd'hui palais de l'Institut.

A l'extrémité occidentale de l'hôtel, à l'angle formé par le cours de la Seine et le fossé de l'enceinte de Philippe-Auguste, étaient la porte et la tour de Nesle, les seules qui soient représentées sur la gravure placée en tête de cette notice.

La porte, espèce de bastille, se composait d'un édifice flanqué de deux tours rondes, entre lesquelles était l'entrée de la ville. On y arrivait par un pont en pierre assis sur quatre arches, et qui rétablissait la communication interceptée par le fossé, très-large en cet endroit.

Il paraît que, pendant longtemps, cette porte fut fermée au public ; car je lis des lettres patentes du 13 avril 1550, adressées aux prévôt et échevins, et les autorisant à « faire ouvrir la porte de Nesle, pour la commodité du fauxbourg, et pour gens de pied et de cheval seulement, sans que charrettes et chevaux chargés de marchandises sujettes à imposition y puissent passer. » Je lis encore dans ces lettres que « le fauxbourg avoit esté ruiné par les guerres, réduit en terres labourables ; et, ayant commencé à se restablir sous François Ier, qui l'avoit ainsi permis, il estoit un des plus beaux fauxbourgs des villes de France. Sur quoy, requeste estant présentée à la ville, est ordonnée l'ouverture de la dite porte (1). »

Ce fut par cette porte de Nesle qu'Henri IV pénétra dans Paris, après avoir assiégé ce côté de la ville, en 1589. — Elle existait encore sous le règne de Louis XIV.

Quant à la tour, située à quelques toises et au nord de la porte, sur la pointe de terre que formait le fossé en se réunissant à la Seine, la rivière en baignait le pied. De forme circulaire, elle avait cent vingt pieds de hauteur environ, et dominait le comble de la galerie du Louvre. Elle était accouplée à une seconde tour contenant l'escalier à vis, moins forte en diamètre, mais plus haute encore. A les voir, on eût dit deux sœurs dont l'une avait en partage la force et la maturité de l'âge, l'autre la légèreté et les grâces de la jeunesse. Plus élancée, plus svelte, celle-ci avait l'œil au guet ; plus *consistante* et plus *posée*, celle-là se confiait en sa force, et attendait. Réunies toutes deux à la porte voisine, par un mur leur allié, elles formaient à elles trois un ensemble qui se présentait au sud-ouest, et se continuait par une suite de remparts dont plusieurs autres ouvrages complétaient la défense.

En face d'elles, sur la rive opposée, s'élevait le Louvre, et, à l'angle du Louvre et de la muraille de Paris, une tour pareille à elles, et qu'on appelait la tour du Coin. Dans les temps de danger, une chaîne de fer, dont une extrémité était fixée à la tour de Nesle, traversait la Seine, et, soutenue de loin en loin par des bateaux, allait se rattacher à la tour du Coin, et fermait, de ce côté de la rivière, l'entrée de la ville de Paris.

(1) *Histoire de Paris*, par Félibien, tome III des Preuves, page 378, collect. B.

Dans l'origine, la tour et la porte de Nesle avaient le nom de Philippe Hamelin, leur constructeur ou leur premier propriétaire, je ne sais. Plus tard, elles empruntèrent leur nom de l'hôtel, devenu considérable. Les fenêtres de la tour et une terrasse de l'hôtel donnaient sur la rivière.

Brantôme (c'est à lui que je reviens maintenant), dans le discours deuxième, art. 1er, de ses *Femmes galantes*, raconte qu'une reine de France dont il ne dit pas le nom se tenait là d'ordinaire, « laquelle faisait le guet aux passants, les faisoit appeler et venir à soy ; et les faisoit précipiter du haut de la tour *qui paroît encore*, en bas, en l'eau, et les faisoit noyer... Je ne veux pas dire, ajoute-t-il, que cela soit vrai ; mais le vulgaire, au moins la plupart de Paris, l'affirme ; et n'y a si commun qui, en lui montrant la tour seulement, et en l'interrogeant, de lui-même ne le die. »

Jean Second, poëte hollandais, mort en 1536, appuie l'assertion de Brantôme dans une pièce de vers latins qu'il a composée sur la tour de Nesle (*Epigramm. libre*, pag. 140, edit. Lugd. Batav.).

Mayerne en fait mention dans son *Histoire d'Espagne*, t. I, p. 560.

Villon, qui écrivait ses vers au xvᵉ siècle, dans un temps plus rapproché de l'événement, y ajoute son témoignage. Donnant quelques détails nouveaux, il nous apprend que les malheureuses victimes étaient renfermées dans un sac, puis jetées dans la rivière. A la seconde strophe de sa *Ballade des Dames du temps jadis*, il se demande :

> . . . . . Où la royne
> Qui commanda que Buridan
> Fust jeté, en ung sac, en Seine ?

Ce Buridan dont parle Villon échappa au piége, on ne sait comment. Il se retira à Vienne en Autriche, où il fonda une université, et son nom devint célèbre dans les écoles de Paris, au xvᵉ siècle.

En 1471, un maître ès arts de l'université de Leipzig composa un petit ouvrage sous le titre de *Commentaire historique sur les jeunes écoliers parisiens que Buridan*, etc.

Comme on le voit, la chronique de la tour de Nesle était devenue européenne.

Cette reine dont parlent à la fois Brantôme, Jean Second, Mayerne et Villon, passa successivement pour être Jeanne de Navarre, épouse de Philippe le Bel, puis Marguerite de Bourgogne, première femme de Louis X, ainsi que ses deux sœurs, Jeanne et Blanche, toutes trois les brus de Philippe le Bel.

Mais Robert Gaguin, historien du xv⁰ siècle, s'est porté le défenseur de Jeanne de Navarre. Après avoir parlé de la conduite des trois princesses épouses des trois fils de Philippe le Bel, et de leur châtiment, il ajoute que « ces désordres et leur suite épouvantable donnèrent naissance à une tradition injurieuse pour la mémoire de Jeanne de Navare, épouse de Philippe le Bel. Suivant cette tradition, elle faisoit jeter, de la fenêtre de sa chambre, dans la rivière, les écoliers qu'elle attiroit. Un seul de ces escoliers, Jean Buridan, eut le bonheur d'échapper au supplice qu'il avoit encouru; c'est pourquoi il publia ce sophisme (avant de s'exiler) : *Ne craignez pas de tuer une royne ; cela est quelquefois bon (Reginam interficere nolite timere ; bonum est).* »

Ainsi Gaguin ne conteste pas le fait ; il le confirme, au contraire, et le développe, se plaignant seulement — et ce n'est pas sans raison — qu'on l'attribuât à Jeanne de Navarre, qui ne vivait pas du temps de Buridan.

Quant à Marguerite de Bourgogne et à ses sœurs Jeanne et Blanche, elles n'ont pour sauvegarde ni la protection d'une date, ni le verdict de l'histoire. Tout le monde sait, au contraire, que les trois sœurs se livraient à la conduite la plus scandaleuse; deux d'entre elles avaient pour complices les deux frères, Philippe et Gaultier d'Aulnay ; la tour de Nesle, appartenant alors à la princesse Jeanne, était le lieu de leurs entrevues.

Mais, un jour; dit Godefroy de Paris,

> Tout chant et baudor et leesce
> Tornés furent à grand destrèce,
> Du cas qui lors en France avint ;
> Dont escorcher il en convint,
> Deux chevaliers joli et gaie,
> Gaultier et Philippe d'Aulnay.

En effet, ces deux jeunes hommes furent tout à coup arrêtés, ainsi que la reine et les princesses, ses sœurs.

Philippe avoua qu'il était l'amant de Marguerite, femme de Louis X, et Gaultier celui de Blanche, comtesse de la Marche.

La confession ainsi faite, dit Godefroy,

> L'eure ne fut pas moult retraite
> Que donnée fust la sentence ;
> Si furent jugiés sans doutance
> Les deux chevaliers de leur *paire*,

> D'une sentence si amère.
> Por leur traïson et péchié,
> Que ils furent escorchié,
> . . . .
> . . . .
> Et puis entraîné et pendu!

Marguerite et Blanche furent conduites aux Andelys, où on les jeta, dit Godefroy, dans une espèce de basse-fosse.

> Longuement en prison là furent,
> Et de confort moult petit urent.
> L'une ne l'autre ni ot aise ;
> Mais toutes voies plus à mal aise
> Fut la royne de Navarre,
> En haut estoit; et à la terre
> La comtesse fut plus aval,
> Dont elle souffroit moins de mal,
> Car elle estoit plus chaudement.
> Ce fut justice voirement,
> Car la royne cause estoit
> Du péché que elle avoit fait.

De cette prison, on les transféra au Château-Gaillard, forteresse de Normandie. Là, par ordre de Louis X, Marguerite fut étranglée avec une serviette, selon les uns ; avec ses propres cheveux, selon les autres. Blanche, épargnée et divorcée, prit le voile à l'abbaye de Maubisson, où elle termina sa vie.

Mais Jeanne fut plus heureuse encore ; elle avait été arrêtée comme ses sœurs :

> Et, quand la comtesse ce vit,
> Hautement s'écria et dit :
> « Por Dieu, oiez moi, sire roi;
> Qui est qui parle contre moi ?
> Je dis que je suis preude fame,
> Sans nul crisme, sans nul diffame;
> Et sé nul ne veut contre dire,
> Gentil roy, je vous réquier, sire,
> Que vous m'oiez en deffendant,
> Sé nul ou nulle demandant
> Me fait chose de mauvestie,
> Mon cuer sens si pur, si traille,

> Que bonnement me deffendrai,
> Ou tel champion baillerai,
> Qui bien saura mon droit deffendre,
> S'il vous ples à mon gage prendre. »

Elle parvint, en effet, à se justifier tant bien que mal, et son mari Philippe le Long la rappela près de lui.

Frédéric Gaillardet.

Il n'y avait dans tout cela rien de bien offensant pour moi ; mais j'avais été tellement irrité à propos de toute cette histoire, que je m'étais bien promis, à la première occasion qui se présenterait d'être désagréable à M. Gaillardet, de ne pas la laisser échapper.

L'occasion se présentait, je la saisis.

J'écrivis *ab irato* la lettre suivante, et j'eus tort. Je ne puis pas dire mieux que de l'avouer, j'espère.

Monsieur le directeur,

En feuilletant l'un de vos derniers numéros, je tombe sur un article dans lequel M. Gaillardet raconte comment il a fait son drame de *la Tour de Nesle*. Je n'aurais jamais cru que de pareils détails fussent d'un intérêt bien vif pour le public ; mais, puisque M. Gaillardet en pense autrement, je me range à son avis, et je vais vous raconter à mon tour comment j'ai fait le mien.

Je dois avouer, d'abord, que sa naissance, ou plutôt son incarnation, son idée première, s'infiltra dans mon esprit d'une manière moins subite, moins inspirée, et, par conséquent, moins poétique, qu'elle ne le fit dans le sien. Elle ne me vint point frapper sur le pont des Arts, vers le soir d'un beau jour d'été, à cette heure où les rayons du soleil occidental empourprent l'horizon de la grande cité ; elle ne me vint point, enfin, en regardant le palais mazaréen qu'on appelle vulgairement l'Institut. Voilà pourquoi ma *Tour de Nesle*, à moi, est si peu académique.

Non ; mais vous vous rappelez peut-être cette époque désastreuse où le choléra, bondissant de Saint-Pétersbourg à Londres, et de Londres à Paris, vint tomber à l'Hôtel-Dieu, étendant comme un drapeau noir ses deux ailes sur la ville maudite. Le riche, dans son égoïsme, espéra d'abord que le souffle empesté du démon resterait enfermé dans l'hôtellerie mortuaire du pauvre ; que le fléau aristocrate ne décimerait que l'habitant de la loge ou de la mansarde, et qu'il y regarderait à deux fois avant d'aller frapper, en traînant son linceul, à la porte des hôtels de l'opulente Chaussée ou du noble Faubourg. — Il le crut l'insensé ! il fit fermer les volets rembourrés de sa fenêtre, afin que les bruits n'arrivassent point jusqu'à lui ; il ordonna à ses valets d'allumer de nouvelles bougies, d'apporter d'autres bouteilles, d'entonner d'autres chants. — Puis, à la fin de l'orgie, il entendit heurter à la porte. — C'était l'ange asiatique qui venait, comme le Commandeur après le festin de don Juan, le prendre par les cheveux, et lui dire : « Repens-toi et meurs ! »

Oh ! alors ce fut bien véritablement une désolation universelle, n'est-ce pas ? et il fut curieux de voir comment le premier cri de mort, parti d'une riche maison, alla retentir du faubourg Saint-Honoré au Luxembourg, et du Luxembourg à la Nouvelle-Athènes ; comment, soudain, tout ce qui se trouvait encadré dans ce triangle élégant s'anima d'une terreur croissante, et, ne songeant plus qu'à fuir, ferma sur soi les portières de ses voitures blasonnées à Crécy, à Marengo ou à la Bourse. Plus d'une de ces voitures heurta, avant d'atteindre le bout de la rue, quelque char tendu de noir qui se rendait au cimetière, et plus d'un fuyard rencontra la mort, douanier incorruptible, qui lui défendit d'aller plus loin que la barrière, le reconnaissant comme sa chose, et l'ayant marqué d'avance pour le tombeau.

Puis, au bruit de ces calèches, de ces berlines, de ces chaises de poste se croisant en tous sens, et brûlant le pavé, succéda une rumeur sourde et continue. Une longue file de chariots de toute espèce, qu'une simple draperie noire convertissait en corbillards, — car les équipages de la mort manquèrent bientôt aux convives qu'elle invitait, — suivit incessamment, et pas à pas, une triple voie au bout de laquelle l'attendait béante la gueule de quelque cimetière. Puis, par une autre, les chariots revenaient vides et impatients de se remplir.

Toute chose disparaît devant la peur incessante de la mort : la Bourse fut muette ; les promenades devinrent solitaires ; les salles de spectacle, désertes ; le théâtre de la Porte-Saint-Martin, ce roi des recettes, fit neuf mille francs, pendant tout le mois d'avril.

Un des éclats de la bombe qui venait d'éclater sur Paris m'avait atteint. J'étais encore étendu sur mon lit, fiévreux mais convalescent, lorsque M. Harel vint s'asseoir à mon chevet. La maladie de son théâtre suivait une marche inverse de la mienne.

M. Harel est un des gladiateurs, sinon les plus forts, du moins les plus adroits que je connaisse ; homme de sang-froid par calcul, d'esprit par nature, d'éloquence par nécessité. Depuis cinq ans, je crois que la fortune et lui se sont pris à bras-le-corps, et qu'ils luttent ensemble dans cette lice appelée le parterre: certes, il a touché plus d'une fois la terre; mais plus d'une fois aussi il a terrassé son adversaire, et, chaque fois que la chose est arrivée, la déesse ne s'est relevée que les poches vides. — Pourtant, cette fois, il l'avouait lui-même, il avait le poignard sur la gorge!

Avec un homme comme M. Harel, les relations peuvent changer du mal au bien et du bien au mal, et, cela, dix fois en un jour ; mais, dans l'un ou l'autre cas, il vous fait toujours plaisir à voir, parce qu'il est toujours amusant à entendre: donnez-lui pour valets de chambre Mascarille et Figaro, et, s'il ne les joue pas tous deux par-dessous la jambe, je veux être un Georges Dandin.

Ce fut donc avec le plaisir habituel que me cause sa rencontre, quelle que soit, je l'ai déjà dit, la position où je me trouve vis-à-vis de lui, que je vis arriver M. Harel. Cette fois, d'ailleurs, je crois que nous étions au mieux, et sa visite était une véritable bonne fortune pour un convalescent. Il me raconta le plus spirituellement du monde toutes ses tribulations de théâtre, qui rendraient fou un homme ordinaire, et finit par me dire que, si ma tête était pour le moment aussi vide que sa salle, il était un homme perdu.

Un auteur a rarement la tête tout à fait à sec, et il a toujours, dans l'un des tiroirs de ce meuble merveilleux qu'on appelle le cerveau, deux ou trois idées qui attendent le terme d'incubation nécessaire à chacune d'elles pour sortir viables. Malheureusement ou heureusement peut-être, aucune de ces idées n'était pour le moment prête à éclore chez moi, et il fallait encore à chacune d'elles plusieurs mois de gestation, pour que leur venue au monde ne fût pas traitée de fausse couche. M. Harel me donna huit jours.

Il y a deux manières de travailler les œuvres littéraires en général, et surtout les œuvres dramatiques en particulier : l'une consciencieuse, l'autre pécuniaire; la première artistique, la deuxième bourgeoise. Dans la première hypothèse, on travaille en ne songeant qu'à soi; dans la seconde, en ne songeant qu'au public, et le grand malheur de notre métier, c'est que c'est bien souvent l'ouvrage pécuniaire qui l'emporte sur l'œuvre consciencieuse, et la manutention bourgeoise sur la combinaison artistique. Cela tient à ce que, lorsqu'on travaille pour soi, on sacrifie toutes les exigences du public aux exigences personnelles, tandis que, lorsqu'on travaille pour les autres, on sacrifie toutes les exigences personnelles aux exigences du public; — ce qui n'empêche pas, quel que soit leur sort, qu'on n'ait ses ouvrages d'indifférence et s s ouvrages de prédilection. Maintenant, il est inutile de dire que ce ne sont pas les ouvrages de prédilection qui se font en une semaine.

Je tenais donc à ne sacrifier aucune des idées que j'avais en ce moment dans la tête; ce que voyant M. Harel, il m'offrit incontinent une de celles qu'il avait dans les cartons de son théâtre.

— Pardieu! me dit-il, il y a, dans l'un des trois ou quatre cents drames reçus à la Porte-Saint-Martin, un sujet qui irait admirablement à votre manière de faire, et dans lequel mademoiselle Georges pourrait avoir un beau rôle.

— Lequel?

— Une Marguerite de Bourgogne.

— Je ne puis le prendre : j'ai refusé, l'autre jour, de le traiter à quelqu'un qui me l'offrait (1).

— Et pourquoi cela?

— Parce qu'un de mes amis, qui, je crois, a beaucoup plus d'esprit que vous, ce qui n'est pas peu dire, en fait un drame.

— Qui donc?

— Roger de Beauvoir.

— Vous vous trompez! c'est un roman itutulé : *l'Écolier de Cluny*.

— Oh! alors, plus d'inconvénient! Cela me sourit d'autant plus, que je faisais une pleine eau dans le xive siècle, au moment où le choléra est venu me donner une passade, et que, par conséquent, je sais mon Louis le Hutin sur le bout du doigt.

— Ainsi, c'est entendu, je vous envoie le manuscrit demain.

— Mais l'auteur! la chose lui conviendra-t-elle?

— La pièce est à moi; elle m'appartient par un bel et bon traité : j'ai le droit de la faire refaire à mon gré, par qui bon me semblera. Et, ma foi! je pense que l'auteur aimera autant que ce soit vous qu'un autre qui la retouchiez... D'ailleurs, je vais tout vous dire, et franchement.

— Je vous préviens que, d'après cette déclaration, je me tiens sur mes gardes.

— Parfaitement... Vous savez que Janin a pour moi quelque amitié?

— Oui.

— Eh bien, je l'ai prié de refaire cette pièce, qui est injouable telle

---

(1) Effectivement, Fourcade, un de mes bons camarades, fils du consul général de ce nom, était venu, quelques jours auparavant, me faire cette offre. On ne s'étonnera pas, je le pense, que, dans une lettre comme celle-ci, je nomme tout le monde; car un nom écrit en toutes lettres m'épargne les attestations et les certificats.

qu'elle est, et que je n'ai reçue que lorsqu'il a eu consenti à la remanier...

— Alors, vous n'avez pas besoin de moi.

— Au contraire, car c'est Janin lui-même qui m'a dit de venir vous trouver... Il a sué sang et eau dessus; il en a fait un morceau de style merveilleux (1); mais, enfin, il a compris le premier qu'il n'y avait pas une pièce dans ce qu'il a fait. Ce matin, il est entré dans ma chambre avec une brassée de papiers qu'il m'a jetée au nez, en me disant qu'il n'y avait que vous qui pussiez arranger cela, que je le ferais mourir de chagrin, qu'il avait le choléra, et qu'il allait s'appliquer vingt sangsues.

— Eh bien, envoyez-moi demain toutes ces paperasses.

— Et vous vous y mettrez tout de suite ?

— Je tâcherai; mais à une condition.

— Dites.

— C'est que je ne paraîtrai pas aux répétitions, et que mon nom ne figurera pas sur l'affiche; puisque je fais la chose pour vous, et non pour moi. Ainsi, votre parole d'honneur ?

— Ma parole d'honneur !

J'ai déjà dit qu'au moment où M. Harel vint me trouver, j'avais la fièvre, situation d'esprit, chacun le sait, très-favorable à la confection des œuvres d'imagination. Aussi, dans la journée même, mon caractère de Marguerite de Bourgogne fut arrêté, mon rôle de Buridan tracé, et une partie de l'intrigue combinée.

Le lendemain, M. Harel arriva avec son manuscrit.

— Voici la chose, me dit-il.

— Ma foi ! elle arrive trop tard.

— Comment cela ?

— Votre drame est fait.

— Bah !

— Envoyez-moi ce soir votre secrétaire; il aura le premier tableau.

— Ah ! mon cher ami ! vous êtes...

— Un instant ! occupons-nous des affaires d'intérêt, maintenant.

— Mais vous savez qu'entre nous...

— Aussi n'est-ce pas des miennes que je veux parler; c'est de celles de votre jeune homme... Vous lui avez fait signer un traité, m'avez-vous dit ?

(1) J'ai entre les mains le manuscrit de Janin, qui est peut-être, en effet, l'œuvre où il a le plus déployé la riche et flamboyante souplesse de sa plume. Et cela est si vrai, que, lorsque mon drame a été fini, je me suis servi de son travail comme d'une poudre d'or avec laquelle j'ai sablé le mien.

— Oui.

— Sur quelles bases?

— Mais d'après le marché de la Porte-Saint-Martin : deux louis par représentation, un louis pour lui, un louis pour Janin, et douze francs de billets (1).

— Janin, renonçant à la collaboration, renonce à son droit?

— Cela ne fait pas de doute; il a été le premier à me le dire.

— Alors, il faut que votre jeune homme jouisse du bénéfice de la retraite de Janin, et qu'il touche le traité entier.

— Point!

— Pourquoi?

— Parce qu'avec vos droits, à vous, qui sont en dehors des règles ordinaires, cela me fera une somme ruineuse par soirée. D'ailleurs, il ne compte que sur un louis, il s'attend à avoir un collaborateur : il touchera son louis, il aura son collaborateur; seulement, celui-ci, au lieu de s'appeler Janin, s'appellera Dumas, et, au lieu de se nommer, ne se nommera point.

— Oui; mais je veux, cependant, que ce jeune homme soit content de moi.

— Il y a un moyen · qu'il prélève son second louis sur vos droits, à vous.

— Soit; mais, alors, vous porterez, de votre côté, la somme de billets à vingt francs : cela lui fera un compte rond.

— Je le veux bien.

— C'est chose convenue?

— Parfaitement.

— Rédigeons.

Je pris une plume et du papier, et le traité fut fait et signé.

— Y a-t-il, du reste, quelque chose à prendre dans ce que vous m'apportez-là? continuai-je en montrant le manuscrit gisant sur mon lit.

— Mais oui, dans le premier acte... Bien entendu que ce manuscrit est celui de Janin; je ne vous ai pas apporté l'autre, qui est illisible.

— Je verrai cela après avoir écrit le mien.

— Et j'en aurai quelque chose ce soir?

— Le premier tableau, oui.

— C'est bon; à dix heures, Verteuil sera chez vous (2).

---

(1) Ce traité est encore entre les mains de M. Harel.
(2) Verteuil est le secrétaire de M. Harel.

Je passai la journée à écraser le bec d'une plume sur du papier. Le soir, Verteuil entra à l'heure convenue; j'étais mort de fatigue, mais le tableau était fait; c'était celui de la taverne.

— A quelle heure faut-il que je revienne? me dit Verteuil.

— Demain, à quatre heures.

— Et j'aurai le second tabeau?

— Vous l'aurez.

— Merveilleux!...

— Seulement, laissez-moi tranquille.

— Je m'en vais.

Verteuil partit.

Je me souvins alors de ce que m'avait dit M. Harel, et des beautés de style qui existaient, selon lui, dans le commencement de l'ouvrage. La première chose qui me frappa en jetant les yeux sur les noms des personnages, c'est que le héros principal s'appelait *Anatole*, nom qui me parut singulièrement moderne pour un drame du xive siècle; je n'en continuai pas moins ma lecture.

Il y avait une indication de scène dont je profitai, et, comme je l'ai dit, des choses admirables de style. Je n'en pris, cependant, que la tirade des *grandes dames*. — Ainsi, c'est à Janin, et non à moi, que les marquises du faubourg Saint-Germain doivent jeter la pierre. — Quant aux deuxième, troisième, quatrième et cinquième actes, ils s'écartaient tellement des habitudes du théâtre, qu'il était impossible d'en rien tirer; néanmoins, la magie du style me les fit lire jusqu'au bout; mais, la lecture achevée, je posai là le manuscrit, et ne le rouvris plus.

Le lendemain, Verteuil fut exact, et, moi, je fus ponctuel. Il emporta son second tableau.

Lorsque les trois premiers actes furent finis, on les lut aux acteurs sans attendre les deux derniers. Selon nos conventions, mon nom ne fut pas prononcé, je ne parus point à la lecture, et M. Harel remplaça l'auteur présumé, qui était toujours absent de Paris.

Au bout de huit jours, M. Harel eut son drame complétement terminé.

J'écrivis alors au jeune homme pour le prévenir que sa première représentation allait avoir lieu.

Le jeune homme ne me fit pas l'honneur de me répondre; il prit la voiture, arriva à Paris, et trouva chez lui ses billets de répétitions.

Il courut à la Porte-Saint-Martin, entra comme on commençait le deuxième acte, l'écouta assez tranquillement, ainsi que le troisième; mais, enfin, perdant patience après la scène de la prison, il monta sur le théâtre, et demanda si l'on allait bientôt commencer la répétition de sa pièce, ou bien si on l'avait fait venir purement et simplement pour entendre le drame d'un autre.

Les acteurs se mirent à rire. La ressemblance dans les noms lui revint tout à coup à l'esprit, et il vit clairement qu'il avait dit une légèreté.

— Comment, lui dit Bocage, ne connaissez-vous pas votre enfant, ou vous l'aurait-on changé en nourrice?

Le jeune homme ne savait que répondre.

— Seriez-vous mécontent de la scène de la prison? continua Bocage.

— Non pas, dit le jeune homme, qui commençait à reprendre son aplomb; au contraire, elle me paraît même à effet.

— Eh bien, vous verrez votre cinquième acte, reprit Bocage; c'est celui-là qui vous fera plaisir!

Le jeune homme vit son cinquième acte, et déclara qu'il était effectivement de son goût. Seulement, il parut fort regretter qu'on eût changé le nom d'Anatole en celui de Gaultier d'Aulnay.

Le jeune homme suivit avec le plus grand soin les répétitions de *son drame*, faisant à tort et à travers des objections qu'on n'écoutait pas, et des corrections qu'on se gardait bien de suivre.

Le jour de la représentation arriva. Si bien que j'eusse gardé le secret pour mon compte, les indiscrétions intéressées du directeur, les plaisanteries des acteurs, les plaintes même échappées à *l'auteur*, m'avaient dénoncé au public comme le vrai coupable; une certaine manière de faire dans la construction de la pièce, des parties de style empreintes d'un cachet individuel, venaient à chaque instant me charger de plus en plus; enfin, il n'y avait pas une seule personne dans la salle qui ne s'attendît à entendre sortir mon nom de la bouche de Bocage, lorsqu'il vint annoncer, selon l'habitude, que la pièce qu'on avait eu l'honneur de représenter était de monsieur... Il nomma le jeune homme.

Je venais d'accomplir le dernier engagement que je m'étais imposé; et, certes, celui-là était le plus difficile. Entendre toute une salle trépigner, applaudir de ses trois mille mains, demander avec la frénésie du succès votre nom d'auteur, c'est-à-dire votre personne, votre vie, votre gloire, et livrer, à la place du sien, un nom inconnu à l'auréole de la publicité; et, tout cela, lorsqu'on peut faire autrement, lorsque aucune promesse ne vous lie, lorsque aucun engagement n'a été pris, c'est, croyez-moi bien, c'est la philosophie de la délicatesse poussée au plus haut degré (1).

(1) Cela m'était déjà arrivé pour *Richard*; mais, cette fois, ce fut, non pas

La représentation finie, j'aperçus, en descendant avec le public, notre jeune homme. Il recevait modestement les compliments de tous ses amis, et se rengorgeait au centre d'un groupe. Janin descendait en même temps que moi. Nous échangeâmes un de ces regards qu'aucune parole ne pourrait traduire; puis nous revînmes bras dessus, bras dessous, riant, tout le long du boulevard, du jeune homme, du public, et surtout de nous-mêmes.

Le lendemain, M. Harel, qui prétendait que l'absence de mon nom sur l'affiche lui était préjudiciable, s'ingéra d'un de ces moyens qui n'appartiennent qu'à lui, pour dire tacitement au public ce qu'il lui était impossible de dire tout haut, et rédigea son affiche en ces termes :

LA TOUR DE NESLE
Drame en cinq actes, en prose,

DE MM. *** ET GAILLARDET.

Il avait agi, comme on le voit, en raison inverse des règles de l'algèbre, qui veulent qu'on procède du connu à l'inconnu, et non de l'inconnu au connu. Il était impossible de faire preuve, je crois, d'une ignorance plus savante et d'une bêtise plus spirituelle.

Ce que voyant, le jeune homme écrivit la lettre suivante au rédacteur du *Corsaire*...

On connaît cette lettre, ainsi que la réponse d'Harel : je les ai citées plus haut.

Cette réponse n'empêcha point le jeune homme, qui était avocat, de faire un procès à M. Harel, mais un singulier procès, vous allez voir.

A faire disparaître les étoiles de l'affiche, il n'y fallait pas songer : il s'agissait donc seulement de changer les étoiles de place. Requête fut présentée, en conséquence, par le jeune homme au tribunal de commerce, pour qu'il eût à rétablir les choses dans la position algébrique;

à la voix de mon amour-propre qu'il me fallut résister; mais aux instances de mon collaborateur. Dix fois, pendant la représentation, Dinaux et M. Harel vinrent dans ma loge me supplier, avec des instances croissantes, et au fur et à mesure que le drame s'établissait, de le prendre sous mon nom. Ils n'ont pas oublié la fermeté de mon refus, je le crois; mais je n'oublierai jamais non plus l'amicale délicatesse de leurs prières.

cette requête réclamait un jugement qui autorisât le jeune homme à faire les jambes de devant du chameau de la caravane.

Jusque-là, tout allait bien, et le jeune homme n'avait pas encore complétement oublié le petit service que je venais de lui rendre, et la manière dont je le lui avais rendu; témoin la lettre suivante qu'il m'avait écrite en entamant son procès :

« Mon cher maître, je vous renouvelle mes remercîments pour votre bonne et loyale conduite dans mon affaire d'hier; mais, puisque Harel est intraitable, je ne lui lâcherai pas prise d'une semelle, et je vais l'attaquer. En effet, si l'honneur de son administration est en péril, comme il dit, ma parole, à moi, est compromise; *et je me suis trop avancé avec le public et avec mes amis pour demeurer coi.*

» Que cette affaire ne vous chagrine pas, mon cher maître, et surtout qu'elle ne vous empêche pas de partir quand bon vous semblera; seulement, dans ce cas, je réclamerais de votre bonté une petite déclaration (1), afin d'accuser Harel, et de vaincre son obstination par la perspective d'une condamnation certaine.

» Mille pardons pour tout le casse-tête que vous donnent toutes ces tracasseries pauvres et misérables. *Mille amitiés et remercîments.*

» 4 juin 1832. »

Grâce à ma déclaration, le jugement intervint, et les malheureuses étoiles furent condamnées à faire les jambes de derrière.

Pendant ce temps, il était venu au jeune homme une singulière idée : c'était de vendre le manuscrit sans ma participation. En conséquence, il alla trouver Duvernoy, lui dit qu'il était l'auteur de *la Tour de Nesle*, et qu'il venait pour traiter avec lui.

Duvernoy, qui savait comment les choses s'étaient passées, accourut chez moi, et me prévint de la démarche de mon *collaborateur*. Nous réglâmes, séance tenante, les conditions du marché. La vente fut arrêtée à quatorze cents francs, dont sept cents devaient être remis au jeune homme.

Cette somme, sans doute, ne parut pas au jeune homme proportionnée au mérite de *son drame;* car il menaça Duvernoy et moi d'un second procès, si nous en arrêtions les bases sur ces conditions. Au bout de quinze jours, il signa cette vente pour une somme totale de cinq cents francs. Le jeune homme aurait mieux fait, vous le voyez, de continuer

---

(1) Cette déclaration avait pour but de faire connaître que je donnais ma démission des jambes de devant, et que je n'avais jamais sollicité cette place.

à me charger de ses affaires d'intérêt. — Il est inutile de dire qu'un seul nom parut sur la brochure comme un seul nom avait paru sur l'affiche.

Vous croyez peut-être que, moyennant ce dernier partage, mon jeune homme me tint quitte?

Au moment où je m'occupais de la publication de mes œuvres complètes, je reçus une lettre de lui. Savez-vous ce qu'il me disait dans cette lettre? Il me disait qu'il venait d'apprendre avec le plus grand étonnement que j'avais la prétention de mettre *son drame* parmi les miens. La chose, comme on le voit, dégénérait en bouffonnerie.

Je répondis au jeune homme que, s'il continuait à me rompre la tête avec ses balivernes, j'imprimerais son manuscrit dans la préface du mien.

Cette notification fut pour le pauvre diable un véritable coup de foudre. Il ignorait que M. Harel, après la signature de mon traité d'*Angèle*, m'avait, à titre de prime, fait cadeau de cet autographe.

Le lendemain, je reçus, par huissier, une invitation de remettre mon manuscrit aux mains de son auteur, parce que, disait-il, il venait de traiter de sa *vente*. La chose paraîtra peut-être bizarre d'abord; mais on finira par la comprendre, en réfléchissant que, à l'exception d'une scène, le drame était entièrement inédit; le libraire pouvait donc n'être pas dans son bon sens, mais l'auteur était dans son bon droit.

M. Philippe Dupin, à qui je remis les deux manuscrits, et qui les a encore entre les mains, fit répondre à notre adversaire que nous étions prêts à faire la remise dudit autographe, mais que nous ne la ferions qu'en échange d'une copie collationnée sous les yeux de trois auteurs dramatiques, et certifiée conforme par eux.

Le jeune homme réfléchit quinze jours, puis retira sa demande.

C'était le troisième procès qu'il entamait contre moi, pour lui avoir fait gagner douze mille francs.

Depuis ce temps, je n'ai plus entendu parler du jeune homme, et je ne sais, à l'heure qu'il est, s'il est mort ou vivant.

Voilà comment je fis ma *Tour de Nesle*.

Quant à celle de M. Gaillardet, j'ignore si c'est, comme il le dit, son meilleur drame, je ne la connais encore que par la lecture, et j'attendrai qu'il la fasse jouer pour juger si elle vaut mieux que *George et Struensée*.

Agréez, etc.

ALEX. DUMAS.

Les jours s'écoulèrent, et je savais que mon futur adversaire allait au tir tous les matins, et j'étais tenu au courant des progrès qu'il faisait.

Enfin, la fameuse réponse parut.

Qu'on me permette de la reproduire entière avec les injures qu'elle contient.

Il est probable qu'aujourd'hui M. Gaillardet regrette ses injures envers moi, comme je regrette mes violences envers lui.

A M. S.-Henry Berthoud.

Monsieur le directeur,

J'ai publié dans le n° XXI du *Musée des Familles* un article que vous m'avez fait l'honneur de me demander sur l'ancienne tour de Nesle. Dans cet article, j'ai conté, en passant, et sous forme de causerie, sans prétention aucune, comment l'idée m'était venue de faire un drame dont personne ne m'a contesté la pensée première; drame imprimé, publié depuis plus de deux ans, et représenté aujourd'hui pour la deux centième fois sous mon nom, de l'aveu de M. Dumas lui-même.

Du reste, je n'ai pas dit un mot de M. Dumas, je n'ai fait aucune allusion à la discussion juridique et littéraire qui s'éleva jadis entre lui et moi. On peut s'en convaincre par la lecture de mon article. J'aurais eu scrupule, en effet, de ranimer en quoi que ce fût une querelle depuis longtemps éteinte, et à laquelle une transaction amiable à mis fin; transaction proposée par M. Dumas lui-même, ainsi que je le dirai dans la suite, et par laquelle fut arrêté, dans son principe, le débat public que j'avais, alors, moi, désiré, provoqué.

Quoi qu'il en soit, aujourd'hui, M. Dumas revient sur cette affaire; il en réunit les cendres froides et éparses, les tasse dans sa main, et, les attisant de tout son souffle, en rallume le feu, au risque de s'y brûler les doigts. Puisqu'il m'a jeté le gant, je le ramasse. Il m'a provoqué, je lui réponds. Tant pis pour lui s'il est blessé dans ce jeu, si sa réputation s'y trouve compromise : il ne dépend pas de moi d'éviter le combat... Je suis l'offensé, l'insulté! et, si jamais le talion fut permis, c'est à celui qui n'a point recherché l'attaque... A celui-là la vengeance est sacrée et les représailles saintes. Il use du droit de naturelle et légitime défense!

J'arrive donc à l'histoire *complète et vraie* de *la Tour de Nesle*. J'appuierai mon récit sur des preuves *écrites et signées* par les personnages mêmes de cette histoire, et, quand les preuves me manqueront, je mettrai sous les yeux du lecteur les présomptions et les vraisemblances de la cause, en lui disant : « Méditez et jugez! »

« Mais, dans un pareil procès où *l'honneur* est tout, où la preuve *écrite* de bien des faits généraux ne peut être rapportée (il eût fallu, pour cela, avoir pressenti l'avenir, et deviné ce qui arrive), où chacun des plaidants a besoin d'être *cru* dans certains cas, parce qu'il a toujours dit vrai dans les autres, où celui qui a menti une fois, au contraire, n'est plus digne de créance; dans une affaire, enfin, où la bonne foi doit l'emporter sur le mensonge, quand tous deux n'ont plus pour garant qu'*une parole*, je dois. et je veux, avant toute chose, convaincre mon adversaire d'*inexactitude* (je serai poli dans les termes), et, cette *inexactitude* prouvée, je la lui cloue au front comme l'écriteau du flétri au faîte de la potence, afin que le stigmate en survive et plane incessamment sur le coupable, aux yeux des juges de ce procès.

M. Dumas déclare (je commence par la première phrase de son article ayant rapport à *la Tour de Nesle*), il déclare qu'ayant reçu la visite de M. Harel, celui-ci lui dit : « La pièce est à moi; elle m'appartient par un bel et bon traité; j'ai le droit de la faire refaire à mon gré, par qui bon me semblera... » Et plus loin : « Vous avez fait signer un traité au jeune homme, m'avez-vous dit? — Oui. — Sur quelles bases? — Mais d'après le marché de la Porte-Saint-Martin : deux louis par représentation, un louis pour lui, un louis pour Janin, et douze francs de billets. » Puis, en note, M. Dumas ajoute : « Ce traité est encore entre les mains de M. Harel. » Eh bien, autant de mots, autant d'*inexactitudes*. Voici le seul traité qui ait jamais existé entre moi et M. Harel; c'est celui qu'on me fit signer, je dirai par quelle manœuvre, quand on me fit accepter la collaboration de M. Janin.

Suivait le texte de ce traité, que le lecteur connaît.

« Le drame fut joué, dit M. Dumas; on nomma le *jeune homme*. (M. Dumas a employé d'un bout à l'autre, pour me désigner, cette *expression.*) Entendre toute une salle trépigner, demander votre nom, et livrer, à la place du sien, un nom inconnu à l'auréole de la publicité; et, tout cela, *lorsqu'on peut faire autrement, lorsque aucune promesse ne vous lie, lorsque aucun engagement n'a été pris*, c'est la philosophie de la délicatesse poussée au plus haut degré. »

Eh bien, voici la lettre qu'avant la représentation, je reçus de M. Dumas, et les *conditions* auxquelles seules je consentis à laisser jouer la pièce.

On n'a pas oublié cette lettre, la première que j'écrivis à M. Gaillardet.

Maintenant, lecteur, parlez. Laquelle est portée plus haut chez M. Dumas, ou la *philosophie* de la délicatesse, ou bien celle de *l'assurance?*...

« Duvernoy vint me trouver, poursuit M. Dumas, et nous *réglâmes* séance tenante, les conditions du marché. La vente fut *arrêtée* à quatorze cents francs dont sept cents devaient être remis au *jeune homme*. Cette somme, sans doute, ne parut pas au *jeune homme* proportionnée au mérite de son drame... Au bout de quinze jours, il signa cette vente pour une somme de cinq cents francs. Le *jeune homme* aurait mieux fait, vous le voyez, de continuer à me charger de ses affaires d'intérêt. »

Voici une déclaration signée de M. Duvernoy :

« Par le même esprit d'impartialité qui m'a fait donner à M. Alexandre Dumas une déclaration dans laquelle j'ai reconnu que M. Gaillardet m'avait proposé le manuscrit de *la Tour de Nesle* (nous verrons ceci plus tard), je déclare *qu'il n'a jamais été question* de quatorze cents francs pour le prix dudit manuscrit, mais d'une somme que je crois être de mille francs.

« Duvernoy.

» Paris, 8 septembre 1834. »

J'en ai bien d'autres, et de toutes les *philosophies* à citer! mais elles trouveront place dans mon récit; car, maintenant, oui, maintenant, je me sens assez fort pour l'entreprendre!

Ce fut le 27 mars que je lus mon drame de *la Tour de Nesle* à M. Harel en présence de M. Janin et de mademoiselle Georges. Le drame fut reçu. « Dumas ne ferait pas mieux! s'écria le directeur avec enthousiasme. Il y a, pourtant, quelque chose à retoucher au style, qui n'est point *scénique*; mais ne vous en inquiétez pas; commencez un autre drame, et Janin nous fera le plaisir, à vous et à moi, de reviser quelques pages. » Je ne compris pas trop comment M. Janin, qui n'avait jamais fait de drame, aurait un style scénique, suivant l'expression du directeur. « Mais, s'il n'en a pas fait, me dis-je à part moi, il en a beaucoup entendu, ce qui peut-être revient au même. » Je déclarai donc que je serais très-flatté et surtout très-reconnaissant si M. Janin voulait bien me *sabler* quelques phrases. M. Janin y consentit de la meilleure grâce du monde, et je sortis joyeux, et de M. Janin et de mademoiselle Georges. J'étais au septième ciel... L'ivresse ne fut pas longue.

Deux jours après, le 29 mars, j'allai voir ce qu'était devenu mon drame *janinisé!*... Quelle fut ma surprise en voyant tout un acte *récrit!* « Mais c'est un travail bien grand, dis-je à part au directeur. M. Janin fait beaucoup plus que je n'avais désiré; mais je ne crois pas mon style si mauvais qu'il faille... — Non, non, certainement, me répondit M. Harel; mais Janin y met de l'amour-propre, il veut au moins faire sa part. — Comment, sa part? — Oui, sa moitié. — Mais c'est donc une collaboration? Il y a un *malentendu;* je vais le dire à M. Janin. — Ah! qu'allez-vous faire? vous allez offenser Janin, Janin le plus puissant des feuilletonistes! Vous vous créez un ennemi pour la vie. — Bah? — C'est comme je vous le dis. Vous ne savez pas ce que c'est que le théâtre! — Mais... — Et puis, d'ailleurs, il y a commencement d'exécution! les choses ne sont plus entières. Vous êtes liés de part et d'autre! etc., etc. » Si bien que M. Harel, me voyant étourdi, prit une feuille de papier, y griffonna le traité que j'ai transcrit plus haut, me le fit signer... Et voilà comment j'eus mon premier collaborateur.

Alors, j'attribuai cet évènement à un *malentendu;* aujourd'hui, je l'attribue à un *très-bien entendu:* les idées changent avec le temps!

Mais le jour était venu où M. Janin devait nous lire son travail. Je n'en dirai rien, car je pratique, autant que je le puis, la charité avec mes ennemis mêmes!... Qu'on sache seulement que, d'un commun accord, ce travail fut jugé non avenu. Janin se retira et se désista complètement (j'en donnerai la preuve écrite), et M. Harel revint purement et simplement à mon drame.

Or, depuis le jour où j'avais lu ma pièce, j'avais conçu de nouvelles idées et des améliorations dues tant à la discussion et aux critiques du directeur qu'à mes réflexions propres.

Mais, afin d'éclairer le public sur les mystères vrais de l'enfantement de *la Tour de Nesle*, et de l'initier, pour ainsi dire, aux phases et aux développements du travail par lequel fut engendré ce drame, monstre par son succès et par les querelles qu'il soulève, je vais dire et établir succinctement ce qu'était, *en gros* et dans ses rapports avec le drame représenté, le drame que je lus à M. Harel, et qui me revint, à l'époque dont je parle. Il sera facile à tous de me comprendre d'abord (qui n'a vu *la Tour de Nesle?*), de me *vérifier* ensuite, M. Dumas ayant entre les mains le manuscrit primitif, et le montrant à qui le désire; aussi peut-on être assuré que je dirai plutôt *moins* que *plus.* Je cite de mémoire, et mon adversaire tient le livre!

Ici, M. Gaillardet donnait le résumé de son premier manuscrit; puis il continuait ainsi :

Le lecteur a déjà saisi par quels points se touchent les *deux* drames. Ces points, dans le peu que j'ai cité, et cité fidèlement, on pense (car si j'étais homme à m'affubler audacieusement d'un mensonge, *moi*, mon adversaire aurait en mains de quoi me démasquer!) ces *points* ne sont-ils pas *déjà* les bases fondamentales du drame *joué* ? N'en sont-ce pas et les os et la moelle, les matériaux et la charpente?... Oui, j'ose le dire, n'eussé-je fait *que cela* dans la pièce, j'aurais fait plus de la moitié du drame, par conséquent dix fois, vingt fois plus que M. Dumas ne m'accorde, puisqu'il ne m'accorde *rien*. *Rien!* il a osé l'écrire et l'imprimer en toutes lettres! Mais, d'après ce que nous savons de lui, de quoi pouvons-nous et devons-nous nous étonner ?

M. Harel m'avait exprimé plusieurs regrets : le premier que le drame ne fût pas en *tableaux*: ce genre convenait mieux aux allures de son théâtre, et le succès de *Richard* appuyait cette opinion ; le second, que je n'eusse pas fait Buridan père de Gaultier et de Philippe, dont on ne connaissait que la mère (Marguerite). « Cela compliquerait l'intrigue, » me disait-il.

Enfin, il trouvait invraisemblable que Marguerite, reine et toute-puissante, ne fît pas arrêter et disparaitre Buridan dès les premiers mots de sa révélation.

Du rapprochement de ces deux dernières objections jaillit pour moi, soudain, une lumière immense.

Que Buridan soit *père*, en effet, au moyen d'une intrigue préexistante, et qu'il soit arrêté par Marguerite, qui voudra s'en défaire ; puis, au moment de son plus grand péril, qu'il se fasse reconnaître, et voilà l'occasion d'une scène magnifique, capitale !

La scène de la prison était trouvée.

Deux jours après le jour où Janin avait renoncé au drame, comme l'athlète épuisé à la tâche trop ardue, je portai au directeur de la Porte-Saint-Martin, M. Harel, un *scenario* qui était, à peu de chose près, celui de *la Tour de Nesle*.

Je vais pourtant indiquer les différences.

Orsini n'était point tavernier : c'était Landry, quoique tous deux fussent des hommes de la tour de Nesle. Quant à Orsini, c'était un de ces magiciens fort redoutés, dans ce temps, sous le nom d'*envoûteurs*. Confident de Marguerite, il recevait chez lui les seigneurs de la cour, rôle à peu près semblable au Ruggieri d'*Henri III* ; c'est pour cela, je pense, que M. Dumas l'a fait tavernier à la place de Landry.

Deuxièmement, la scène de la prison était ainsi placée, que Buridan ait terminer son récit en tendant les mains à Marguerite, et lui dire : « Délie ces cordes! » Marguerite, tombant à genoux, et le déliait d'*un seul coup*.

M. Dumas a *triplé* cet effet en faisant délier Buridan *en trois fois*, voilà ce que je dois avouer et dire. Il a été au-dessus de moi de toute la hauteur du talent éprouvé sur la faiblesse qui s'essaye, du *faire* sur l'inexpérience.

Quant à la vérité de ce que j'avance, elle se trouvera, pour tout lecteur impartial, d'abord dans la précision, la textualité des détails, si je puis m'exprimer ainsi ; je ne cite pas seulement *ce qui se trouve* dans *la Tour de Nesle* actuelle, mais *ce qui ne s'y trouve pas*, entre autres une scène du quatrième tableau. Buridan venait en bohémien, et non en capitaine, chez Orsini *sorcier*. Celui-ci voulait en imposer au bohémien, qui lui révélait les meurtres de la Tour de Nesle comme il les avait révélés à Marguerite ; et bientôt *l'envoûteur* tombait aux genoux du bohémien, pris aux propres superstitions que lui-même inspirait au vulgaire, à savoir que, peut-être, il y avait de vrais sorciers! Cette scène a dû disparaître du moment qu'Orsini était fait tavernier.

Ensuite, j'ai pour probabilité, je devrais dire pour *preuve* de ma parole, la parole même de M. Dumas, dans cette lettre où il me dit : « Harel est venu me demander des *conseils* pour un drame *de vous* qu'il désirait monter. *Votre pièce*... Ce que j'ai été heureux de pouvoir y *ajouter*..., etc. » On ne parle point ainsi d'un ouvrage dans lequel on a *tout* fait. Puis un mot de M. Harel, que je reçus avant mon départ (*après la retraite de Janin*), et dans lequel il me dit : « Écrivez-moi ; soignez votre santé, et surtout *travaillez!* » Il y avait donc des modifications, des changements arrêtés, un *travail à faire!*... On le nie, je l'affirme, et j'affirme avec *pièces!*... C'est au lecteur à juger (1).

---

(1) « Je soussigné, l'un des directeurs du journal *l'Avant-Scène*, ancien inspecteur général du théâtre de la Porte-Saint-Martin, sous M. de Lhéry, prédécesseur de M. Harel, déclare que, peu de temps avant la retraite de M. de Lhéry, M. F. Gaillardet me communiqua un manuscrit de *la Tour de Nesle*, en cinq actes, sans tableaux, dont il était seul auteur ; que, plus tard, et avant son départ pour la province, M. Gaillardet me montra un nouveau plan du même drame en tableaux, et dans lequel était, à très-peu de chose près, toute *la Tour de Nesle* actuelle ; plan qui venait d'être arrêté, m'a-t-il dit, entre lui et M. Harel.

« En foi de quoi, etc.

« DUPERREY.

« 21 septembre 1834. »

Et, maintenant, vous concevez qu'il m'importera peu que M. Dumas ait eu, oui ou non, entre les mains mon *premier* manuscrit.

J'ai démontré qu'il a eu mon second plan; d'un autre côté, il avoue lui-même avoir possédé et copié en partie le manuscrit de Janin, qui était le mien *gâté*... Que me faut-il de plus?

Je reprends donc mon histoire où je l'avais laissée. Les *félonies* vont s'y succéder comme un feu de file.

Ce fut le 8 *avril* que je portai à M. Harel mon *scenario*. Le 9, mon père mourut; — mon père, venu tout exprès à Paris pour m'arracher à la contagion qui régnait sur la ville, et que la joie d'assister à ma première pièce fit rester auprès de moi! Mon cœur se serre à ce souvenir!... Le 10, messager de mort, j'allai consoler ma pauvre mère. Ce fut la veille de ce jour que M. Harel m'écrivit le billet dans lequel il me disait : Soignez *votre santé!* Misérable ironie, qui m'était jetée entre un malheur qui m'atteignait, et une spoliation qui allait m'atteindre! « Partez, m'avait-il dit; j'ai une pièce avant la vôtre : vous avez trois mois devant vous. Soyez tranquille, et écrivez-moi »

Il y avait à peine un mois que j'étais parti, quand j'eus besoin d'écrire à M. Janin pour lui demander une annonce relative à *la Tour de Nesle*. Un livre venait de paraître sur le même sujet (*l'Écolier de Cluny*), et je ne voulais pas qu'on crût ma pièce tirée du livre. Janin me répondit :

« Je ferai volontiers ce que vous me demandez; mais à quoi bon? Je vous annonce la prochaine représentation de votre pièce. Je dis *votre*, et pas *notre*, parce que je n'y suis plus *absolument* pour rien : vous le savez, la chose est entre vous et M. Harel; cela est depuis longtemps convenu, etc.

« JULES JANIN.

« 10 mai 1832. »

Du reste, pas un mot de plus. J'écris à Paris et j'apprends que M. Dumas *a été fait et s'est fait* mon collaborateur. Je laisse au lecteur à penser quels sentiments furent les miens!... Hors de moi, tremblant de colère et d'indignation, j'écris à M. Harel pour lui défendre de jouer la pièce; à M. Dumas, pour le prier d'y mettre obstacle. « Sans doute, vous avez été trompé, lui disais-je; la pièce m'appartient en propre et à moi seul; je ne veux point de collaborateurs, surtout de collaborateurs furtifs et imposés ; je vous prie donc, au nom de votre honneur, et vous somme au besoin d'interrompre les répétitions, etc. » Point de réponse, ni de M. Harel, ni de M. Dumas!... Je pars, et, avant de descendre chez moi, j'entre en habit de voyage chez M. Harel. « Je suis un homme ruiné! me dit-il; je vous ai trompé, c'est vrai... Maintenant, qu'allez-vous faire?... — Arrêter la pièce! — Vous n'y parviendrez pas : j'en change le titre, et je la joue. Vous m'attaquez en contrefaçon, vol, plagiat, tout ce que voudrez : vous obtiendrez douze cents francs de dommages-intérêts. Demandez à un agréé! Si vous laissez jouer, au contraire, vous gagnerez douze mille francs, etc. » Il disait vrai, car telle est la protection que, d'ordinaire, nos juges accordent à l'écrivain qu'on dépouille!... Je rentrai chez moi pâle de rage, et ce fut alors que je trouvai la magnifique lettre de M. Dumas, citée par moi au commencement de cet article. Tels sont les premiers faits.

Que direz-vous, maintenant, de ces lignes de M. Dumas? « J'écrivis au jeune homme, et le jeune homme *ne me fit pas l'honneur de me répondre!* » Cette fois, c'est la philosophie de la *véracité* à sa quatrième puissance! On n'y croirait pas, si je n'avais entre les mains les *titres* et les *moyens* de prouver ce que j'avance!

M. Dumas n'ayant point accédé à la prière, à la sommation que je lui avais faite d'arrêter les répétitions de la pièce (ce qui fut la première, sinon la seconde, de ses *fautes*, dont il ne se lavera jamais, parce qu'elle prouve sa *complicité*), et M. Harel me menaçant de *jouer malgré moi*, — ce qu'il était capable de faire *moralement* et *physiquement*, — il ne me restait plus qu'à laisser représenter mon drame aux *conditions* stipulées dans la lettre de M. Dumas, et dans laquelle il était dit *que son nom ne serait pas prononcé*, que je resterais *seul auteur*, que c'était un service qu'il voulait me *rendre* et non pas me *vendre*.

Eh bien, le lendemain de la première représentation, des *étoiles* parurent sur l'affiche *avant* mon nom, et, aujourd'hui, M. Dumas veut remplacer *mon nom* par le sien : on voit qu'il y a progression!

Ce n'est pas tout. Quand il s'agit de payement, on ne voulut plus me donner qu'*une part*. Or, écoutez bien : la commission des auteurs avait fait, dans le courant d'avril, avec M. Harel, et avant la représentation de ma pièce, un traité qui stipulait un droit de *dix pour cent* pour les auteurs, dans les spectacles *à venir* de la Porte-Saint-Martin. J'avais donc droit au bénéfice de ce traité. M. Dumas en jouissait, et au delà : aussi touchait-il *deux et trois cents francs* par soirée. Que me réservait-on, à moi? Quarante-huit francs, prix d'un ancien traité! et M. Dumas m'en prenait la *moitié*... Voilà le service qu'il avait voulu me *rendre* et non me *vendre*!!!

Il n'y avait que les tribunaux à invoquer contre de pareils actes, comme il n'y a que la police correctionnelle contre le vol et la filouterie. C'est donc aux tribunaux que j'eus recours.

Et, si l'on veut *encore* la preuve de tout ceci, je l'ai en main, tracée et libellée dans les actes juridiques et *authentiques* qui commencèrent l'instruction de ce procès.

Mais ce procès effrayait un peu la conscience publique de M. Dumas, à ce qu'il paraît, car il me proposa de l'arrêter par une transaction.

Dans cette transaction, 1° nous nous reconnûmes de part et d'autre auteurs *en commun* de *la Tour de Nesle;* 2° il fut spécifié que cette pièce serait à tout jamais imprimée et jouée sous *mon nom*, suivi d'étoiles; 3° M. Dumas me garantit une somme fixe de quarante-huit francs par représentation, et *moitié* de ses billets. « A quelle somme s'élèvent-ils ? » lui demandai-je de bonne foi. « A trente-six francs, sur mon honneur! » répondit-il en regardant M. Harel; et j'acceptai dix-huit francs de billets.

Le lendemain, M. Harel ne voulut plus exécuter, en ce qui le concernait, la transaction ci-dessus, dont il avait été l'instigateur et le témoin. Il fallut un *jugement* pour l'y contraindre, et M. Dumas le blâma cette fois. J'eus à le remercier... C'était la *première* fois et la *dernière*. Aussi a-t-il cité ma lettre.

Peu de temps après, j'appris que M. Dumas, qui m'avait déclaré sur l'honneur n'avoir que pour trente-six francs de billets, en avait pour plus de cinquante! mais, en faisant le serment, il avait regardé M. Harel.

Le manuscrit était encore à vendre. Barba, qui en avait donné mille francs, et jamais quatorze cents, n'en donna plus que cinq cents francs. La moitié de cette somme devait être payée comptant, à chacun de nous, et le reste à six mois de date.

Au bout de quelques jours, quand j'allai chez M. Barba pour toucher mes cent vingt-cinq francs, j'appris que M. Dumas était venu réclamer ma part de *comptant* avec la sienne, *s'y disant autorisé par moi!*

Il y a dans un pareil fait quelque chose de si incroyable, de si petit, de si dégradant pour l'*homme* de lettres, que je n'aurais osé le citer, si je n'en possédais la preuve écrite, et écrite par M. Dumas lui-même.

En effet, quand Barba m'apprit *cela*, n'osant y croire, j'écrivis à M. Dumas, qui me répondit qu'il avait, en effet, touché deux cent cinquante francs; mais que Barba lui avait dit avoir avec moi des conventions particulières (ne dirait-on pas que c'était Barba qui avait voulu payer comptant?); que, du reste, il m'avait mis à même d'exiger le même avantage pour moi que pour lui ;... que je pouvais me servir de sa lettre pour me faire aussi payer comptant, qu'il m'y autorisait, etc. »

C'étoit se servir d'un premier *dol* pour en commettre un second ;

deux *indélicatesses* au lieu d'une! j'aimai mieux être réglé en papier de six mois (1).

Or, savez-vous, monsieur Dumas,—vous qui, dans votre lettre, m'avez traité de *pauvre diable*,— savez-vous ce que je pourrais vous répondre?... Je suis homme de trop bonne compagnie pour vous le dire.

Maintenant, et pour sortir au plus tôt de ces indignités dont le tableau fait mal, je dirai que je ne me serais point opposé à l'insertion de *la Tour de Nesle* dans les œuvres complètes de M. Dumas (quoique ce droit résultât rigoureusement pour moi des termes mêmes de notre transaction), si M. Dumas avait consenti à faire une simple mention de ma collaboration sur cette pièce. Telle est la méthode que suit aujourd'hui M. Scribe. Mais, à une lettre polie, M. Dumas répondit par une de ces impolitesses dont il brigue le monopole (2).

Enfin, si j'ai demandé par huissier à M. Dumas mon manuscrit *premier*, c'est qu'il y a une déloyauté inouïe, de sa part, à mettre en regard de ce *seul* et unique manuscrit une pièce qui en eut trois pour le moins!

Voilà la vérité sur *la Tour de Nesle*, et la vérité tout entière. Aux documents que j'ai fournis, aux preuves que j'ai données, je dois ajouter qu'appelé devant la *commission des auteurs*, notre pairie, j'ai cité et

---

(1) Voici la déclaration de M. Barba :

« Je crois me souvenir (il y a plus de deux ans de cela) que la moitié du prix de *la Tour de Nesle* a été donnée, en espèces, à M. Dumas disant que cela était convenu avec M. Gaillardet, ce que nia ce dernier. Il fut donc obligé, aux termes de nos conventions, d'accepter mon billet pour sa part.

» Barba.

» Le 29 août 1834. »

(2) « Vous avez fait *Struensée!* » me dit-il. M. Dumas croit-il prouver par là que je n'ai rien fait pour *la Tour de Nesle*? Il oublie donc qu'il a fait, lui, *la Chasse et l'Amour*, *la Noce et l'Enterrement*? (Qui est ce qui a entendu parler de *la Chasse et l'Amour*, de *la Noce et l'Enterrement*?) Puis le malheureux *Napoléon*, qui a eu deux Waterloo, dont le second entraîna dans sa chute l'Odéon de M. Harel! puis, immédiatement après *la Tour de Nesle*, *le Fils de l'Émigré*, qui a eu trois représentations avec M. Anicet, *Angèle*, qui en a eu trente, avec M. Anicet, *la Vénitienne*, qui en a eu vingt, avec M. Anicet; *Catherine Howard*, qui en a eu quinze sans M. Anicet? M. Dumas ne serait-il donc pas l'auteur des beautés d'*Antony*, d'*Henri III*, de *Christine*? On l'a bien dit un peu, et même un peu démontré... C'est peut-être à cela que je dois l'attaque de M. Dumas! Mais qu'il soit tranquille, je ne ferai jamais *Gaule et France*, et surtout *Madame et la Vendée*.

énuméré tous ces détails et tous ces faits à la face de M. Dumas lui-même!... Et, là, comme ici, j'ai senti plus d'une fois mes joues se colorer d'une pudeur involontaire. C'est que, naguère encore, M. Dumas était grand et saint à mes yeux, de la grandeur du talent, de la sainteté de l'art.

Aussi, quand, à cette lutte qu'il a provoquée, succédera une autre lutte, peut-être ma main tremblera... car il y a dans M. Dumas l'*artiste* au-dessus de l'*homme*, et sous une *honte* une *gloire*.

P.-S. — A l'appui de ses attestations, M. Dumas a appelé divers certificats à chacun desquels je n'accorderai que ce qui est nécessaire pour en faire apprécier la valeur et le poids.

Je ne dirai rien de M. Harel, M. Harel, le *premier coupable* dans tout ceci, et dont M. Dumas est le *complice*. Il devrait y avoir pudeur à M. Dumas d'invoquer un tel témoignage...

M. Verteuil, *secrétaire de M. Harel*, assure « avoir été chercher chez M. Dumas, au fur et à mesure qu'il les écrivait, les cinq actes de la Tour de Nesle (très-bien !), les avoir recopiés entièrement sur son manuscrit (parfaitement bien), qui n'avait aucune ressemblance avec *celui* (lequel?) de M. Gaillardet, manuscrit qui était, depuis trois mois environ, entre mes mains... » Ah ! monsieur Verteuil, je vous arrête!... La Tour de Nesle a été représentée le 31 *mai*. C'est le 29 *mars* (voir plus haut la date) qu'a été reçu mon manuscrit... Je suis parti le 10 *avril* ; M. Dumas était mon collaborateur le 11... Il déclare avoir fait son travail en *huit* jours, et vous déclarez, vous, que mon manuscrit était *alors* depuis *trois mois environ* entre vos mains ?... Oh ! vous êtes, en effet, monsieur Verteuil, *secrétaire de M. Harel*.

M. Duvernoy certifie que j'ai voulu vendre le drame (je le crois bien)! Il m'a certifié, à moi, que M. Dumas avait cité un prix *faux* ; c'est un peu plus positif.

Il ne reste plus, maintenant, que l'attestation de M. Janin. Ah ! celle-là, je l'avoue, je ne m'y attendais guère. M. Janin écrit que rien n'est *plus vrai* que les détails de M. Dumas, dont il croit se souvenir, et qu'en somme, la réponse de M. Dumas est *véridique!* et M. Dumas déclare que *Janin, accepté par moi pour collaborateur, lui avait cédé ses droits et envoyé M. Harel!*... C'est trop fort! M. Janin oublie donc qu'*il n'avait plus de droits*, qu'*il s'était désisté*, qu'*il me l'a déclaré* dans une lettre *écrite* et *signée* de sa main ?

Ce n'est pas tout, et puisqu'il faut que je vous le dise, apprenez donc, lecteur, qu'après la première représentation de la Tour de Nesle, ce fut M. Janin qui *m'engagea* à réclamer; ce fut *chez lui* que j'écrivis ma réclamation ; ce fut *lui* qui *voulut* me la dicter, et me *la dicta !* Il était furieux contre MM. Harel et Dumas.

Ce n'est pas tout encore ; à la suite du procès qui s'éleva entre M. Harel et moi devant le *tribunal de commerce*, M. Janin écrivit lui-même à M. Darmaing, pour appuyer une réclamation que je fis à la *Gazette des Tribunaux :* « Je prie M. Darmaing d'insérer la petite note ci-jointe, je l'en prie *en mon nom* et en celui de M. Gaillardet. Je ne comprends pas l'opiniâtreté avec laquelle on cherche à dépouiller ce jeune homme *de ce qui lui appartient,* etc. » (Voir *la Gazette des Tribunaux* du 1ᵉʳ juillet 1832.)

Qu'en dites-vous, lecteur ?... J'avais promis de conter les petits secrets de cette apostasie, mais la place me manque ; et puis j'ai réfléchi que cela n'en valait pas la peine !

Et je signe : F. GAILLARDET.

Après cette réponse, on comprend que M. Gaillardet n'avait aucun droit de retarder notre duel, puisqu'ayant gardé moins de mesure que moi, c'était moi qui me trouvais l'offensé.

Aussi, sur une nouvelle visite de mes témoins, la rencontre fut-elle fixée au 17 octobre 1834.

CCXXXVII

L'épée et le pistolet. — D'où vient ma répugnance pour cette dernière arme. — La poupée de Philippe. — La statue de Corneille. — Un autographe *in extremis.* — Le bois de Vincennes. — Une toilette de duel. — Question scientifique posée par Bixio. — Les conditions du combat. — Procès-verbal des témoins. — Comment Bixio eut la solution de son problème.

J'avais désiré que la rencontre eût lieu à l'épée ; M. Gaillardet insista pour qu'elle eût lieu au pistolet.

Je répugne fort à cette arme ; elle me paraît brutale et plutôt celle du voleur qui attaque le passant au coin d'un bois que celle du loyal combattant qui défend sa vie.

Ce que je crains surtout au pistolet (au reste, je ne me suis battu que deux fois à cette arme), c'est encore plus la maladresse que l'adresse.

Et, en effet, deux ou trois ans avant l'époque où se passaient les faits que je raconte, — c'est-à-dire avant 1834, — j'avais eu un duel au pistolet; je n'en ai point parlé, ne pouvant nommer l'homme contre lequel je me battais, ni dire les causes pour lesquelles je me battais.

Dans ce duel, qui avait eu lieu à sept heures du matin au bois de Boulogne, aux environs de Madrid, nous avions été placés, mon adversaire et moi, à vingt pas de distance.

On avait tiré à qui ferait feu le premier, et l'avantage avait été pour mon adversaire.

Je m'étais donc placé, le pistolet tout armé, à une distance de vingt pas, et j'avais attendu le feu, le bout du canon de mon arme en l'air.

Mon adversaire avait fait feu. J'avais vu sa main trembler, j'avais vu la balle frapper à six pieds devant moi, et, en même temps, néanmoins, j'avais senti comme un violent coup de fouet à la jambe.

C'était la balle aplatie qui, en ricochant, venait de me frapper au mollet, me faisant une blessure de deux pouces de profondeur, et entraînant avec elle dans ma blessure un morceau de mon pantalon et de ma botte.

La douleur avait été telle, que, malgré moi, j'avais appuyé sur la détente de mon arme, et que le coup était parti en l'air.

Les témoins avaient alors décidé que le coup était bon, et que tout pistolet déchargé dans un duel était déchargé contre l'adversaire.

J'avais demandé à continuer, et les témoins s'étaient mis à recharger les armes; mais, pendant cette opération, soit ébranlement de nerfs, soit sang perdu, je m'étais à peu près évanoui. Il avait été impossible de continuer le combat.

J'étais, en conséquence, remonté dans ma voiture, et, comme je ne voulais pas rentrer chez ma mère dans l'état où je me trouvais, je m'étais fait conduire à l'école de natation de Deligny, où mon ami le père Jean m'avait fait donner un cabinet, et avait envoyé chercher, rue de l'Université, Roux, l'habile chirurgien.

Roux n'était pas chez lui, mais on avait ramené un de ses élèves.

Le jeune homme examina la blessure, et, comme la balle transparaissait presque du côté opposé à celui par lequel elle était entrée, il avait jugé plus court de l'aller chercher à l'aide d'une blessure nouvelle qu'en fouillant l'autre ; ce que l'enflure, d'ailleurs, rendait à peu près impraticable.

Il avait été fait comme il avait été dit; le jeune homme m'avait ouvert le mollet, et, par cette ouverture, avait tiré la balle d'abord, le fragment de botte ensuite, et enfin le fragment de pantalon ; puis on m'avait proprement mis une couche de charpie à l'endroit et à l'envers de ma blessure ; on m'avait bandé la jambe, et j'étais rentré à la maison à cloche-pied, disant à ma pauvre mère qu'en me baignant, je m'étais déchiré la jambe à un éclat de bois.

J'étais donc payé, — si bien que je tirasse le pistolet, et, à cette époque, je tirais d'une façon remarquable, — j'étais donc payé pour ne pas avoir de sympathie pour le pistolet.

M. Gaillardet insista, et j'acceptai son arme.

Néanmoins, je voulus prouver aux témoins de M. Gaillardet que, si j'insistais pour l'épée, ce n'était point faute d'habitude à l'arme que préférait mon adversaire.

J'invitai, en conséquence, Soulié et Fontan à venir chez Gosset.

Chose singulière! les témoins avaient tiré au sort leur filleul, ou plutôt M. Gaillardet et moi avions tiré au sort nos parrains, et le sort m'avait donné, à moi, de Longpré et Maillan, qui étaient de simples connaissances, et il avait donné à M. Gaillardet, Soulié et Fontan, qui étaient deux de mes amis.

Nous allâmes donc, Soulié, Fontan et moi, la veille du duel, chez Gosset.

C'était un garçon nommé Philippe qui chargeait d'habitude mes pistolets.

Il alla, en conséquence, enlever la poupée, et mettre la mouche.

— Non, lui dis-je, Philippe, laissez la poupée.

— Ce n'est pas l'habitude de monsieur de tirer à la poupée.

— Je ne tirerai que dix balles, Philippe ; c'est seulement pour faire voir à ces messieurs que je ne suis pas un de vos mauvais tireurs.

Philippe laissa la poupée.

Je lui mis ma première balle à un pouce au-dessus de la tête ; la seconde, à un pouce au-dessous des pieds ; la troisième, à un pouce de son côté droit ; la quatrième, à un pouce de son côté gauche.

— Et, maintenant qu'elle ne peut plus se sauver ni par en haut, ni par en bas, ni à droite, ni à gauche, je vais la casser avec ma cinquième balle.

Et, avec la cinquième balle, je la cassai.

Je jetai la sixième balle à terre ; elle s'arrêta à dix pas à peu près.

Je la chassai avec celle qui était dans mon pistolet.

En ce moment, une hirondelle vint se poser sur une cheminée, et je tuai l'hirondelle.

Fontan et Soulié se regardaient.

Un de mes principes était de ne jamais tirer ni l'épée ni le pistolet devant personne ; cette fois, j'avais fait une exception en leur faveur.

Soulié lui-même tirait très-bien ; j'avais été son témoin, quatre ou cinq ans auparavant, dans un duel qu'il avait eu avec Signol, et, dans un essai pareil à celui que je faisais, je lui avais vu casser l'une après l'autre, à quinze pas, la petite et la grande aiguille d'un coucou.

— Philippe, dis-je en sortant, j'ai un duel demain, je désire que les choses se passent carrément. Prenez dans votre arsenal des pistolets dont je ne me sois jamais servi, de la poudre et des balles, et trouvez-vous à midi à Saint-Mandé.

Philippe promit de faire la chose demandée.

Nous partîmes.

L'affaire prenait un sérieux auquel je n'avais pas cru jusque-là. Je me fis conduire chez Bixio, le priant, comme d'habitude, d'assister au combat, non pas en qualité de témoin, mais à titre de chirurgien.

Le rendez-vous était pour midi à Saint-Mandé.

Nous devions aller en poste. Du champ de bataille, si je n'étais pas blessé ou tué, nous partions immédiatement pour Rouen, où l'on inaugurait la statue de Corneille.

Fontan, Dupeuty et moi avions été nommés à la majorité des voix pour représenter les auteurs dramatiques.

Bixio accepta, bien entendu ; il devait venir me prendre rue Bleue, où je demeurais à cette époque.

Je rentrai pour prendre certaines mesures de précautions concernant, en cas de mort, mon fils et ma fille.

Quant à ma mère, comme la pauvre femme savait que j'allais faire un voyage d'une certaine longueur, je laissai une vingtaine de lettres écrites de différentes villes d'Italie ; si j'étais tué, on devait lui cacher la vérité, lui laisser croire que je vivais toujours, et lui remettre de temps en temps une lettre, comme si cette lettre venait d'arriver.

Ces préparatifs me prirent toute la nuit.

Je m'endormis seulement vers cinq heures du matin.

A dix heures, quand mes deux témoins entrèrent, ils me trouvèrent dormant encore.

L'affaire tenait toujours.

Nous devions déjeuner au café des Variétés. Là, ma calèche viendrait nous chercher, et nous mènerait et nous ramènerait avec mes chevaux ; puis, au retour, — s'il y avait retour, — nous prendrions des chevaux de poste, et partirions, comme je l'ai dit, pour Rouen.

J'envoyai Maillan et de Longpré en avant pour commander le déjeuner.

Dix minutes après eux, je descendis. J'avais, à tout hasard, pris des épées de combat sous mon manteau ; j'espérais toujours que l'affaire finirait par là.

Sur l'escalier, je rencontrai Florestan Bonnaire, que j'ai déjà nommé à propos de madame Sand. Il tenait un album à la main.

— Tiens, dit-il, vous sortez ?
— Oui.
— Êtes-vous pressé ?

— Pourquoi cela?

— Parce que, si vous n'étiez pas trop pressé, je vous prierais de remonter, et de mettre quelques vers sur mon album.

— Bon! portez l'album en haut; laissez-le. A mon retour, je vous y mettrai une scène de *Christine* ou de *Charles VII*.

— Vous ne pouvez pas tout de suite?

— Non, en vérité.

— Allons donc!

— Parole d'honneur! je suis pressé, et, pour rien au monde, je ne voudrais être en retard.

— Où allez-vous donc?

— Je vais me battre avec Gaillardet.

— Bah?

— Mieux vaut tard que jamais.

— Oh! alors, cher ami, écrivez-moi mes vers tout de suite, je vous en prie.

— Pourquoi?

— Si vous alliez être tué, voyez donc comme ce serait curieux pour ma femme d'avoir les dernières lignes que vous auriez écrites!

— Vous avez raison, je n'y pensais pas. Je ne veux pas priver madame Bonnaire de cette chance; remontons, cher ami.

Nous remontâmes. J'écrivis dix vers sur l'album, et Bonnaire me quitta enchanté.

J'étais, en effet, un peu en retard près de mes témoins; mais j'avais une si bonne excuse à leur donner, qu'ils me pardonnèrent.

Bixio vint nous rejoindre au café.

A midi, nous étions à Saint-Mandé. Nous trouvâmes le garçon de chez Gosset, qui nous attendait avec des pistolets nouvellement repassés, et dont personne ne s'était encore servi.

Je ne sais plus à quelle allée du bois où avait rendez-vous; le garçon monta près du cocher. Nous partîmes.

En regardant par-dessus la calèche, nous vîmes qu'un

fiacre nous suivait. Nous nous doutâmes que c'était notre adversaire et ses témoins.

Arrivés au lieu désigné, nous mîmes pied à terre. Le fiacre s'ouvrit, mais nous n'en vîmes descendre que Soulié et Fontan.

M. Gaillardet avait dit qu'il viendrait de son côté.

Ils accoururent à moi. J'ai déjà noté ce fait étrange, qu'ils connaissaient à peine M. Gaillardet, tandis que nous étions de vieux amis. Aussi toutes leurs sympathies étaient-elles pour moi.

Je les invitai à faire un dernier effort pour obtenir de M. Gaillardet qu'on se battît à l'épée, les prévenant que, si, au premier feu, l'échange des balles n'avait rien amené, j'exigerais que l'on rechargeât les pistolets.

Ils promirent de s'employer à ce changement.

En ce moment, une voiture parut et s'arrêta à quelques pas de nous.

M. Gaillardet en descendit.

Il avait une véritable toilette de duel : redingote, pantalon et gilet noirs, sans un seul point blanc sur tout le corps ; pas même le col de sa chemise.

C'est en souvenir de l'effet qu'il me fit ainsi vêtu, que, seize ans plus tard, j'écrivis la scène entre le comte Hermann et Karl, scène où, au moment de laisser partir son neveu pour aller se battre au pistolet, le comte Hermann boutonne l'habit de Karl, et fait rentrer dans sa cravate les pointes de son col.

On sait quelle difficulté on éprouve à tirer sur un homme vêtu tout de noir.

Lorsque Carrel, un an ou deux plus tard, fut blessé par Girardin, il le fut à quelques lignes de la pointe de son gilet jaune, qui dépassait son habit noir.

Je fis part de mon observation à Bixio.

— Où viseras-tu ? me demanda-t-il.

— Je n'en sais, ma foi, rien, lui répondis-je.

Tout à coup, je lui serrai le bras.

— Eh bien ? demanda-t-il.

— Il a du coton dans les oreilles, lui dis-je : je tâcherai de lui casser la tête.

Cependant, M. Gaillardet causait vivement avec les témoins, et il était facile de voir que ses gestes étaient ceux de la dénégation.

En effet, il refusait une dernière fois de se battre à l'épée.

Ses deux témoins vinrent m'annoncer que sa résolution sur ce point était inébranlable; il ne s'agissait plus que de trouver un endroit pour le combat.

Nous laissâmes la voiture où elle était, en recommandant au cocher de venir au feu, et nous nous enfonçâmes dans le bois.

Au bout de cinq minutes de marche, nous avions trouvé une allée convenable : droite et sans soleil.

Il s'agissait de régler les dernières conditions ; — cela regardait nos témoins : ils se réunirent et entrèrent en conférence.

Pendant ce temps-là, je remettais à Bixio les lettres destinées à ma mère en cas d'accident.

Mes dernières recommandations lui étaient faites d'une manière si simple et d'une voix si assurée, que Bixio me prit la main, et me la serra en disant :

— Bravo, cher ! je ne t'aurais pas cru si calme que cela sur le terrain.

— C'est là surtout que je suis calme, lui dis-je; j'ai assez mal dormi la nuit qui a suivi la provocation de M. Gaillardet; mais il entre dans mon caractère, — dans mon tempérament, si tu veux, en ta qualité de médecin, — d'être d'autant moins ému d'un danger que ce danger s'approche davantage de moi.

— Je voudrais bien, au moment où vous serez en face l'un de l'autre, te tâter le pouls.

— Comme tu voudras; c'est bien facile !

— Nous verrions combien de pulsations de plus te donnerait l'émotion.

— Moi aussi, je le voudrais bien ; c'est une étude à faire sur moi-même.

— Crois-tu que tu le toucheras ?

— J'en ai peur.

— Tâche donc.

— Je ferai mon possible... Tu lui en veux donc ?

— Moi, pas le moins du monde ; je ne le connais pas.

— Eh bien, alors ?

— As-tu lu *le Vase étrusque* de Mérimée ?

— Oui.

— Eh bien, il dit que tout homme tué par une balle tourne avant de tomber ; — au point de vue de la science, je voudrais savoir si c'est vrai.

— Je ferai de mon mieux pour t'en donner le plaisir.

Les témoins se séparèrent.

Fontan et Soulié s'avancèrent vers M. Gaillardet. De Longpré et Maillan vinrent à moi.

— Eh bien, me dirent-ils, nous avons prétendu que le choix des armes devait être déterminé par le sort ; mais les témoins de M. Gaillardet nous ont soutenu le contraire ; nous venons vous consulter.

— Vous savez bien quelle est mon opinion ; je me battrai à ce que l'on voudra ; cependant, je préférerais me battre à l'épée.

— Fontan et Soulié en réfèrent à M. Gaillardet, comme vous voyez.

— Tenez, ils viennent à nous.

En effet, Soulié et Fontan venaient à nous ; nous fîmes la moitié du chemin.

— M. Gaillardet, dit Soulié, vient de nous déclarer qu'il se battrait au pistolet ou ne se battrait pas.

— Jetez cinq francs en l'air, dis-je à mes témoins, et dressez procès-verbal du refus que feront ces messieurs de s'en rapporter au sort.

De Longpré jeta en l'air une pièce de cinq francs, mais Soulié et Fontan restèrent muets.

— C'est bien, dis-je ; j'accepte les armes de M. Gaillardet, mais je demande qu'un procès-verbal soit dressé.

On déchira une feuille de papier d'un carnet, et, sur le fond d'un chapeau, Maillan écrivit le procès-verbal des faits que je viens de rapporter.

Cette adhésion de ma part coupait court aux pourparlers. Le pistolet était accepté par moi, restaient les conditions à régler.

Je désirais qu'il nous fût permis de marcher l'un sur l'autre, et de ne tirer qu'à volonté.

— M. Gaillardet, dis-je, a fait ses conditions sur les armes; il me semble qu'en échange de la concession que je lui fais en les adoptant, j'ai à mon tour le droit de régler la manière de nous en servir.

— Mon cher ami, me dit Soulié, les combattants n'ont aucun droit, et tous les droits sont aux témoins choisis par eux.

— Très-bien ! Je demande, sinon à titre d'exigence, du moins à titre de proposition, que mon désir soit exposé à M. Gaillardet.

Les témoins s'éloignèrent, et je me trouvai de nouveau seul avec Bixio.

— Sacredieu ! mon cher, lui dis-je, ce garçon-là m'agace tellement, que je meurs d'envie de le faire tourner.

— Ah ! tâche ! tu auras éclairci un point de science très-curieux.

Cinq minutes après, Maillan et de Longpré revinrent à moi.

— Eh bien, me dirent-ils, tout est arrangé.
— Bon !
— On vous place à cinquante pas l'un de l'autre...
— Comment, à cinquante pas?
— Attendez donc, que diable !... Et vous avez le droit de marcher l'un sur l'autre jusqu'à la distance de quinze pas.
— Ah !
— Vous n'êtes pas satisfait?
— Ce n'est pas tout à fait ce que je désirais, mais on peut se contenter de cela. Allons, marquez les distances, mes enfants !
— Vous voyez, Soulié et Fontan s'en occupent.
— Voulez-vous qu'on tire le côté où vous serez.
— Puisque je suis par ici, autant que j'y reste.

Ces messieurs se mirent à mesurer les distances, et, moi, je continuai de causer avec Bixio.

Pendant ce temps, le garçon de tir chargeait les pistolets.

Les derniers quinze pas que nous ne pouvions franchir furent marquées par deux cannes posées en travers du chemin.

On alla porter à M. Gaillardet son pistolet, et l'on m'apporta le mien ; je le pris de la main droite, et tendis la main gauche à Bixio pour qu'il me tâtât le pouls.

M. Gaillardet s'était mis à son poste.

Je lui fis signe d'attendre que Bixio eût fini son expérience.

— Dis-lui donc de ne pas s'occuper de moi, et de tirer tout de même, dit Bixio.

Le caractère de Bixio est tout entier dans ces deux lignes.

Mon pouls battait soixante-huit fois.

— Allons, va! me dit Bixio, et ne te presse pas.

Puis il entra sous bois avec les quatre témoins.

J'allai prendre mon poste.

Soulié frappa trois fois dans ses mains.

Au troisième coup, M. Gaillardet franchit en courant la distance qui le séparait de la limite, et attendit.

Je marchai sur lui en déviant un peu de la ligne droite, afin de ne pas lui donner l'avantage de s'aider du chemin pour viser.

A mon dixième pas, M. Gaillardet fit feu. Je n'entendis pas même siffler la balle. Je me retournai vers nos quatre amis. Soulié, pâle comme un mort, était appuyé à un arbre.

Je saluai de la tête et du pistolet les témoins pour leur indiquer qu'il n'y avait rien.

Puis je voulus faire les huit ou neuf pas qui me restaient à faire ; mais ma conscience me cloua les pieds au sol en me disant que je devais tirer de l'endroit où j'avais essuyé le feu. En effet, je levai mon pistolet, et cherchai le fameux point blanc que m'avait promis le coton dans les oreilles.

Mais, après avoir tiré, M. Gaillardet s'était effacé pour recevoir mon feu, et, comme il se garantissait la tête avec son pistolet, l'oreille se trouvait cachée derrière l'arme.

Il s'agissait de chercher un autre point ; mais je craignis

d'être accusé d'avoir visé trop longtemps, ne pouvant donner pour excuse que je n'avais pas trouvé le point que je cherchais.

Je tirai donc presque au hasard.

M. Gaillardet rejeta la tête en arrière.

Je crus d'abord qu'il était blessé, et, je l'avoue, j'eus alors un vif sentiment de joie d'une chose que je regretterais aujourd'hui de tout mon cœur.

Par bonheur, il n'en était rien.

— Allons, rechargeons les armes, dis-je en jetant mon pistolet aux pieds du garçon de tir, et restons à nos places, ce sera du temps de gagné.

Qu'on me permette, au reste, de substituer le procès-verbal au récit. Arrivé où j'en suis, mes pieds, comme lorsque j'eus essuyé le feu de M. Gaillardet, semblent tenir au sol.

« Bois de Vincennes, 17 octobre 1834, deux heures trois quarts de l'après-midi.

» Après la rédaction de notre première note, les adversaires ont été placés à cinquante pas, avec la faculté de s'avancer l'un sur l'autre jusqu'à quinze pas. M. Gaillardet, arrivé à la limite, a tiré le premier; M. Dumas a tiré le second; aucun des coups n'a porté. M. Dumas a déclaré alors ne pas vouloir s'en tenir là, et exiger que le combat se continuât jusqu'à la mort de l'un des deux. M. Gaillardet a accepté; mais les témoins ont refusé de recharger les armes. Sur ce, M. Dumas a proposé de continuer le combat à l'épée; les témoins de M. Gaillardet ont refusé. Alors, M. Dumas a insisté pour qu'on rechargeât les armes; mais les témoins, après en avoir longtemps délibéré, et avoir tout tenté pour vaincre son obstination, n'ont pas cru devoir prêter leur assistance à une lutte qui ne pouvait manquer d'être mortelle.

» En conséquence, les témoins se sont retirés en emportant les armes, et cette retraite a mis fin au combat.

» FONTAN, SOULIÉ, MAILLAN, DE LONGPRÉ. »

Les témoins retirés, je me trouvai seul avec M. Gaillardet, Bixio et le frère de M. Gaillardet, qui était arrivé à travers bois au moment des coups de feu.

Je proposai alors à M. Gaillardet, puisqu'il nous restait deux témoins et deux épées, d'utiliser les hommes et les armes.

Il refusa.

Sur ce refus, nous montâmes, Bixio et moi, dans la calèche, et nous reprîmes la route de Paris (1).

Deux heures après, nous partions en poste pour Rouen avec Fontan et Dupeuty.

Quant à Bixio, il fut encore deux fois mon témoin; mais l'un des deux combats ayant eu lieu à l'épée, et l'autre n'ayant pas eu lieu du tout, il n'eut pas la chance de s'assurer si l'homme blessé ou tué d'une balle tournait avant que de tomber.

(1) Pour clore l'historique de ce démêlé qui émut si vivement le monde littéraire, nous croyons devoir reproduire ici la lettre que M. Gaillardet, dans un mouvement qui l'honore, écrivit spontanément à M. Marc Fournier, directeur de la Porte-Saint-Martin, lors de la reprise de *la Tour de Nesle* à ce théâtre, en 1861.

(*Note des Éditeurs.*)

« Mon cher Fournier,

» Un jugement rendu par les tribunaux en 1832 a ordonné que *la Tour de Nesle* serait imprimée et affichée sous mon nom seul; et c'est ainsi qu'elle l'a été, en effet, jusqu'en 1851, époque de son interdiction.

» Aujourd'hui que vous allez la reprendre, je vous permets et vous prie même de joindre à mon nom celui d'Alexandre Dumas, mon collaborateur, auquel je tiens à prouver que j'ai oublié nos vieilles querelles, pour me souvenir uniquement de nos bons rapports d'hier, et de la grande part que son incomparable talent eut dans le succès de *la Tour de Nesle*.

» Bien à vous.

» F. GAILLARDET.

» Paris, 25 avril 1861. »

Il devait faire l'expérience sur lui-même.

Au mois de juin 1848, comme, en sa qualité de représentant du peuple, Bixio marchait, avec sa bravoure ordinaire, sur la barricade du Panthéon, une balle, tirée du premier étage d'une maison de la rue Soufflot, l'atteignit au-dessus de la clavicule, lui laboura le poumon droit, et, après un trajet de quinze à dix-huit pouces, ressortit près de l'épine dorsale.

Bixio fit trois tours sur lui-même, et tomba.

— *Décidément, on tourne!* dit-il.

Le problème était résolu.

CCXXXVIII

La mascarade du Budget à Grenoble. — M. Maurice Duval. — Les charivariseurs. — Exploit du 35ᵉ de ligne. — Soulèvement qu'il excite. — Arrestation du général Saint-Clair. — Prise de la préfecture et de la citadelle par Bastide. — Bastide à Lyon. — L'ordre règne à Grenoble. — Casimir Périer, Garnier-Pagès et M. Dupin. — Rapport de la municipalité de Grenoble. — Acquittement des émeutiers. — Restauration du 35ᵉ. — Protestation d'un fumeur.

Ce serait avec un grand bonheur que j'abandonnerais le côté littéraire de ma vie, qui vient de me forcer, bien malgré moi, d'être désagréable peut-être à un homme contre lequel je n'ai conservé nulle rancune, et qui, d'ailleurs, vers le temps où nous sommes arrivés, renonça au théâtre, et, après avoir publié un livre remarquable, à ce qu'on assure, *la Chevalière d'Éon*, partit pour l'Amérique, et rendit cet immense service à la littérature française, de la répandre et de la populariser dans la patrie de Washington Irving et de Cooper; — ce serait, dis-je, avec un grand bonheur que j'abandonnerais le côté littéraire de ma vie pour reprendre la suite des événements politiques qui agitèrent l'année 1832, si ces événements n'avaient pas ensanglanté Paris, et jeté un voile de deuil sur la France.

Qu'on nous permette de les reprendre d'un peu plus haut que le mois de juin, qui les vit éclater : nous reviendrons toujours trop tôt à ce terrible moment.

Après ce procès de l'artillerie dont j'ai rendu compte, les vieilles sociétés secrètes, qui avaient pour principe le carbonarisme de 1821, s'étaient réorganisées, et, en même temps, il s'était créé des sociétés nouvelles. Nos lecteurs connaissent de nom la société des Amis du peuple et la société des Droits de l'homme: c'étaient en quelque sorte les sociétés mères; mais, à côté d'elles, deux autres sociétés avaient pris naissance; la société Gauloise, qui, au moment du combat, se montra l'une des plus ardentes à courir aux armes; et le comité organisateur des Municipalités, lequel se rattachait, par des liens invisibles mais réels, à cette fameuse société des Philadelphes, qui, sous l'Empire, qu'elle faillit renverser, eut pour chefs principaux Oudet, Pichegru et Moreau.

Bastide était affilié à cette dernière société, dont les principes étaient babouvistes; aussi, lors de l'insurrection de Lyon, qui, causée par la misère, avait un caractère socialiste, Bastide avait été envoyé dans la ville insurgée pour voir ce que le parti républicain pouvait en tirer.

Lorsqu'il arriva, tout était fini; mais, dans l'insurrection expirante, il crut voir le germe de nouvelles insurrections, et il revint avec l'idée que l'on pouvait faire quelque chose de ce côté-là.

Aussi ne resta-t-il à Paris que peu de temps, et repartit-il presque aussitôt pour les départements de l'Ardèche et de l'Isère.

Là, il trouva cette ardente population du Dauphiné, qui la première, en 1788, tint ses états à Vizille; qui, dès 1816, conspira contre les Bourbons, et, dès 1832, contre Louis-Philippe.

Le 13 mars, il revenait d'une tournée dans les montagnes avec les deux frères Vasseur, tous deux morts depuis, et dont l'aîné fut représentant du peuple à la Législative; lorsque, en approchant des portes de Grenoble, ils apprirent que la ville, qu'ils avaient laissée parfaitement calme, était en feu.

Voici ce qui était arrivé :

Le 11 mars, les jeunes gens avaient organisé une mascarade qui représentait le Budget et les deux Crédits supplémentaires. De nouveaux règlements interdisaient cette mascarade; mais l'ancien usage l'avait emporté sur les règlements nouveaux, et le cortége satirique était sorti de Grenoble par la porte de France, et s'était dirigé droit sur l'esplanade, où le général Saint-Clair passait justement à cette heure la revue de la garnison.

Le général connaissait l'interdiction portée contre cette mascarade; mais, homme d'esprit, il avait fait semblant de ne pas la voir. Malheureusement, M. Maurice Duval, préfet de l'Isère, fut moins indulgent. — C'est ce même M. Maurice Duval, que nous retrouverons trois ou quatre mois plus tard, parlant à madame la duchesse de Berry le chapeau sur la tête.

M. Maurice Duval, furieux de ce que les jeunes gens de la ville eussent transgressé l'ordonnance, requit de M. de Saint-Clair de faire prendre les armes aux soldats.

Il résulta de cet ordre que, lorsque nos masques voulurent rentrer dans la ville, ils trouvèrent, non-seulement la porte fermée, mais encore, devant cette porte fermée, une centaine de grenadiers les attendant l'arme au pied.

Les masques, qui n'étaient pas plus de dix ou douze, ne pouvaient croire à un tel déploiement de force; en conséquence, ils marchèrent résolûment sur les grenadiers, qui croisèrent la baïonnette. Par malheur, la foule qui les suivait crut comme eux à une plaisanterie, et résolut de rentrer aussi; il en fut de même des cavaliers et des voitures; mais les grenadiers ne connaissaient que leur consigne : ils tinrent bon. La foule, poussée sur les baïonnettes commença à se plaindre que les baïonnettes lui entraient dans le ventre; aux plaintes succédèrent les cris de : « A bas les grenadiers! » à ces cris, quelques volées de pierres.

Une collision devenait imminente. Le colonel Bosonier de l'Espinasse prend sur lui d'ordonner que les portes soient ouvertes. Les grenadiers se retirent; la foule s'engouffre dans la ville; et, au milieu de ce mouvement, les masques, cause première de tout le bruit, disparaissent.

Au lieu d'être satisfait de ce dénoûment qui conciliait tout, M. Maurice Duval cria à la faiblesse, et prétendit que le gouvernement tomberait dans le mépris s'il ne prenait point sa revanche.

Un bal masqué était annoncé pour le soir; M. Maurice Duval le défendit. Le maire, homme de sens, courut à la préfecture, et fit observer à M. Maurice Duval que cette défense allait produire le plus mauvais effet sur des gens qui, la tête déjà montée, se trouveraient privés d'un plaisir sur lequel ils comptaient.

— Eh bien? repartit, à ce qu'on assure, M. Duval.

— Eh bien, il y aura émeute!

— Bon! et les émeutiers jetteront des pierres aux soldats; mais, si les émeutiers jettent des pierres aux soldats, les soldats enverront des balles aux émeutiers, voilà tout.

Ce propos, dont rien ne constatait la véracité, s'était répandu par la ville.

Le soir, au spectacle, il y eut des cris pour réclamer le bal défendu par le préfet; mais tout se borna là.

Le lendemain, la ville paraissait calme; cependant, un bruit transpirait: on devait donner le soir un charivari à M. le préfet.

Les charivaris du Dauphiné sont célèbres; quelque temps auparavant, on en avait donné un à Vizille qui avait fait époque.

Dans la matinée, M. Maurice Duval fut prévenu du projet. Aussitôt il envoya au maire l'ordre de faire mettre sous les armes un bataillon de garde nationale; or, la dépêche,— pour quelle cause et pour quelle raison? on l'ignora toujours! — la dépêche, partie de la préfecture à midi, n'arriva à la mairie qu'à cinq heures moins un quart du soir.

C'était trop tard: la convocation ne pouvait plus avoir lieu.

Le charivari n'était point une vaine menace. Vers huit heures du soir, un rassemblement commença de se former; il n'avait rien de bien hostile, car, pour un tiers à peu près, il se composait de femmes et d'enfants. Ce rassemblement qui n'avait aucune arme, ni même, en ce moment du moins, aucun des instruments nécessaires pour donner un charivari, se contentait d'éclater en rires, de pousser des huées, et de jeter de temps en temps le cri de : « A bas le préfet ! »

Tout cela était fort désagréable, mais rentrait, cependant, dans les avanies auxquelles étaient exposés non-seulement les fonctionnaires publics, mais encore les députés conservateurs.

Une sommation pouvait faire cesser le rassemblement ; pour M. Duval, ce n'était point assez de rétablir l'ordre : il fallait punir ceux qui l'avaient troublé.

Il donna l'ordre à MM. Vidal et Jourdan, commissaires de police, d'aller à la caserne, où les soldats étaient consignés depuis quatre heures, d'y prendre chacun une compagnie, et de *cerner* les perturbateurs.

Parmi les perturbateurs, un jeune homme ivre se faisait remarquer par ses gestes excentriques et par ses cris exagérés.

Les agents de police pénétrèrent dans la foule, et vinrent, au milieu de ses rangs, arrêter le charivariseur.

La foule les laissa faire ; le jeune homme fut pris et emmené au corps de garde. Mais, l'arrestation à peine faite, tous ces hommes qui s'étaient tus, et qui avaient cédé devant deux sergents de ville, se reprochèrent leur couardise, s'exaltèrent les uns les autres, et réclamèrent à grands cris le prisonnier.

Alors, le charivari commença de changer d'aspect : il tournait à l'émeute.

Ce fut en ce moment, et comme le premier adjoint au maire allait rendre à la liberté le prisonnier, — qui, ne se doutant pas qu'il fût la cause de tout ce bruit, s'était endormi dans le corps de garde, — ce fut en ce moment que parurent les grenadiers et les voltigeurs : les grenadiers, conduits par M. Vidal, et s'avançant à travers la place Saint-André ; les voltigeurs, conduits par M. Jourdan, et s'avançant par la rue du Quai.

C'étaient les deux seules issues.

Les soldats avaient cet air sombre qui indique les résolutions arrêtées. Ils marchaient par files, s'avançaient en silence, les tambours ayant leur caisse sur le dos.

Tout à coup, M. Vidal disparaît, et, sur la place Saint-André, cet ordre se fait jour à travers les dents serrées des officiers :

— Soldats, en avant !

Les grenadiers, à cet ordre, abaissent le fusil, croisent la baïonnette, et s'avancent au pas de charge, tenant toute la largeur de la rue.

La foule fuit par la rue du Quai, seule issue qui lui paraisse ouverte ; mais, dans cette rue, elle rencontre et heurte une autre foule qui fuit devant les voltigeurs.

Alors, il se fait dans cette foule ainsi menacée de tous côtés un épouvantable tumulte que domine la voix d'un officier donnant cet ordre laconique :

— Piquez !

Presque aussitôt, les cris de douleur succèdent aux cris d'effroi ; on les distingue à cet accent qui déchire : « Grâce !... Au secours !... Au meurtre ! »

Par bonheur, les fenêtres d'un cabinet littéraire s'ouvrent, et une trentaine de personnes se précipitent dans l'asile qui leur est offert. M. Marion, conseiller à la cour royale de Grenoble, se jette dans l'allée du magasin Bailly, et y heurte un homme couvert de sang. Un étudiant nommé Ruguet veut protéger une femme menacée par la baïonnette d'un grenadier, se jette au-devant d'elle, et reçoit à travers le bras le coup qui lui était destiné. Un ébéniste nommé Guibert, acculé à la muraille, et voyant le cercle des baïonnettes se rapprocher de lui, crie : « Ne me frappez pas ! je ne fais pas de bruit ! » Il reçoit trois coups de baïonnette, dont l'un dans l'aine, et va rouler près de la statue de Bayard.

Supposez cette statue, après trois cents ans, voyant des mêmes yeux que le chevalier sans peur et sans reproche, et jugez de son étonnement !

Ce fut au milieu de ce conflit que Bastide et les deux frères Vasseur arrivèrent.

L'occasion que cherchait l'intrépide envoyé de la société des Municipalités s'avançait d'elle-même au-devant de lui.

Les deux frères Vasseur échangèrent quelques mots avec des affiliés, et, pendant la nuit, tout ce qu'il y avait de jeunes gens enrégimentés dans les compagnies secrètes accourut trouver Bastide.

Chacun fut d'avis que le moment était venu de *faire le coup.* Il y avait, à cette époque, une telle ardeur dans toutes ces jeunes têtes, un tel courage dans tous ces jeunes cœurs, que la première conviction non pas que l'on ressentait, mais que l'on essayait d'imposer aux autres, c'est que le moment était venu d'agir.

Chacun croyait que l'atmosphère de flamme qu'il respirait était l'atmosphère de toute la France.

Il fut donc résolu que, le lendemain, on profiterait de toutes les circonstances, et que l'on tâcherait d'engager une lutte plus sérieuse.

C'était déjà beaucoup que l'on attendît au lendemain.

Le lendemain se leva tel que le pouvaient désirer les patriotes : la colère publique était à son comble ; l'indignation générale débordait. On exagérait le nombre des blessés, et l'on disait que l'ouvrier ébéniste Guibert était mort. De tous côtés on réclamait une enquête. Le procureur général, M. Moyne, disait tout haut qu'il poursuivrait les coupables, quels qu'ils fussent.

La cour royale évoqua l'affaire.

Tous ces bruits, toutes ces nouvelles naissaient, se répandaient, se croisaient avec une effroyable rapidité; quelque chose de pareil à une tempête mugissait dans l'air. Les malédictions de la cité se concentraient sur le préfet et sur le 35ᵉ de ligne, — sur celui qui avait ordonné et sur ceux qui avaient exécuté.

Vers dix heures du matin, le rappel battait dans toutes les rues de Grenoble : la garde nationale était convoquée par ordre des conseillers municipaux.

Mais, en même temps que les gardes nationaux se rendent à leur poste, les jeunes gens qui ne font point partie de la garde nationale courent çà et là dans la rue, se croisant avec les hommes armés, échangeant avec eux quelques brèves paroles qui leur prouvent que toute la population partage le même sentiment, et, demandant des fusils, propagent la flamme déjà visible de l'insurrection.

Alors, deux autorités bien séparées, bien distinctes, bien tranchées se manifestent: l'autorité municipale, qui procède par la douceur et la conciliation; l'autorité royale, qui procède par la compression et la terreur.

Deux proclamations paraissent en même temps: une venant de la part du maire, l'autre venant de la part du préfet; celle du préfet est déchirée avec des imprécations; celle du maire est applaudie avec enthousiasme.

En ce moment, la voûte de l'hôtel de ville s'emplit de voltigeurs dont on voit briller les fusils dans la pénombre; on reconnaît les *piqueurs* de la veille, et de toutes parts ces cris s'élèvent :

— A bas le préfet! à bas le 35ᵉ de ligne!

Le préfet, qui croyait avoir pris toutes les mesures coercitives nécessaires, attendait à la préfecture, ayant près de lui le général Saint-Clair et tout son état-major.

En ce moment, on annonce à M. Maurice Duval, MM. Ducruy, Buisson et Arribert.

Ces trois noms bien connus, et surtout honorablement connus, appartenaient au conseil municipal de la ville.

Ils venaient demander au préfet la remise à la garde nationale des postes occupés par le 35ᵉ de ligne.

Le général Saint-Clair avait compris la gravité de la situation; il devinait que quelque chose de plus sérieux qu'une querelle survenue à propos d'un charivari s'agitait là-dessous, il y sentait le contre-coup des émeutes parisiennes : il y avait de la république là dedans.

Aussi, malgré l'opposition du préfet, déclara-t-il qu'il était prêt à remettre à la garde nationale tous les postes qui s'élevaient à moins de douze hommes.

— Y compris celui qui veille à la porte de votre hôtel? demanda le préfet.

— C'est celui que je remettrai le premier, répondit le général.

Et, en effet, l'ordre allait être donné, quand on entendit un grand bruit dans la cour de la préfecture.

La foule y avait fait invasion, et des coups redoublés retentissaient frappés sur les portes.

— Que signifie cela ? demanda le général Saint-Clair.

— Parbleu! répond M. Maurice Duval en riant, cela signifie qu'avec vos belles mesures de conciliation, nous allons être, vous et moi, jetés par les fenêtres !

Il y avait cent à parier contre un que la prophétie allait se réaliser ; aussi le général, son état-major et le préfet, laissant la défense de la préfecture à un détachement de pompiers, se hâtèrent-ils de passer dans la salle de la mairie.

Ils y trouvèrent un grand nombre de gardes nationaux réunis pour défendre l'hôtel de ville et le conseil municipal, si ceux-ci étaient attaqués, mais qui ne paraissaient aucunement disposés à étendre cette protection au préfet et au général Saint-Clair.

Ce dernier ne se trompait pas, lorsqu'il sentait frémir sous ses pieds quelque chose d'inconnu et de plus grave qu'une émeute provinciale ; c'étaient Bastide et les frères Vasseur, c'est-à-dire de vieux lutteurs dont le premier chevron remontait au carbonarisme, qui conduisaient le mouvement.

A ce cri qui s'était élevé dans la ville : « Guibert est mort! » Bastide avait eu une idée qu'il avait communiquée à ses compagnons : c'était d'aller enlever le cadavre, et de le porter par les rues en criant: « Aux armes ! » — On sait ce qu'une procession semblable, partant du théâtre du Vaudeville, en 1830, avait produit, et l'on vit, depuis, ce que produisit pareille manœuvre après la fameuse décharge du 14e de ligne sur le boulevard des Capucines.

En conséquence, Bastide envoya des hommes à la demeure de Guibert. Le mort devait être apporté au seuil de la maison occupée par les frères Vasseur, et le cortége devait, de là, se mettre en marche à travers les rues de la ville.

Pendant qu'on se rendait chez Guibert, Vasseur jeune réorganisait le corps franc avec lequel, en 1830, il avait tenté d'envahir la Savoie.

Chasseur de chamois enragé, il avait alors fait une guerre de montagnes des plus curieuses, et qui mériterait à elle seule un historien. Plus tard, il s'exila de France, parcourut le Mexique et le Texas, et, à son retour, prit le choléra, et mourut.

C'était un homme de haute résolution, adoré à Grenoble, surtout des hommes avec qui il avait fait cette étrange entreprise de soulever et de conquérir la Savoie.

Comme il accourait annoncer que son corps franc était prêt, les messagers envoyés à la demeure de Guibert pour enlever le cadavre venaient raconter, l'oreille basse, que Guibert était bien malade, mais n'était pas mort.

Ce fut un grand désappointement; toutefois, en général habile, Bastide changea son plan : les esprits paraissaient préparés aux entreprises hardies; le corps franc de Vasseur jeune lui offrait une puissance réelle; il ordonna de marcher sur la préfecture.

C'était le bruit de l'invasion conduite par Bastide qui avait retenti dans les appartements, et qui forçait le général Saint-Clair et M. Maurice Duval à se réfugier à la mairie, pour ne pas être jetés par les fenêtres, comme disait le préfet.

En même temps, Vasseur jeune, avec son corps franc, se rangeait devant les fenêtres de la mairie.

Aussi, lorsque le général Saint-Clair fit la proposition de céder à la garde nationale tous les postes au-dessous de douze hommes, une voix s'éleva-t-elle, criant :

— Il est trop tard!

Qu'y a-t-il de fatal et de cabalistique dans ces quatre mots, assemblage de *treize* lettres?

Ce qu'exigeaient maintenant les insurgés, c'était l'occupation de tous les postes par la garde nationale, à l'exception des trois portes de la ville, qui seraient gardées à la fois par la garde nationale, l'artillerie et les sapeurs du génie.

Les conditions étaient dures. Le général Saint-Clair paya

de sa personne : au lieu d'envoyer un parlementaire, il descendit lui-même dans la cour, et voulut haranguer la foule.

Mais, de cette foule, sortit un jeune homme, le bras en écharpe.

C'était Huguet, blessé la veille.

Il échange avec le général quelques vives paroles qui ne sont entendues que de ceux qui les entourent, mais ceux-là les répètent aux autres; et c'est ainsi que l'on apprend que Huguet, avec l'énergie d'un homme qui, la veille, a payé de sa personne, réclame le renvoi du 35e de ligne.

Un applaudissement universel salue cette réclamation de Huguet, tandis que Vasseur, pensant qu'il est temps d'apprendre pourquoi lui et ses corps francs sont là, vient à lui, et l'embrasse aux yeux de tous.

L'effet de l'accolade est électrique. On crie :

— Vive Vasseur! vive Huguet! vive le maire!... A bas le préfet! à bas le 35e de ligne!

Un jeune homme nommé Gauthier étend le bras, saisit le général Saint-Clair au collet, et crie à haute voix :

— Général, vous êtes mon prisonnier!

Le général n'oppose aucune résistance, quoique les soldats soient à la portée de sa voix, et qu'il sache qu'il n'a qu'un mot à dire pour engager une lutte plus terrible que celle de la veille; mais il hésite devant ce mot, et il suit l'homme qui l'a arrêté.

On conduit le général à son hôtel, et Vasseur place à toutes les portes des factionnaires de sa compagnie franche.

En même temps, Bastide, qui étudie la situation, pense que le moment est venu de donner l'assaut à la préfecture.

Par un premier effort, les portes sont enfoncées, et, malgré la résistance des pompiers, on se trouve dans le vestibule, on secoue les portes des appartements : elles sont solidement barricadées en dedans.

Un gamin — il y en a partout, et toujours, en tête de toutes les émeutes — parvient à briser et à enfoncer le panneau inférieur d'une porte. Bastide se glisse par l'ouverture, reçoit un coup de baïonnette qui déchire sa redingote et lui égratigne la poitrine; mais il saisit la baïonnette à deux mains et le soldat, en tirant son fusil à lui, tire en même temps Bastid , qui se trouve dans l'intérieur, arrache le fusil des mains du soldat, et ouvre les deux battants de la porte à ceux qui le suivent.

La préfecture était prise.

Le bruit s'était répandu que le préfet était caché dans une armoire. Bastide préside lui-même à l'ouverture de toutes les armoires; elles étaient vides — de préfets du moins.

Il s'agissait, maintenant, de prendre la citadelle.

A Grenoble, la citadelle, comme l'Arx antique, située sur une colline, domine toute la ville.

Bastide demande un homme de bonne volonté pour aller prendre la citadelle avec lui.

Un artilleur se présente, nommé Gervais.

Tous deux montent la rampe rapide; arrivés à vingt pas du factionnaire, celui-ci crie :

— Qui vive?

— Le commandant de la place, répond Bastide.

Le factionnaire présente les armes, et laisse passer Bastide avec M. Gervais.

La prise de possession fut aussi rapidement exécutée que l'entrée s'était faite. Bastide, qui se rappelait son métier de capitaine d'artillerie, fit sortir six pièces de canon et les mit en batterie sur la place.

Arrivé là, on est au point culminant du succès.

Rien, en effet, n'était organisé pour donner une suite sérieuse à un pareil coup de main.

Pendant que Bastide entre à la préfecture, et s'empare de la citadelle, les cœurs timides s'effrayent en voyant où les mènent les cœurs ardents.

La réaction commence à s'organiser.

Quand Bastide redescend vers la ville, après s'être assuré de la citadelle, il trouve que la garde nationale a relevé les postes de l'hôtel du général Saint-Clair.

Il a fallu toute l'influence de Vasseur sur ses hommes pour

qu'une collision n'éclatât point entre eux et le corps franc.

Dès lors, Bastide comprend que, si Lyon ne se soulève pas, tout est perdu. Le général Saint-Clair, qui désire ramener la paix qu'il n'a pu conserver, parle d'envoyer au général Hulot une députation chargée de lui demander le renvoi du 35e.

Il nomme M. Julien Bertrand.

Bastide s'offre et est accepté.

M. Bress, aide de camp du général Saint-Clair, leur est adjoint; ils partent tous trois pour Lyon.

On comprend que la mission réclamée par Bastide n'était qu'un prétexte. Il voulait s'aboucher avec les républicains de Lyon, et s'assurer de ce qu'on pouvait faire.

Un seul pouvoir, eux partis, reste debout à Grenoble : le pouvoir municipal. Le préfet est réfugié dans une caserne. La garde nationale s'est fait délivrer des cartouches par le maire.

Les trois députés arrivent à Lyon au milieu de la nuit. A l'instant même, ils sont introduits chez le général Hulot.

C'est Bastide qui prend la parole.

— Grenoble est soulevée; le général Saint-Clair, prisonnier; le préfet, caché ou en fuite; trente-cinq mille insurgés occupent la ville, et les paysans des environs commencent à descendre des montagnes.

Ces nouvelles, données avec le caractère de la plus parfaite vérité, et que ne démentent ni M. Bertrand ni M. Bress, effrayent le général Hulot, qui accorde le retrait du 35e, le renvoi du préfet, donne un reçu de M. Bress, et dépêche celui-ci directement à Paris.

Bastide sort de chez le général Hulot avec M. de Gasparin, maire de Lyon.

M. de Gasparin appartient à l'opinion libérale avancée : il rappelle à Bastide qu'il est fils de régicide, et que toutes ses tendances sont républicaines.

Bastide quitte M. de Gasparin, et se met immédiatement en rapport avec les républicains de Lyon, qu'il a vus à son dernier voyage.

Ceux-ci lui assurent que, si Grenoble tient seulement quarante-huit heures, on commencera un 24 novembre plus terrible que le premier.

En effet, ce 24 novembre éclata en 1834.

Bastide repart pour Grenoble.

En son absence, tout s'est calmé. Le corps franc est licencié; l'ordre constitutionnel est rétabli partout.

On invite Bastide à se réfugier en Piémont ou en Savoie; mais il craint, en suivant ce conseil, de passer pour un agent provocateur, et se contente de prendre un bateau, et de descendre le Rhône avec les deux frères Vasseur, qui demeurent dans le département de l'Ardèche.

Arrivés là, les trois conspirateurs seront chez eux, et ils auront mille moyens de se dérober aux recherches.

A Romans, ils sont arrêtés tous trois et reconduits à Grenoble. En même temps qu'eux ont été arrêtés M. Huguet, qui a harangué le général Saint-Clair, et M. Gauthier, qui l'a arrêté.

Cependant, les ordres du général Hulot avaient été exécutés: le 16 mars, le 35ᵉ de ligne était sorti de la ville.

Casimir Périer, bilieux et irritable en tous points, plus irritable encore de la maladie à laquelle il devait succomber deux mois plus tard, apprit ces nouvelles avec rage. Casimir Périer était un ministre à grandes haines et à petites vues; pour lui, la France se divisait en amis et en ennemis.

Il voulait, non pas gouverner la France, mais détruire ses ennemis, à lui.

Homme de banque, il lui fallait la paix avant tout; il faisait tout son possible pour maintenir la rente, l'impossible pour la faire monter. Chose inouïe, la Bourse porta le deuil de sa mort!

Par son ordre, *le Moniteur* publia un article à la louange du 35ᵉ.

Ce n'était rien : au point de vue du gouvernement, le 35ᵉ avait fait son devoir.

Mais, en même temps que des éloges que l'on eût laissés passer, l'article ajoutait que les militaires n'avaient fait que réagir contre l'agression; que beaucoup étaient blessés déjà lorsqu'ils avaient chargé, tandis qu'au contraire, on a exagéré les blessures des perturbateurs.

« Ces inexactitudes étaient à la connaissance de tout le monde; mais, on le sait, le gouvernement du roi Louis-Philippe ne reculait pas devant ces sortes de moyens.

MM. Duboys-Aymé et Félix Réal, députés de l'arrondissement de Grenoble, écrivirent au *Moniteur* pour rectifier les faits.

Le Moniteur refusa d'insérer leur lettre.

Dans la séance du 20 mars, M. Duboys-Aymé demande la parole, monte à la tribune, et interpelle les ministres au sujet des événements de Grenoble.

Garnier-Pagès, sentinelle avancée du parti républicain à la Chambre, lui vient en aide.

— Comment le gouvernement peut-il, sans enquête préalable, dispenser le blâme et l'éloge? comment lui suffit-il du rapport du préfet pour décider que le préfet a bien fait; du rapport du commandant militaire, pour décider que la force armée a bien agi; du rapport du procureur général, pour glorifier le procureur général? Pour moi, dit l'orateur, je ne précipite pas ainsi mon jugement. Quoique je puisse dire que les correspondances et les deux journaux de Grenoble — journaux d'opinions parfaitement contraires — racontent les faits de la même façon; quoique nous ayons mille preuves pour une que les sommations n'ont pas été faites, je ne parlerai que par hypothèse, et je dirai : *Si ces sommations n'ont pas été faites, les citoyens ont été égorgés!*

A ces derniers mots, les centres font de la phrase dubitative une phrase affirmative; les centres poussent de grands cris; l'orateur ne peut pas continuer.

M. Dupin monte à la tribune; les centres se calment. — On le sait, M. Dupin est, en toute circonstance, l'avocat du roi, non-seulement devant les tribunaux, mais encore à la tribune.

Voici un échantillon du discours du député de la Nièvre :

— Comment voulez-vous donc que marche un gouvernement, demande M. Dupin, quand, dans le sein de la représentation nationale elle-même, dans cet abrégé de la population, parmi les dépositaires de son pouvoir, le premier mouvement n'est pas en faveur des autorités et des agents de la loi, et quand la première impulsion est de donner tort à l'autorité, et raison au désordre? On dit que les sommations n'ont pas été faites; mais quand doivent-elles être faites? Quand les rassemblements deviennent inquiétants par leurs cris et par leur présence, mais non quand une agression violente s'est manifestée par des voies de fait et des attaques ouvertes.

A ces mots, le président du conseil se lève, pâle, âme violente et vigoureuse dans un corps malade et débile, et crie :

— Voilà la question ; parlez !

M. Dupin, encouragé par le président du conseil et par les cris des centres, continue :

— Lorsqu'on invoque l'ordre légal, il faut se soumettre soi-même aux règles de la légalité. Si, dans la ville, je suis attaqué par un malfaiteur, j'invoque l'assistance des magistrats, la protection légale de l'autorité; mais, si, tête à tête, je suis attaqué sur le grand chemin, je deviens magistrat dans ma propre cause, et je me défends tout d'abord... Pensez-vous, messieurs, qu'une armée française puisse accepter de quitter ses foyers, sa famille, pour être à la disposition des magistrats, veiller à la défense et à la protection des citoyens, et, cependant, se laisser insulter, attaquer, tuer au coin d'une rue, du fond d'une allée? Messieurs, j'en suis sûr, la population entière de Grenoble est indignée.

M. Garnier-Pagès. — Oui, indignée, c'est vrai !

M. Duboys-Aimé. — Indignée, mais contre l'autorité.

M. Dupin. — Elle est indignée contre les auteurs du désordre. Et qui donc a occasionné ces troubles, ces malheurs? Ce ne sont point des jeunes gens se livrant à un simple divertissement, à une mascarade inoffensive : C'EST UN CRIME ABOMINABLE, C'EST LE SIMULACRE DU MEURTRE DU ROI!

Ainsi, un grand aveu vient d'être fait par M. Dupin, l'homme du roi :

Le roi, *c'est le budget et les deux crédits supplémentaires !*

Railler, par une mascarade, les deux crédits supplémentaires et le budget, c'est simuler le meurtre du roi!

Un ennemi n'aurait pas mieux dit.

O la Fontaine! bon la Fontaine! — Que de pavés M. Dupin a jetés à la tête de son ami Louis-Philippe!

Celui-là fut un des plus lourds.

Quelques jours après arriva un rapport de la municipalité de Grenoble. Ce rapport constatait :

1º Que la mascarade du 11 mars ne figurait en rien l'assassinat du roi ;

2º Que la garde nationale avait été convoquée trop tardivement pour se rassembler ;

3º Qu'aucun cri hostile au gouvernement, ni au roi, n'avait été poussé sous les fenêtres du préfet ;

4º Que M. Duval avait bien donné aux commissaires de police l'ordre, non pas de disperser, mais de cerner le rassemblement ;

5º Qu'aucune sommation légale n'avait été faite ;

6º Que le lieu du rassemblement n'offrait pas de pierres que l'on pût lancer aux soldats ;

7º Que, parmi les blessures faites aux citoyens, quatorze avaient été reçues par derrière ;

8º Qu'un seul militaire était entré à l'hôpital quatre jours après les événements du 12, pour inflammation, suite d'un coup de pied ;

9º Enfin, que les événements du 13 étaient le résultat inévitable de l'exaspération des esprits, causée par une flagrante violation des lois, et que la conduite de la garde nationale de Grenoble avait été non-seulement sans reproche, mais encore digne de la reconnaissance des citoyens.

Bien mieux, le tribunal de police correctionnelle, devant lequel on avait envoyé les accusés, faute de pouvoir les déférer à la cour d'assises, décide que leur conduite n'a été qu'imprudente ; — en conséquence de laquelle décision, Bastide est mis en liberté, et revient à Paris.

Pas un témoin n'avait voulu le reconnaître, pas même le

pompier qui lui avait donné un coup de baïonnette dans la poitrine, et auquel il avait arraché son fusil.

Mais le gouvernement ne pouvait avoir tort, et le 35ᵉ rentra dans la ville, tambour battant, musique en tête, mèche allumée.

Une seule protestation fut faite, qui peindra l'esprit français.

Un ouvrier s'approche, et, comme s'il ignorait dans quel but mortel cette mèche fumait :

— Mon ami, dit-il à l'artilleur, un peu de feu, s'il vous plaît, pour allumer ma pipe.

CCXXXIX

Les papiers du général Dermoncourt. — Protestation de Charles X contre l'usurpation du duc d'Orléans. — Le plus gros des hommes politiques. — Tentative de restauration projetée par madame la duchesse de Berry. — Le *Carlo-Alberto*. — Comment j'écris sur des notes authentiques. — Débarquement de Madame près de la Ciotat. — Échauffourée légitimiste à Marseille. — Madame part pour la Vendée. — M. de Bonnechose. — M. de Villeneuve. — M. de Lorge.

Maintenant que nous avons vu ce qui se passait dans l'est de la France, voyons ce qui se passait dans l'ouest. Pour bien apprécier l'incendie qui allait s'allumer à Paris, il faut jeter un coup d'œil sur la flamme qui dévorait les provinces. Après avoir suivi des yeux les tentatives du parti républicain dans les départements du Rhône et de l'Isère, suivons celles du parti légitimiste dans les départements de la Loire-Inférieure, du Morbihan et de la Vendée.

Au reste, nous pouvons garantir l'exactitude des détails que nous allons donner : ils sont puisés dans les papiers du général Dermoncourt, cet aide de camp de mon père, dont j'ai eu si souvent occasion de parler, — et, parmi ces papiers, se trouvaient un grand nombre de notes envoyées par la duchesse de Berry elle-même, et qui avaient servi à la seconde édition du livre de *la Vendée et Madame*, publié en 1834 par le général Dermoncourt.

On n'a point oublié que ce fut le général Dermoncourt et, par une coïncidence étrange de circonstances, ce même M. Maurice Duval dont nous venons de nous occuper à propos des troubles de Grenoble, qui, l'un commandant la force militaire, l'autre représentant l'autorité royale, prirent madame la duchesse de Berry dans sa cachette de Nantes.

Quelques mots sur la façon dont avait été préparée l'insurrection de la Vendée, et sur le point où elle en était arrivée à l'époque où nous sommes, feront le pendant de ce que nous venons de raconter des événements de Lyon et de Grenoble.

Il y a vingt ans, tout le monde a su dans ses moindres détails ce que nous allons dire; aujourd'hui, tout le monde l'a oublié.

L'histoire passe si vite en France !

Nous avons, dans une autre partie de nos Mémoires, suivi Charles X et la famille royale jusqu'à Cherbourg. Le 24 août 1830, le vieux roi protesta, à Lulworth, contre toute usurpation des droits de sa famille, et se réserva celui de pourvoir à la régence jusqu'à la majorité de son petit-fils.

Voici cette protestation, qui, à ce que je crois, n'a pas été publiée en France :

Nous, Charles, dixième du nom, *par la grâce de Dieu, roi de France et de Navarre...*

Les malheurs qui viennent d'éclater sur la France, et le désir d'en prévenir de plus grands, nous ont déterminé le 2, du présent mois, en notre château de Rambouillet, à abdiquer la couronne, et ont, en même temps, déterminé notre fils bien-aimé à renoncer à ses droits en faveur de notre petit-fils le duc de Bordeaux.

Par une pareille disposition datée de la veille et du même lieu, et rappelée dans le second acte, nous avons provisoirement nommé lieutenant général du royaume un prince de notre sang qui, depuis, a accepté des mains de la révolte le titre usurpé de roi des Français.

Après un tel événement, nous ne saurions trop nous hâter de remplir les devoirs que nous imposent à la fois les intérêts de la France, le dépôt sacré qui nous a été transmis par nos ancêtres, et notre ferme confiance dans la justice divine.

A ces causes :

Nous protestons, en notre nom et au nom de nos successeurs, contre toute usurpation des droits légitimes de notre famille à la couronne de France.

Nous révoquons et déclarons nulle la disposition ci-dessus rappelée par laquelle nous avons confié au duc d'Orléans la lieutenance générale du royaume.

Nous nous réservons de pourvoir à la régence, lorsque besoin sera, jusqu'à la majorité de notre petit-fils Henri V, appelé au trône par suite de l'acte donné à Rambouillet, le 2 du présent mois, ladite majorité fixée, par les statuts de la Couronne et les usages du royaume, au commencement de sa quatorzième année, qui aura lieu le trentième jour du mois de septembre 1833.

Dans le cas où, avant la majorité du roi Henri V, il plairait à la Providence de disposer de nous, sa mère, notre fille bien-aimée, la duchesse de Berry, serait régente du royaume.

La présente déclaration sera rendue publique et communiquée à qui de droit, lorsque les circonstances le requerront.

Fait à Lulworth, le vingt-quatrième jour du mois d'août de l'an de grâce 1830, et de notre règne le sixième.

Signé : CHARLES.

Cependant, six mois après, madame la duchesse de Berry ayant cru à la possibilité d'une troisième Vendée, et ayant fait partager cette croyance au vieux roi, celui-ci, en date d'Édimbourg, lui donna une lettre adressée aux royalistes de France, afin que, malgré sa déclaration du 24 août, ils la reconnussent régente.

Voici cette déclaration :

M. ***, chef de l'autorité civile dans la province de ***, se concertera avec les principaux chefs pour rédiger et publier une proclamation en faveur de Henri V, dans laquelle on annoncera que Madame, duchesse de Berry, sera régente du royaume pendant la minorité du roi, son fils, et qu'elle en prendra le titre à son entrée en France, car telle est notre volonté.

Signé : CHARLES.

Édimbourg, 27 janvier 1831.

Depuis son départ de France, madame la duchesse de Berry, corps faible, esprit changeant, cœur vigoureux et chevaleresque, avait rêvé de jouer le rôle de Marie-Thérèse. La Vendée était sa Hongrie, à elle, et la vaillante femme, sortie de Paris par Rambouillet, Dreux et Cherbourg, espérait y rentrer par Nantes, Tours et Orléans. Toute sa petite cour, soit par intérêt, soit par aveuglement, lui montrait la France comme prête à se soulever. Des lettres de la Vendée même ne lui laissaient aucun doute sur ce point.

M. de Sesmaisons lui-même, homme du pays, compétent, par conséquent, sur cette matière, et, en outre, pair de France, écrivait alors à Madame : « Que Votre Altesse royale vienne en Vendée, et elle verra que mon ventre, quoique européen pour sa grosseur, ne m'empêchera de sauter ni les haies ni les fossés ! »

Si madame de Staël appelait M. de Lally-Tollendal *le plus gras des hommes sensibles,* on pouvait appeler M. de Sesmaisons *le plus gros des hommes politiques.* — On racontait sur lui cette anecdote :

M. de Sesmaisons, quand il venait de Nantes à Paris par une voiture publique, avait l'habitude de retenir deux places dans la voiture, moins par égoïsme que par courtoisie ; car M. de Sesmaisons demeurait, au milieu de notre siècle, un type de la courtoisie d'une autre époque, comme il en était un de la loyauté de tous les temps.

Ayant changé de valet de chambre, et étant sur le point de partir pour Paris, il envoya son nouveau serviteur retenir ses deux places accoutumées aux Messageries royales.

Celui-ci rentra deux minutes après.

— Eh bien, lui demanda M. de Sesmaisons, ai-je mes deux places ?

— Oui, monsieur le comte ; seulement, vous en avez une dans le coupé, et l'autre dans l'intérieur.

Entraînée par toutes les exhortations, et plus encore par ses propres désirs, Madame écrivait, le 14 décembre, à M. de Coislin :

Je connais depuis longtemps, mon cher comte, le zèle et le dévouement que vous et les vôtres montrez pour la cause de mon fils. J'aime à vous répéter que, dans mainte occasion, je compte sur vous, comme vous devez compter sur ma reconnaissance.

Marie-Caroline.

14 décembre 1831.

Il fut donc décidé, dans la petite cour de Massa, — Madame, en quittant l'Angleterre, s'était rendue en Italie, et habitait une ville du duché de Modène; — il fut donc décidé, dans la petite cour de Massa, que l'esprit public, en France, était arrivé au point de maturité nécessaire à ce qu'on pût opérer sur lui.

En conséquence, une lettre en chiffres, écrite à l'encre sympathique, prévint tous les chefs du midi et de l'ouest de la France de se tenir prêts.

Voici la traduction de cette lettre, dont le premier mot déchiffré, et qui trahit tous les autres, fut le mot Lyon.

Je ferai savoir à Nantes, à Angers, à Rennes et à Lyon que je suis en France; préparez-vous pour y faire prendre les armes aussitôt que vous aurez reçu cet avis, et comptez que vous le recevrez probablement du 2 au 3 mai prochain. Si les courriers ne pouvaient passer, le bruit public vous instruirait de mon arrivée, et vous feriez prendre les armes sans retard.

En effet, le 24 avril 1832, Madame s'embarqua sur le bateau à vapeur le *Carlo-Alberto*, qu'elle avait frété à son compte.

La princesse fit relâche à Nice; le 28 au soir, elle se trouvait dans les eaux de Marseille, en vue du phare du Planier, aux environs duquel elle devait s'aboucher avec ses partisans. La nuit du 19 au 30 était fixée pour le mouvement qui devait éclater à Marseille.

A partir de ce moment, nous pouvons suivre madame la duchesse de Berry pas à pas, sans crainte d'errer un instant ni sur son itinéraire, ni sur les événements qui accompaguèrent son entrée en France, et son trajet à travers les provinces méridionales.

Voici comment nous sommes sûrs de ce que nous allons raconter.

On sait ma liaison avec le général Dermoncourt; je n'en connais pas le commencement: elle remontait à mon enfance. Dermoncourt était un des rares amis qui nous fussent restés fidèles dans la mauvaise fortune, et, dès mon arrivée à Paris, comme Lethière, cet autre ami de mon père, il étendit sa vaillante main sur moi.

Il avait commandé dans la Vendée: c'était lui qui avait reçu Madame au sortir de la cheminée où elle était cachée. Ayant à choisir entre la figure franche et ouverte du général et la figure rechignée du préfet, c'était dans ses mains et sous la sauvegarde de son honneur que la princesse s'était mise; il m'avait souvent raconté, dans nos longues causeries, tous les événements de cette guerre. Un jour, je lui proposai de jeter tous ses souvenirs sur le papier; il accepta.

Je revis son travail; je lui donnai une forme possible, tout en respectant religieusement le fond, et la première édition de la *Vendée et Madame* parut.

Le livre fit grand bruit; on en vendit trois mille exemplaires en moins de huit jours. Tout le monde le lut, la princesse elle-même.

Madame fut tout étonnée de trouver dans un livre où les sentiments républicains étaient hautement proclamés, une impartialité et une courtoisie si complètes; elle fit remercier le général Dermoncourt, et, comme quelques détails étaient erronés, ou manquaient d'une complète exactitude, elle fit offrir des notes au général Dermoncourt, pour le cas où il publierait une deuxième édition.

L'ingratitude du gouvernement laissait le général Dermoncourt à peu près dans la misère. Une première édition lui rapporta deux mille francs, je crois; une deuxième édition, rapportant la même somme, était pour lui une manne tombée du ciel.

Il accepta les notes de madame la duchesse de Berry, et

annonça une deuxième édition, revue, corrigée et augmentée du double, sur des notes authentiques communiquées à l'auteur depuis la publication de la première.

Par malheur, je connaissais la source de ces notes ; je craignais qu'elles ne donnassent au livre une couleur légitimiste. J'autorisai Dermoncourt à prendre dans la première édition tout ce qui lui conviendrait ; mais je refusai de mettre la main à la deuxième.

La deuxième édition parut et obtint autant de succès que la première.

Je ne m'étais pas trompé. A l'insu du général, peut-être, le drapeau tricolore avait déteint entre ses mains, et, aux regards de ceux qui n'y prêtaient qu'une attention superficielle, il pouvait passer pour un drapeau blanc, ou tout au moins blanchi.

Aujourd'hui que mon opinion est assez connue pour que je ne craigne pas d'être accusé d'autre chose que de sympathiser aux malheurs de la femme, je n'hésite pas, arrivé à cette époque de notre histoire, à utiliser ces notes, qui sont restées à ma disposition.

C'est donc un itinéraire officiel, ce sont donc des faits authentiques qui vont passer sous les yeux du lecteur.

Cette digression achevée, nous reprenons notre récit.

Le débarquement fut très-pénible. Un fort bateau de pêcheur se rendait depuis quelques nuits au phare du Planier ; il fut signalé, reconnu : on lui fit signe d'approcher. Il se rangea bord à bord du *Carlo-Alberto*.

Mais la mer était grosse ; les deux bâtiments, soulevés tour à tour, et sans harmonie dans leurs mouvements, par des vagues furieuses, s'entre-choquaient, s'éloignaient, se rapprochaient, se heurtaient encore ; il fallut saisir le moment où les deux bords étaient à peu près de niveau pour s'élancer de l'un dans l'autre, au risque de faire une chute dangereuse sur les bancs humides et, par conséquent, glissants du bateau.

Enfin, le transbordement eut lieu. La princesse passa du bateau à vapeur dans le canot avec six personnes de sa suite et un pilote qui, depuis longtemps, était à la disposition de

Madame, et qui connaissait tous les points de la côte, ainsi que les divers signes de ralliement qu'on devait faire indiquant que l'approche du rivage était dangereuse, ou que l'on pouvait aborder en sûreté.

Le bateau qui était venu au-devant de la princesse était un bateau de pêcheur : ses voiles imprégnées de cette eau de mer qui ne sèche jamais, l'eau croupie au fond de sa carène, le goudron dont il était radoubé, tout cela exhalait une odeur nauséabonde et repoussante; en outre, il était sans pont, sans abri contre le vent froid et pénétrant de la mer, et laissait se répandre par-dessus son bord, tantôt en poussière humide, tantôt en large pluie, la cime des lames qui se brisaient contre ses flancs.

La princesse et ses compagnons étaient mal vêtus pour une pareille situation ; joignez à cela qu'ils étaient atteints de cette insupportable indisposition que l'on appelle le *mal de mer;* supposez une nuit noire, froide, sinistre, et vous aurez une idée de cette heure qui s'écoula en quittant le bateau à vapeur pour le bateau de pêche.

Enfin, on croyait être arrivé sur le point du débarquement, lorsque, en approchant de terre, on aperçoit sur le rivage un point lumineux. A mesure que l'on avance, ce point grossit et se dessine : ce qu'on avait pris d'abord pour le signal convenu se transforme en un feu allumé, et, à l'aide d'une lunette de nuit, on reconnaît huit ou dix douaniers qui se chauffent à ce feu.

Il fallait s'éloigner à la hâte, et, néanmoins, il était urgent de débarquer avant le jour. Par malheur, le point sur lequel étaient établis les douaniers était le seul abordable : partout ailleurs, la plage était presque inaccessible. On se risqua à travers les rochers, et l'on parvint à toucher terre par un miracle.

Madame avait été, pendant les trois heures qui venaient de s'écouler, d'un courage admirable. C'était une de ces organisations faibles et nerveuses qu'un souffle semble devoir courber, et qui, cependant, ne jouissent de la plénitude de leurs facultés qu'avec une tempête dans les airs et dans le cœur.

En abordant, elle jeta un cri de joie.

— Allons, dit-elle, tout est oublié : nous sommes en France !

Oui, l'on était en France, et là devait commencer le véritable danger.

Heureusement, le pilote, qui venait, avec tant d'adresse, de faire atterrir la barque sur une côte presque innabordable, connaissait aussi bien l'intérieur que le littoral ; il prit le commandement de la petite troupe, et notifia, respectueusement, mais d'un ton ferme, à la princesse et à ses compagnons qu'il fallait se mettre en route, et gagner un gîte avant que le jour parût.

Madame était attendue à trois lieues de la côte, dans une maison appartenant à un vieil officier dévoué à sa cause ; seulement, lorsqu'elle fut arrivée à cette maison, son propriétaire ne crut pas la retraite assez sûre, et il fallut gagner une autre habitation distante encore de trois quarts de lieue.

La route s'était faite à travers les rochers, par des chemins presque impraticables.

Il faisait grand jour lorsque, enfin, on arriva. La princesse était horriblement fatiguée, ainsi que ceux qui l'accompagnaient ; mais, comme elle ne se plaignait pas, personne n'osait se plaindre.

La maison était un véritable asile de conspirateurs, isolée et entourée de bois et de rochers.

On exigea de Madame qu'elle se couchât ; mais elle n'y consentit que lorsqu'elle eut vu partir pour Marseille deux personnes de sa suite. Ces personnes avaient mission de prévenir M.*** de son arrivée.

M. *** était une des personnes qui avaient répondu à la princesse d'une insurrection en sa faveur, non-seulement à Marseille, mais encore dans tout le Midi.

Nous désignerons par des étoiles, par des initiales ou par leur nom, selon que nous croirons devoir leur garder plus ou moins de ménagements de position, les personnes qui prirent part à l'entreprise que nous racontons.

Le soir même, un des messagers revint avec un billet : le billet était court mais significatif.

Il renfermait ce simple avis: « Marseille fera son mouvement demain. »

L'autre personne était restée pour prendre part au mouvement.

Madame était au comble de la joie. D'après ce qu'on lui avait annoncé, Marseille et le Midi n'attendaient que le moment de se soulever en sa faveur.

La nuit vint. Malgré les fatigues de la nuit, la princesse dormit peu.

La première manche de sa partie était engagée, et se jouait en ce moment même.

En effet, voici ce qui se passait.

Pendant toute la nuit, la ville avait été sillonnée par des rassemblements légitimistes portant un drapeau blanc, et criant: « Vive Henri V! »

A trois heures du matin, une douzaine d'hommes armés s'étaient rendus à l'église Saint-Laurent, s'étaient fait donner les clefs du clocher, et, tandis que les uns sonnaient le tocsin, les autres avaient arboré le drapeau blanc; d'autres, moins le tocsin, en avaient fait autant à la Patache.

Le drapeau tricolore avait été traîné dans le ruisseau. En même temps, l'esplanade de la Tourelle s'était couverte de monde. On attendait, disait-on, par le *Carlo-Alberto*, la duchesse de Berry et M. de Bourmont.

Cette nouvelle avait pour but de diriger vers la mer les regards de la police.

Enfin, un rassemblement plus considérable que les autres se porta sur le palais de justice aux cris de « Vive la ligne! vive Henri V! »

Par malheur pour la fortune de Madame, le sous-lieutenant qui commandait le poste était patriote, presque républicain. Au lieu de sympathiser avec les cris et le mouvement, il sortit du poste, somma le rassemblement de se disperser, et, sur le refus de celui qui paraissait le commander, il le saisit au collet, et, après une lutte assez vive, le jeta dans le corps de garde.

A peine le chef fut-il arrêté, qu'une terreur panique s'empara des conjurés : le cri de « Sauve qui peut! » se fit entendre ; les soldats se jetèrent parmi les fuyards, et trois nouvelles arrestations furent opérées.

A deux heures de l'après-midi, une frégate sortit du port pour donner la chasse au *Carlo-Alberto*, que l'on apercevait flottant à l'horizon, sans voiles ni vapeur; mais, à la vue des dispositions hostiles que l'on prenait contre lui, le *Carlo-Alberto* chauffa et appareilla, se couvrit de fumée et de voiles, et disparut en courant sud-est.

Ce fut un bonheur pour la duchesse de Berry : on la croyait à bord du bâtiment; le *Carlo-Alberto* ayant regagné la haute mer, on fut convaincu qu'il l'avait emportée avec lui.

Elle, cependant, attendait toujours dans la petite maison. Les personnes qui restaient avec elle purent avoir une idée de son impatience lorsqu'elle vit arriver une heure, deux heures, trois heures.

Enfin, à quatre heures, deux messagers parurent, effarés, hors d'haleine, et crièrent en arrivant :

— Le mouvement a manqué! il faut à l'instant même quitter la France!

La duchesse se roidit contre le coup, et eut la force de sourire.

— Sortir de France? dit-elle. C'est ce qui ne me paraît pas prouvé ; ce qui est urgent, c'est de sortir d'ici, afin de ne pas compromettre nos hôtes : on peut avoir suivi les messagers.

Au surplus, quitter la France n'était pas chose facile. Le *Carlo-Alberto* avait disparu ; on ne pouvait donc regagner le Piémont qu'en suivant le chemin d'Annibal. Ne valait-il pas mieux tout risquer, couper la France dans sa largeur, et profiter de la conviction où était la police que la duchesse de Berry avait fui sur le *Carlo-Alberto*, pour aller tenter dans la Vendée un soulèvement qui venait si piteusement d'échouer à Marseille?

Ce fut l'avis de la duchesse, et, avec cette rapidité de décision qui est une des puissances de son caractère aventureux, elle donna l'ordre de se préparer au départ.

On n'avait ni voitures, ni chevaux, ni mules; mais la duchesse déclara qu'ayant fait un apprentissage de la marche à pied, elle se sentait assez forte pour voyager ainsi la nuit prochaine, et, s'il le fallait, les nuits suivantes.

Il ne s'agissait donc que de trouver un guide. On envoya chercher un homme sûr, et l'on se mit en route vers sept heures du soir.

La nuit arriva rapidement; elle était sombre : à peine voyait-on où mettre le pied; au bout de quelques heures, toute trace de sentier avait disparu.

On s'arrêta et l'on essaya de s'orienter.

On se trouvait au milieu de rochers parsemés d'oliviers rabougris; le guide était indécis : il regardait alternativement la terre et le ciel, aussi sombres l'un que l'autre; enfin, pressé par l'impatience de la duchesse, il avoua que l'on était perdu.

— Ma foi! dit la duchesse, j'en suis enchantée! je suis si fatiguée, que j'allais demander à ne pas aller plus loin.

Et, faisant l'apprentissage de la vie du bivac, elle s'enveloppa dans son manteau, se coucha à terre et s'endormit.

Seize ans après, la même chose arrivait à la duchesse de Montpensier, fuyant de France avec le colonel Thierry.

Madame se réveilla glacée et fort souffrante; l'indisposition paraissait même assez grave pour donner des inquiétudes à ses compagnons de voyage.

Heureusement, pendant son sommeil, on avait cherché et trouvé une espèce de cabane qui servait de retraite aux bergers pendant les orages. On y conduisit la duchesse, qui y attendit le jour près d'un feu de bruyères et de branches sèches. — Pendant ce temps, un des compagnons de Madame, M. de B.....l, qui habitait le pays, s'était mis en quête d'une voiture.

Au grand jour, il revint avec un cabriolet qui ne pouvait contenir que trois personnes.

Il fallut se séparer. On se donna rendez-vous chez M. de B.....l, à G***.

Madame, M. de Ménars et M. de B.....l montèrent dans le cabriolet, et l'on put trouver un excellent chemin qui n'était qu'à quatre pas de l'endroit où l'on avait passé la nuit.

A la moitié de la première étape, on délibéra où l'on coucherait.

L'embarras venait de ce que Madame avait compté s'arrêter chez un gentilhomme qui, par malheur, n'était pas chez lui. Il est vrai que son frère demeurait à peu de distance ; mais il était républicain.

— Est-ce un honnête homme? demanda la duchesse.

— Le plus honnête homme que je connaisse! répondit M. de B.....l.

— C'est bien! Alors, conduisez-moi chez lui.

On voulut faire à Madame quelques observations.

— Inutile, dit-elle; il est décidé que c'est là que je m'arrête.

Deux heures après, Madame sonnait à la porte de l'ennemi politique auquel elle venait demander un asile.

Madame et ses deux compagnons de voyage sont introduits dans le salon.

— Qui annoncerai-je à monsieur? demanda le domestique.

— Priez-le seulement de descendre, dit la duchesse; je me nommerai à lui.

Un instant après, le maître de la maison entre au salon; Madame va à lui.

— Monsieur, dit-elle, vous êtes républicain, je le sais ; mais, pour une proscrite, il n'y a pas d'opinion : je suis la duchesse de Berry.

Le républicain s'inclina, mit sa maison tout entière à la disposition de la princesse, et, après y avoir passé une de ses plus tranquilles et de ses meilleures nuits, Madame repartit le lendemain pour un petit bourg où elle avait rendez-vous avec plusieurs de ses partisans, et particulièrement avec M. de Bonnechose. — C'était ce même bon et excellent jeune homme avec lequel, on s'en souvient, j'avais fait connaissance à Trouville.

Il fallut se procurer une autre voiture, car M. de Bonnechose ne devait plus quitter la princesse; en conséquence, on acheta un char à bancs à quatre places, et on laissa le cabriolet.

C'était M. de B.....l qui conduisait ; il était assis près de la princesse, sur la première banquette, protégée par un soufflet; MM. de Ménars et de Bonnechose étaient assis, eux, sur la banquette de derrière.

Dans une descente rapide, bordée d'un côté par des rochers, de l'autre par un précipice, le cheval s'emporta. Il faisait nuit; dans une violente secousse, M. de Ménars et M. de Bonnechose virent tout à coup tomber du soufflet un objet assez volumineux. Tous deux crurent que c'était madame la duchesse de Berry, qui, par le choc, venait d'être lancée hors de la voiture. Ils se retournèrent : l'objet, ayant forme humaine, restait immobile sur le chemin; si c'était la princesse, elle était ou tuée ou blessée grièvement. Par malheur, il n'y avait pas moyen d'arrêter la voiture; on continua de descendre ainsi près d'un kilomètre. Enfin, le marchepied en fer, ayant été faussé, se trouva en contact avec la voie, et fit une espèce d'enrayage. M. de Bonnechose, jeune et leste, sauta à terre, et s'élança sur le devant de la voiture : il y trouva Madame, fort calme et n'ayant d'autre inquiétude qu'à l'endroit de son manteau, que le vent avait emporté.

La voiture était fort endommagée. On marcha à pied jusqu'à une forge où les réparations nécessaires lui furent faites.

Le même jour, la princesse était reçue dans la famille de M. de B.....l.

C'était là qu'était fixé un premier rendez-vous. Tous ceux qui y avaient été convoqués s'y trouvaient; ils insistèrent à leur tour pour que Madame n'allât pas plus loin, mais, au contraire, revînt sur ses pas et quittât la France.

La princesse répondit avec fermeté :

— Si je sortais de France sans aller dans la Vendée, que diraient donc ces braves populations de l'Ouest qui ont donné tant de preuves de dévouement à la cause royale? Elles ne me le pardonneraient jamais, et je mériterais plus que mes parents les reproches qui leur ont été adressés tant de fois (1)! Puisque je leur ai promis, il y a quatre ans, de venir

---

(1) On connaît la lettre de Charette au comte d'Artois après la défaite de Quiberon.

au milieu d'elles en cas de malheur, et que déjà je suis en France, je n'en sortirai pas sans tenir ma promesse... Nous partons ce soir; occupons-nous de mon départ.

Les amis de la duchesse renouvelèrent leurs instances ; ils lui énumérèrent les dangers qu'elle avait à courir ; mais un pareil argument était de nature à l'exciter plutôt qu'à l'arrêter.

— Dieu et sainte Anne viendront à mon secours! dit-elle ; j'ai passé une bonne nuit ; je suis reposée, et veux partir ce soir.

Cet ordre donné, il n'y avait plus qu'à obéir.

M. de B.....l fit les préparatifs de ce départ dans le plus grand secret. Il se procura, dans la ville voisine, une calèche de voyage qui, la nuit suivante, devait attendre à une heure donnée et à un endroit convenu ; malheureusement, elle ne contenait que trois places. Madame choisit pour l'accompagner M. de Ménars et M. de Villeneuve, parent du marquis de B.....l, et, le soir même, on se mit en route.

M. de Villeneuve, connu et vénéré dans tout le Midi, était porteur d'un passe-port pour lui, sa femme et un domestique. M. de Lorge sollicita l'humble titre de valet de chambre, et, à l'heure du départ, vint offrir ses services à Madame en redingote de livrée.

Il y avait dans tout cela du Charles-Édouard à Culloden et du Louis XVI à Varennes.

Madame donna sa main à baiser à ceux qui ne pouvaient l'accompagner, leur assigna un rendez-vous dans l'Ouest, et partit pour la Vendée, où nous allons la suivre.

CCXL

Itinéraire de Madame.—Panique.—M. de Puylaroque.—*Domine salvum fac Ludovicum Philippum.*—Le château de Dampierre.—Madame de la Myre. — La fausse cousine et le curé. — M. Guibourg. — M. de Bourmont. — Lettre de Madame à M. de Coislin. — Les noms de guerre. — Proclamation de Madame. — Nouvelle espèce de *henné*. — M. Charette. — Madame manque de se noyer dans la Maine. — Le sacristain à la provende. — Une nuit dans l'étable. — Les légitimistes de Paris. — Ils dépêchent M. Berryer en Vendée.

On devait gagner l'endroit où se tenait la voiture par des sentiers étroits, difficiles, pleins de ronces ; Madame y perdit son châle.

C'était pendant la nuit du jeudi au vendredi 4 mai.

La voiture, amenée par MM. de B..... l et de Villeneuve, attendait au rendez-vous.

La nuit était calme, silencieuse et limpide ; quoique la lune fût seulement dans son premier quartier, on pouvait voir à quelque distance.

Or, on crut apercevoir un homme à cheval qui stationnait sur la route.

Un de ces messieurs se glissa sur les côtés, et revint en annonçant que l'homme à cheval était un gendarme.

En même temps, on commençait à entendre le pas d'une troupe de chevaux, et, sous les pas encore lointains de cette cavalerie, on voyait jaillir des étincelles.

Fallait-il partir comme des fugitifs, ou payer d'audace en restant ?

Madame fut pour l'audace ! en fuyant, si vite que ce fût, on serait toujours rejoint ; en attendant, si les soupçons n'existaient pas, on avait la chance de n'en pas donner.

La troupe avançait au grand trot, et on ne tarderait pas à être remarqué.

Cette troupe était composée de douze chevaux de poste conduits par trois postillons, et ramenés au relais d'où ils étaient partis.

Voyant la voiture de Madame sur la route, ils offrirent leurs services. M. de B.....l leur répondit en patois provençal pour les remercier, et ils continuèrent leur chemin.

Derrière eux, la voiture se mit en mouvement, et, derrière la voiture, le gendarme.

M. de B.....l, inquiet, suivit, en courant à pied, la voiture.

Le gendarme gagnait sur la calèche, et allait la joindre. Alors, s'élançant à la portière:

— Madame, dit M. de B.....l, voici le gendarme... Que Dieu vous protége!

Madame regarda par la glace placée au fond de la voiture, et vit effectivement le gendarme à quelques pas d'elle seulement, et réglant le pas de son cheval sur celui des chevaux de la princesse.

Que pouvait-on penser, sinon que cet homme, ayant vu une voiture arrêtée et entourée de plusieurs individus, — et cela, à onze heures de la nuit, — avait conçu des soupçons, et, n'osant pas attaquer seul une si nombreuse compagnie, voulait donner l'éveil à la première brigade qu'il rencontrerait sur sa route?

M. de B.....l ne pouvait ainsi courir à pied pendant tout un relais; il s'arrêta donc, s'assit au bord du chemin, et, pour avoir des nouvelles, attendit le retour du cocher.

Arrivée à la poste où elle devait prendre les chevaux, la duchesse regarda avec anxiété autour d'elle. Le gendarme avait disparu.

Sans doute, il était allé prévenir la brigade.

On pressa tant que l'on put le maitre de poste; on se remit en route avec deux chevaux seulement, pour ne pas inspirer de soupçons; mais, à peine hors du village, on retrouva le gendarme. Comme un cavalier fantastique, il avait eu l'air de sortir de terre.

L'avis commun fut qu'il n'y avait point de poste de gendarmerie au village qu'on venait de traverser, et que l'arrestation aurait lieu au village suivant.

A quelques pas de la poste, le gendarme prit un chemin de traverse, et jamais on ne le revit.

Quand on fut de l'autre côté du village où l'on s'attendait à être arrêté, et que l'on vit la route libre, on respira.

— Eh bien, que pense Votre Altesse de notre gendarme? demanda M. de Villeneuve.

— Ou c'est un fier nigaud qui ne sait pas son affaire, dit la duchesse, ou c'est un rusé compère qui m'a reconnue, et qui, si je réussis, a d'avance dans sa poche son brevet d'officier et quelques centaines de louis pour s'équiper. En tout cas, il peut se vanter de m'avoir fait une fameuse venette!

M. de B.....l apprit ces détails au retour du cocher, et rentra chez lui un peu rassuré.

Le 4 mai, on continua la route vers Toulouse par Nîmes, Montpellier, Narbonne, allant nuit et jour, ne s'arrêtant que le matin de bonne heure pour déjeuner, faire sa toilette, et donner le temps aux garçons d'écurie de graisser la voiture.

On changea de chevaux à Lunel.

— Où sommes-nous? demanda la princesse.

— A Lunel, madame, répondit M. de Villeneuve.

— Oh! dit-elle, si ce bon D..., qui m'a envoyé en Italie une caisse de vin de son cru, savait que je relaye en ce moment, comme il accourrait! Mais pas d'imprudence.

Et l'on se remit en route sans avertir M. D...

Le 5 mai, à sept heures et demie du soir, la duchesse de Berry entrait à Toulouse en calèche découverte, sans aucun déguisement qui empêchât ceux qui l'avaient vue de la reconnaître.

La voiture, comme de coutume, s'arrêta devant la poste aux chevaux; aussitôt accoururent les désœuvrés et les curieux.

Au nombre des spectateurs était un jeune homme d'une mise élégante, et qui regardait d'un air moins désœuvré, mais plus curieux que les autres; Madame fit semblant de dormir, sans perdre de vue celui qui, de son côté, attachait si obstinément son regard sur elle.

— Mon cher monsieur de Lorge, dit Madame, tandis qu'on

change les chevaux, allons donc m'acheter un chapeau qui me couvre davantage la figure.

M. de Lorge sauta à bas du siége, et s'achemina vers un magasin de modes.

Le spectateur curieux le suivit, entra avec lui dans le magasin, en sortit avec lui, et, lui touchant l'épaule de la main :

— Mon cher de Lorge, dit-il, madame la duchesse de Berry est là.

— Eh bien, oui, mon cher Jules, répondit celui qu'on interrogeait.

— Où veut-elle aller ?

— Dans la Vendée.

— La Vendée regorge de troupes !

— Nous le savons.

— Alors, pourquoi aller en Vendée ? Les provinces qu'elle traverse dans ce moment-ci offrent des chances plus favorables ; Madame peut rester à Toulouse en toute sûreté. Dans un moment, j'aurai pourvu à tout... Il faut absolument que je lui parle.

— Eh bien, soit ! parlez-lui.

— Non pas dans ce moment ; ce serait une imprudence. Je vais monter avec vous sur le siége, et, une fois hors de la ville, nous aviserons !

M. de Lorge revint à la voiture, remit le chapeau neuf à la duchesse, monta lestement sur son siége ; — celui qu'il avait désigné sous le nom de Jules prit place auprès de lui, au grand étonnement de Madame, — et la voiture repartit au galop.

Un fois hors de la ville, le nouveau venu se pencha vers Madame.

— Eh ! monsieur de Puylaroque, s'écria-t-elle, c'est donc vous ! — Ah ! du moment que c'est vous, je suis tranquille, je suis heureuse ! — Comment se fait-il que nous vous ayons rencontré ? C'est la Providence qui vous envoie, car j'avais bien besoin de vous parler. J'ai perdu une partie de mes adresses ; vous allez me les redonner.

— Tout ce que Votre Altesse voudra ; elle sait que je

entièrement à sa dévotion; mais, avant tout, par grâce, Madame, n'allez pas en Vendée!...

— Et où voulez-vous que j'aille?

— Restez à Toulouse ; vous y trouverez le repos et la sûreté.

— Je ne cherche ni l'un ni l'autre : je cherche la lutte. Quant à ce que vous dites de la Vendée, il ne peut rien m'y arriver de fâcheux. La Vendée est sillonnée de soldats, dites-vous? — Tant mieux ! je connais bon nombre de ceux qui étaient dans la garde; ils me connaissent aussi, et ne tireront point sur moi, je vous en réponds! — J'ai promis à mes fidèles Vendéens d'aller les visiter: j'acquitterai ma parole ; si des circonstances que je ne veux pas prévoir me forcent à m'éloigner, venez me chercher, et je reviens dans le Midi avec vous. Mais, puisque me voici en France, ne parlons pas d'en sortir.

Quand Madame avait pris une résolution, on sait déjà qu'elle y tenait.

M. de Puylaroque fut donc obligé de renoncer à son projet; il descendit de la voiture, et rentra à Toulouse.

Huit jours après, il partait pour aller rejoindre Madame dans la Vendée.

En quittant Toulouse, Madame prit par Moissac et Agen ; puis elle laissa la route de Bordeaux pour suivre celle de Villeneuve d'Agen, de Bergerac, de Sainte-Foy, de Libourne et de Blaye ; — Blaye, qui, en la voyant passer, resta muet sur l'avenir !

On se dirigea vers le château du marquis de Dampierre; celui-ci n'était aucunement préparé à la visite qu'il allait recevoir; mais il était intime ami de M. de Lorge, qui répondait de son dévouement. C'était de ce château, situé à mi-chemin de Blaye à Saintes, que la duchesse voulut avertir de son arrivée ses amis de Paris, conférer avec les chefs de la future insurrection, et jeter ses proclamations dans la Vendée.

Mais, avant d'arriver au château du marquis de Dampierre, on devait passer devant celui d'un de ses parents, lequel n'était séparé de la route que par la rivière.

Un bac était là, comme pour tenter les voyageurs. L'esprit aventureux de Madame ne put résister au désir de faire une visite à l'ami inconnu ; d'ailleurs, M. de Villeneuve l'y poussait : il s'agissait de savoir là si l'on trouverait M. le marquis de Dampierre chez lui.

On mit pied à terre, et l'on passa le bac.

M. de Villeneuve se fit annoncer, et présenta au maître du château la princesse comme sa femme.

On allait se mettre à table ; on proposa à M. et à madame de Villeneuve de partager le déjeuner ; — ils acceptèrent.

C'était un dimanche ; le maître du château, en attendant le déjeuner, proposa à ses hôtes d'aller à la messe.

Si dangereuse qu'elle fût pour l'incognito de Madame, c'était une proposition impossible à refuser.

Madame se rendit à l'église à pied, au bras de son hôte, traversant la foule, et levant hardiment la tête. Il est vrai qu'une fois à l'église, la chaleur et la fatigue l'emportèrent : la princesse profita d'un sermon du curé qui dura une heure pour dormir une heure.

Le bruit de chaises qui suit la péroraison d'un sermon réveilla Madame, et elle entendit pour la première fois le *Domine salvum fac regem* LUDOVICUM-PHILIPPUM.

Après le déjeuner, on se remit en route. Le 7 mai au soir, la duchesse de Berry arrivait à la grille du château de Dampierre.

M. de Lorge descendit et sonna.

En Angleterre, on sait qui demande à entrer par la manière dont frappe le visiteur. M. de Lorge sonna en aristocrate qui n'a pas le temps d'attendre ; aussi fut-ce M. de Dampierre lui-même qui se présenta.

— Qui est là ? demanda-t-il.

— Moi, de Lorge !... Ouvre vite ! je t'amène madame la duchesse de Berry.

Le maître de la maison fit un bond en arrière.

— La duchesse de Berry ! s'écria-t-il ; comment ! Madame ?

— Oui, elle-même... Ouvre !

— Mais, reprit M. de Dampierre, tu ne sais donc pas que

j'ai vingt personnes chez moi, que ces vingt personnes sont au salon, et...

— Monsieur, dit la duchesse de Berry mettant la tête à la portière, je crois avoir entendu dire que vous avez de par le monde une cousine qui demeure à cinquante lieues d'ici ?

— Madame de la Myre, oui madame.

— Alors, ouvrez, monsieur, et présentez-moi aux personnes que votre société sous le nom de madame de la Myre.

— Croyez, madame, s'écria M. de Dampierre, que je n'ai fait toutes ces observations que dans votre intérêt ; mais, du moment que vous me faites l'honneur d'insister...

— J'insiste.

M. de Dampierre se hâta d'ouvrir la grille.

Madame sauta hors de la voiture, passa son bras sous celui du maître de la maison, et s'achemina vers le salon.

Le salon était vide.

En l'absence de M. de Dampierre, chacun avait regagné sa chambre.

Lorsque la duchesse de Berry entra dans le salon, suivie de M. de Ménars, de M. de Villeneuve et de M. de Lorge, qui avait dépouillé sa redingote de livrée, et qui était redevenu un gentilhomme, — elle n'y trouva donc plus que la maîtresse de la maison, et deux ou trois personnes auxquelles la duchesse et M. de Lorge furent présentés sous le nom de M. et madame de la Myre.

Le même soir, M. de Villeneuve, sachant Madame en sûreté, repartit pour la Provence.

Le lendemain, Madame, en descendant pour le déjeuner, subit la seconde présentation.

Aucun doute ne s'éleva sur l'identité de la fausse madame de la Myre.

Le dimanche suivant, le curé dans la paroisse duquel se trouvait le château vint, comme d'habitude, dîner chez M. le marquis de Dampierre, lequel, ainsi qu'il l'avait fait pour ses autres hôtes, lui présenta Madame sous le nom de sa cousine.

Le curé s'avança vers la duchesse dans l'intention de la

saluer; mais, à moitié chemin de l'intervalle qu'il avait à franchir, fixant les yeux sur elle, il s'arrêta, et sa figure prit un air de stupéfaction si comique, que la duchesse ne put s'empêcher d'éclater de rire.

Lors de l'arrivée de Madame à Rochefort, en 1828, le bonhomme lui avait été présenté. Il la reconnaissait.

— Mon cher curé, lui demanda M. de Dampierre, excusez-moi, mais, en vérité, je ne puis m'empêcher de vous demander ce qu'il y a dans la figure de ma cousine qui vous tire l'œil à ce point.

— Il y a, monsieur le marquis, dit le curé, que madame votre cousine... Oh! mais c'est étonnant! Cependant, c'est impossible!... car enfin...

Et le reste de la phrase du bon curé se perdit dans un murmure confus et inintelligible.

— Monsieur, dit à son tour Madame en s'adressant au bon curé, permettez que je m'associe à mon cousin pour vous demander ce qu'il y a.

— Il y a, répondit le curé, comme dans un vaudeville de Scribe ou une comédie d'Alexandre Duval, il y a que Votre Altesse royale ressemble à la cousine de M. le marquis... Non, je me trompe : que la cousine de M. le marquis ressemble à Votre Altesse royale... Ce n'est pas cela que je veux... Oh! mais c'est-à-dire que je jurerais...

La duchesse était passée du rire ordinaire au fou rire.

En ce moment, on sonna le dîner.

M. de Dampierre, qui voyait le plaisir que prenait la duchesse à la surprise du bon curé, le plaça à table vis-à-vis d'elle. Il en résulta qu'au lieu de dîner, le curé ne cessa de regarder Madame en répétant:

— Oh! mais c'est incroyable!... en vérité, je jurerais... et, cependant, c'est impossible!

Folle et insouciante comme un enfant, Madame passa neuf jours dans le château; personne, excepté le curé, n'eut l'idée de lui contester son identité de nom et de cousinage.

Dès le second jour, un messager partait pour la Vendée avec trois billets.

Par le premier, la duchesse invitait un homme sûr à lui trouver une retraite *introuvable*.

Le second était adressé à l'un des principaux chefs vendéens et était conçu en ces termes :

Malgré l'échec que nous venons d'éprouver, je suis loin de regarder ma cause comme perdue : j'ai toujours confiance dans notre bon droit. Mon intention est donc qu'on plaide incessamment ; et j'engage mes avocats à se tenir prêts à plaider... au premier jour.

Le troisième billet était adressé à M. Guibourg, et était surtout remarquable par son laconisme.
Le voici :

« On vous dira où je suis ; venez sans perdre un moment. Pas un mot à qui que ce soit ! »

Trente heures après, M. Guibourg était près de la princesse.
Les premiers mots de madame furent :
— Où est M. le maréchal de Bourmont ?

Personne n'en savait rien, M. Guibourg pas plus que les autres. Le maréchal n'était pas à Nantes, et on ne connaissait ni la route qu'il avait pu suivre, ni la retraite où il était caché.

Il n'y avait rien à faire sans M. de Bourmont. M. de Bourmont, c'était l'âme de l'entreprise ; M. de Bourmont était le seul qui, par l'influence de son nom, pût soulever la Vendée, et, par son titre de maréchal de France, exiger l'obéissance de ces officiers tous égaux entre eux.

Madame n'avait pas entendu parler de M. de Bourmont depuis le jour où elle s'était séparée de lui.

— Voyons, dit-elle vivement à M. Guibourg, ne nous laissons pas abattre par de simples contrariétés, nous qui ne nous laisserions pas abattre par des revers ; seulement, qu'y a-t-il à faire ?

— Puisque Madame a déclaré qu'elle brûlait ses vaisseaux, répondit M. Guibourg, puisqu'elle est décidée à venir dans la Vendée, où on l'attend, je lui conseillerai de quitter ce château le plus promptement et le plus secrètement possible. En quarante-huit heures, on peut réunir autour de Madame les principaux chefs des deux rives de la Loire ; Madame leur fera connaître ses intentions, et, éclairée par leurs conseils, prendra une détermination.

— Soit ! dit la duchesse ; demain, vous partirez ; après-demain, je partirai à mon tour, et, dès mon arrivée là-bas, je tiendrai conseil avec les chefs que vous aurez prévenus.

Mais, le lendemain, Madame rappela M. Guibourg auprès d'elle.

— J'ai changé d'avis, dit-elle, et ne veux consulter personne ; la majorité pourrait être pour un ajournement, et tout soulèvement en Vendée doit avoir lieu, m'a-t-on dit, dans la première quinzaine de mai, époque où les travaux de la campagne donnent en quelque sorte vacances aux métayers ; nous sommes donc en retard. D'ailleurs, dans leurs rapports, sur la foi desquels je suis venue, les chefs me disaient tous qu'ils étaient prêts à agir ; leur demander s'ils le sont, ce serait douter de leur parole. Je vais donc faire connaître mes intentions à toute la France.

Cette lettre, adressée au marquis de Coislin, à la date du 15 mai, résume la circulaire dont nous venons de parler, et que nous ne citons pas textuellement, n'en ayant pas la teneur exacte.

Voici la lettre adressée à M. de Coislin :

> Que mes amis se rassurent : *je suis en France*, et bientôt *je serai dans la Vendée* ; c'est de là que vous parviendront mes ordres définitifs : vous les recevrez avant le 25 de ce mois. Préparez-vous donc. Il n'y a eu qu'une méprise et une erreur dans le Midi ; je suis satisfaite de ses dispositions, il tiendra ses promesses. Mes fidèles provinces de l'Ouest ne manquent jamais aux leurs. — Dans peu, toute la France sera appelée à reprendre son ancienne dignité et son ancien bonheur.
>
> M.-C. R.
>
> 15 mai 1832.

A cette lettre était jointe la note renfermant les noms de guerre sous lesquels devaient se cacher et correspondre les conspirateurs.

Les voici :

. Guibourg — *Pascal*, le maréchal — *Laurent*, Madame — *Mathurine*, Maquillé — *Bertrand*, Terrien — *Cœur-de-Lion*, — Clouët — *Saint-Amand*, Charles — *Antoine*, Cadoudal — *Bras-de-Fer*, Cathelineau — *Le Jeune* ou *Achille*, Charette — *Gaspard*, Hébert — *Doineville*, d'Autichamp — *Marchand*, de Coislin — *Louis Renaud*.

Le même jour, madame la duchesse de Berry faisait répandre à plusieurs centaines d'exemplaires la proclamation suivante, imprimée à l'aide d'une presse portative

Proclamation de madame la duchesse de Berry, régente de France.

Vendéens! Bretons! vous tous, habitants des fidèles provinces de l'Ouest!

Ayant abordé dans le Midi, je n'ai pas craint de traverser la France au milieu des dangers pour accomplir une promesse sacrée, celle de venir parmi mes braves amis, et de partager leurs périls et leurs travaux.

Je suis enfin parmi ce peuple de héros! *Ouvrez à la fortune de la France!* Je me place à votre tête, sûre de vaincre avec de pareils hommes. Henri V vous appelle; sa mère, régente de France, se voue à votre bonheur. Un jour, Henri V sera votre frère d'armes, si l'ennemi menaçait nos fidèles pays.

Répétons notre ancien et notre nouveau cri : « Vive le roi! Vive Henri V! »

MARIE-CAROLINE.

Imprimerie royale de Henri V.

Précédée de cette proclamation, Madame se remit en route le 16 mai 1832.

Elle était accompagnée de M. et de madame de Dampierre, de M. de Ménars et de M. de Lorge, qui avait repris le rôle et le costume de domestique.

Les chevaux de M. de Dampierre conduisirent Madame jusqu'à la première poste, où elle prit des chevaux, et continua sa route par Saintes, Saint-Jean-d'Angely, Niort, Fontenay, Luçon, Bourbon et Montaigu.

La duchesse de Berry traversait en plein jour et en voiture découverte le pays que, quatre ans auparavant, elle avait traversé à cheval, allant de château en château, et entourée des populations accourues sur son passage. Quant à M. de Ménars, propriétaire dans le pays, habitué de toutes les élections comme électeur et éligible, ayant présidé le grand collége de Bourbon, c'était un miracle qu'il ne fût point reconnu à chaque pas.

Sans doute que l'un et l'autre furent protégés par leur imprudence même. Il est vrai que Madame avait une perruque brune ; mais, avec sa perruque brune, la duchesse avait conservé ses sourcils blonds ; tout à coup, ses compagnons de voyage lui en firent l'observation. Il fallait remédier au plus tôt à cette disparate : madame mouilla de salive un coin de son mouchoir, le frotta sur la botte de M. de Ménars, et, grâce au cirage de la botte, obtint un noir convenable pour harmoniser la couleur de ses sourcils avec celle de sa perruque.

Au relais de Montaigu, M. de Lorge, habillé en domestique, fut obligé, pour ne pas mentir à son costume, de manger avec les domestiques, et d'aider à atteler les chevaux.

M. de Lorge se tira de son rôle comme s'il eût joué la comédie en société.

Le 17 mai, à midi, Madame et M. de Ménars descendaient au château de M. de N... ; les deux voyageurs changèrent aussitôt de costumes avec le maître et la maîtresse de la maison, qui, montant immédiatement en voiture à leur place, continuèrent la route avec M. et madame de D***.

Le postillon, que les domestiques avaient grisé dans la cuisine, tandis que les maîtres changeaient de costumes au premier, ne s'aperçut de rien, enfourcha son porteur, à moitié ivre, et prit la route de Nantes, ne se doutant pas qu'on lui avait changé ses voyageurs, ou plutôt qu'ils s'étaient changés eux-mêmes.

La duchesse avait donné rendez-vous à ses amis dans une maison située à une lieue à peu près du château, et appartenant à M. G... Vers cinq heures de l'après-midi, elle prit le bras de M. O... et, à pied, gagna avec lui cette maison, où la rejoignirent bientôt MM. de Ménars et Charette. Ils étaient vêtus de blouses, et avaient des souliers ferrés.

Le soir, Madame partit pour gagner une cache qu'on lui avait ménagée dans la commune de Montbert ; elle était accompagnée de MM. de Ménars, Charette et de la R...e.

Quatre ou cinq paysans escortaient les voyageurs ; on demanda à Madame si elle voulait faire un détour, ou passer la Maine à gué. Madame, comme si elle eût voulu du même coup s'habituer à tous les périls, préféra les dangers à la lenteur. On se consulta un instant pour savoir où l'on passerait la rivière, et l'on arrêta de la passer près de Romainville, sur des espèces de piles de pont qui, tant bonnes que mauvaises, offraient une sorte de gué.

Un paysan qui connaissait les localités prit la tête de la colonne, sondant le chemin avec un bâton qu'il tenait de la main droite, tandis que, de la gauche, il tirait à lui la duchesse. Arrivés aux deux tiers de la rivière, le paysan et Madame sentirent s'écrouler sous leurs pieds la pile sur laquelle ils avaient cru pouvoir s'aventurer.

Tous deux trébuchèrent et tombèrent à l'eau.

Madame était tombée à la renverse, et avait disparu, entièrement submergée. M. Charette s'élança aussitôt, rattrapa Madame par le talon, et la tira de la rivière. Mais elle était restée cinq ou six secondes sous l'eau, et avait failli perdre connaissance.

Les compagnons de Madame ne voulurent pas lui permettre d'aller plus avant ; on la ramena à la maison d'où l'on était parti. Elle changea d'habits des pieds à la tête, et, décidée à prendre le plus long chemin, monta en croupe derrière un paysan.

En raison du détour, ce ne fut que le 18 mai qu'elle arriva au village de Montbert.

Elle soupa et coucha dans la maison qui lui avait été préparée.

Mais la maison était mal pourvue. Les compagnons de la princesse ne voulaient pas qu'elle eût à subir les privations que lui imposait une pareille pénurie ; on lui parla d'un célèbre marchand de comestibles de Nantes, nommé Colin, qui vendait, pour les voyages au long cours, d'excellentes conserves enfermées dans des boîtes de fer-blanc.

Madame se décida à donner dans ce sybaritisme.

Il fallait trouver, pour aller faire les emplettes à Nantes, un homme intelligent et discret. On proposa à Madame le sacristain de la paroisse. Madame causa un instant avec l'homme, qui lui plut, et fut chargé de la commission.

On avait compté sur sa prudence : il fut trop prudent. L'achat terminé, pour écarter les soupçons, le sacristain avait recommandé au marchand de comestibles de lui faire porter les boîtes à Pont-Rousseau, où il devait les attendre. Or, pendant qu'il chargeait les boîtes sur son cheval, un patriote passa.

Les patriotes ont, en général, de bons yeux en tout temps ; mais, à cette époque, ceux de Nantes les avaient particulièrement écarquillés. Le nôtre vit les boîtes de fer-blanc, les prit pour des boîtes de poudre, se figura que cette poudre était destinée aux chouans. Pendant que le sacristain chargeait son reste de boîtes, il prit les devants, et avertit la gendarmerie des Souniers.

La gendarmerie arrêta l'homme d'Église à son passage, et le ramena à Nantes.

Les boîtes furent ouvertes, et, au lieu de munitions, on reconnut des légumes ; mais ces légumes, tout inoffensifs qu'ils étaient en apparence, avaient pour les esprits soupçonneux une certaine signification.

Le sacristain, interrogé sur la condition de ceux qui l'avaient chargé de cette commission gastronomique, répondit que c'étaient des personnes à lui inconnues, et qui l'attendaient dans la lande de Génusson.

Il avait indiqué un point opposé à celui où se trouvait la duchesse de Berry.

Des gendarmes se rendirent à la lande de Génusson, qui, comme on le pense bien, se trouva déserte.

Le sacristain fut conduit dans la prison de Nantes

Un paysan l'avait vu au milieu des gendarmes : il prit ses jambes à son cou, et vint avertir la duchesse.

Pour plus de sûreté, Madame quitta sa cachette, connaissant trop peu le sacristain pour mesurer la portée de son dévouement, et se réfugia dans une étable. Elle y passa la nuit et la journée du 19, avec les bœufs du fermier. Un de ces animaux l'avait prise en amitié, et vint plusieurs fois lui souffler au visage.

— Je veux, disait-elle le lendemain, en riant de sa situation, aussitôt que je pourrai, me faire peindre en tête-à-tête avec le gros bœuf qui venait si agréablement me faire *pouf* à la figure.

Un autre bœuf avait dirigé ses affections sur M. de Ménars, et avait passé la nuit à lui lécher le visage ; seulement, M. de Ménars était si fatigué, qu'il avait reçu toutes les caresses de l'animal sans s'éveiller.

Ce fut au milieu d'un ouragan terrible, et par une pluie battante, que, le 20 mai, à une heure du matin, Madame quitta la ferme pour se rendre à la L...e, maison de campagne inhabitée appartenant à la famille de la R...e, et située dans la commune de Saint-Philibert.

Les chemins étaient affreux, et un marais profond coupait la route ; on ne pouvait avancer dans ce marais bourbeux qu'en sondant pas à pas le chemin.

M. Charette avait commis son jeune camarade de la R...e, chez lequel on se rendait, à la garde de Madame ; aussi, pour traverser le passage dangereux, le jeune homme ne voulut-il se fier qu'à lui-même ; il prit Madame sur ses épaules, et, en hasardant ses premiers pas dans le marais :

— Madame, lui dit-il, il est possible que j'enfonce en disparaissant dans quelque tourbière ; mais, dès que vous me verrez près de disparaître, jetez-vous de côté par le mouvement le plus brusque et le plus vigoureux que vous pourrez ; les passages dangereux ne sont pas larges d'habitude : je serai perdu, mais vous serez sauvée !

Deux fois la chose faillit arriver, deux fois Madame sentit

M. de la R...e s'enfoncer, jusqu'à la ceinture; mais, chaque fois, il parvint heureusement à se tirer d'affaire.

Madame arriva au point du jour, et, toute fatiguée qu'elle était, se remit en route le soir, après avoir déjeuné, dormi, reçu quelques personnes du pays, et avoir beaucoup plaisanté des deux genres de morts peu princiers auxquels elle avait failli succomber.

Cette nouvelle étape la conduisit chez une sœur de M. de la R...e. Son hôtesse ne s'attendait point à la visite, et se trouva mal de joie en la recevant.

Le 21 au soir, la duchesse se remit en route ; il s'agissait de gagner le M...; commune de Leyé.

Elle y resta jusqu'au lundi 31, c'est-à-dire pendant dix jours. La maison était incommode, et la retraite peu sûre ; les colonnes mobiles passaient incessamment devant la porte ; il était évident que l'on avait des soupçons.

Et, cependant, le rendez-vous était donné là à M. de Bourmont, à M. Berryer et à M. R...

Il fallait attendre.

La lettre écrite par la duchesse aux royalistes était arrivée à destination ; seulement, Madame avait oublié de donner la clef de la note en chiffres qui l'accompagnait.

M. Berryer s'appliqua à la chercher, et la trouva.

C'était la phrase suivante substituée aux vingt-quatre lettres de l'alphabet : *Le gouvernement provisoire.*

La lettre de Madame avait jeté un grand trouble parmi les royalistes paresseux placés dans les rayons du centre lumineux qu'on appelle Paris ; ils voyaient plus clair dans l'opinion publique que les royalistes du Maine, de la Vendée et de la Loire-Inférieure; le gouvernement du roi Louis-Philippe se dépopularisait de plus en plus, c'était vrai ; mais c'était là une raison pour attendre, et non point pour se presser ; quant à espérer quelque chose de la tentative de Madame, aucun n'était si aveugle que de s'en flatter.

Les royalistes parisiens se réunirent donc le 19 au soir afin d'aviser au moyen de faire connaître à Madame la véritable situation de la France.

La réunion fut grave, presque sombre ; on regardait le danger comme imminent. Il fut, en conséquence, décidé qu'un des chefs principaux se rendrait en Vendée auprès de la princesse.

Les chefs principaux étaient au nombre de trois : MM. de Chateaubriand, Hyde de Neuville et Berryer.

MM. de Chateaubriand et Hyde de Neuville étaient l'objet d'une surveillance qu'il était difficile de mettre en défaut ; avant qu'ils fussent arrivés à Orléans, on eût deviné où ils allaient, et ils eussent été arrêtés ou suivis.

M. Berryer s'offrit pour remplir le message. Un procès l'appelait aux assises de Vannes dans les premiers jours de juin.

Une note rédigée par M. de Chateaubriand, et offrant le résumé de l'opinion, nous ne dirons pas de la majorité, mais de la masse de l'assemblée, lui fut remise.

Le reste fut abandonné à son dévouement et à son éloquence.

Il s'agissait d'obtenir de Madame qu'elle quittât la Vendée.

M. Berryer partit de Paris le 20 mai au matin, et arriva le 22 à Nantes.

Qu'on nous permette de suivre l'illustre orateur dans son voyage pittoresque par les chemins de traverse, au milieu des buissons et des haies ; nous répondons de l'exactitude des détails : ils nous ont été donnés, en 1833, par M. Berryer lui-même.

CCXLI

Entrevue de MM. Berryer et de Bourmont. — Les guides de l'envoyé. — La colonne mobile. — M. Charles. — La cachette de Madame. — Madame refuse de quitter la Vendée. — Elle appelle aux armes ses partisans. — Mort du général Lamarque. — Les députés de l'opposition se réunissent chez Laffitte. — Ils décident qu'ils publieront un compte rendu à la nation. — MM. Odilon Barrot et de Cormenin sont chargés de la rédaction de ce compte rendu. — Cent trente-trois députés le signent.

A peine M. Berryer fut-il arrivé à Nantes, qu'il apprit que

M. de Bourmont y était depuis deux jours. Il alla le voir sur-le-champ.

M. de Bourmont avait reçu l'ordre du 15 mai, relatif à la prise d'armes, fixée au 24 ; mais il pensa, comme M. Berryer, d'après ce qu'il avait vu et entendu dans son court séjour à Nantes qu'il n'y avait aucun espoir à fonder sur cette insurrection, qu'il regardait comme une *déplorable échauffourée*. C'était tellement son avis, qu'il avait pris sur lui d'envoyer un *presque* contre-ordre aux chefs vendéens, espérant que, lorsqu'il verrait Madame, il parviendrait à la faire renoncer à ses projets. Ce contre-ordre avait été transmis par M. Guibourg à M. de Coislin père, qui devait à son tour le faire connaître à ceux qu'il intéressait. Voici la lettre de M. Guibourg et la copie de l'ordre de M. de Bourmont :

» Monsieur le marquis,

» J'ai l'honneur de vous adresser copie de l'ordre que je suis chargé
» de vous transmettre de la part de M. le maréchal.

» Retardez de quelques jours l'exécution des ordres que vous avez
» reçus pour le 24 mai, et que rien d'ostensible ne soit fait avant de
» nouveaux avis, mais continuez à vous préparer.

» Le maréchal comte DE BOURMONT.

» Le 22, à midi. »

M. de Bourmont applaudissait donc au sentiment qui conduisait M. Berryer près de Madame, et tout fut préparé le même jour pour le départ de celui-ci.

A deux heures de l'après-midi, M. Berryer monta dans un petit cabriolet de louage, et, comme, en y montant, il demandait à la personne de confiance que la duchesse avait à Nantes quelle route il fallait prendre, et quel lieu Madame habitait, cette personne lui montra du doigt un paysan qui se tenait au bout de la rue sur un cheval gris pommelé, et lui dit seulement : « Vous voyez bien cet homme ? Vous n'avez qu'à le suivre. »

En effet, à peine l'homme au cheval gris vit-il la voiture de M. Berryer se mettre en marche, qu'il fit prendre à sa monture un trot qui permettait à M. Berryer de le suivre sans le perdre de vue. Ils traversèrent ainsi les ponts, et entrèrent dans la campagne. Le paysan ne retournait même pas la tête, et paraissait s'inquiéter si peu de la voiture à laquelle il servait de guide, qu'il y avait des moments où M. Berryer se croyait dupe d'une mystification. Quant au cocher, comme il n'était pas dans la confidence, il ne pouvait donner aucun renseignement, et, comme, lorsqu'il avait demandé : « Où allons-nous, notre maître? » le maître avait répondu : « Suivez cet homme, » il obéissait strictement à cette injonction, ne s'occupant dès lors pas plus du guide que le guide ne s'occupait de lui.

Après deux heures et demie de marche, qui ne furent pas pour M. Berryer sans inquiétude, on arriva à un petit bourg. L'homme au cheval gris s'arrêta devant l'auberge : M. Berryer en fit autant ; l'un descendit de son cheval, l'autre de sa voiture, pour continuer la route à pied. M. Berryer dit à son cocher de l'attendre jusqu'au lendemain six heures du soir, et suivit son bizarre conducteur.

Au bout de cent pas, le guide entra dans une maison, et, comme, pendant la route, M. Berryer avait gagné du chemin sur lui, il y entra presque en même temps. L'homme ouvrit la porte de la cuisine, où la maîtresse du logis était seule, et, lui montrant M. Berryer, qui marchait derrière lui, il ne dit que ces mots :

— Voilà un monsieur qu'il faut conduire.

— On le conduira, répondit la maîtresse de la maison.

A peine ces paroles furent-elles prononcées, que le guide ouvrit une porte, et sortit sans donner à M. Berryer le temps de le remercier, ni de paroles ni d'argent. La maîtresse de la maison fit signe au voyageur de s'asseoir, et continua, sans lui adresser un seul mot, de vaquer à ses affaires de ménage, comme s'il n'y eût point eu là un étranger.

Un silence de trois quarts d'heure succéda à la stricte politesse que venait de recevoir M. Berryer, et ne fut interrompu que par l'arrivée du maître ; il salua l'étranger sans manifester ni étonnement ni curiosité ; seulement, il chercha des yeux sa femme, qui lui répéta, de la place où elle était, et sans interrompre ce qu'elle faisait, les mêmes mots que le guide lui avait dits :

— Voilà un monsieur qu'il faut conduire.

Le maître de la maison jeta alors sur son hôte un de ces regards inquiets, fins et rapides, qui n'appartiennent qu'aux paysans vendéens ; puis sa figure reprit aussitôt le caractère de physionomie qui lui était habituel, celui de la bonhomie et de la naïveté.

Il s'avança vers M. Berryer, le chapeau à la main.

— Monsieur désire voyager dans notre pays? lui dit-il.

— Oui, je voudrais aller plus loin.

— Monsieur a des papiers, sans doute?

— Oui.

— En règle?

— Parfaitement.

— Et sous son véritable nom, je présume?

— Sous mon véritable nom.

— Si monsieur voulait me montrer, je lui dirais bien s'il peut voyager tranquille dans notre pays.

— Les voici.

Le paysan les prit et les parcourut des yeux; son regard ne se fut pas plus tôt arrêté sur le nom de M. Berryer, qu'il les replia en disant:

— Oh! c'est très-bien! monsieur peut aller partout avec ces papiers-là.

— Et vous vous chargez de me faire conduire?

— Oui, monsieur.

— Je voudrais bien que ce fût le plus tôt possible.

— Je vais faire seller les chevaux.

A ces mots, le maître de la maison sortit ; dix minutes après, il rentra.

— Les chevaux sont prêts.

— Et le guide?

— Il attend monsieur.

En effet, M. Berryer trouva à la porte un garçon de ferme déjà en selle, et tenant un cheval de main ; à peine eut-il le pied dans l'étrier, que son nouveau conducteur se mit en route aussi silencieusement que l'avait fait son prédécesseur.

Après deux heures de marche pendant lesquels aucunes paroles ne furent échangées entre M. Berryer et son guide, on arriva, vers la tombée de la nuit, à la porte d'une de ces métairies qu'on décore du nom de château. Il était huit heures et demie du soir; M. Berryer et son guide descendirent de cheval, et tous deux entrèrent.

Le garçon de ferme s'adressa à un domestique, et lui dit :
— Il faut que ce monsieur parle à monsieur.

Le maître était couché; il avait passé la nuit précédente à un rendez-vous, et la journée à cheval; il était trop fatigué pour se lever : un de ses parents descendit à sa place.

Celui-ci reçut M. Berryer, et, dès qu'il eut appris son nom et le but de son voyage, il donna les ordres pour le départ. Il se chargeait lui-même de servir de guide au voyageur.

En effet, dix minutes après, tous deux partirent à cheval. Au bout d'un quart d'heure, un cri retentit à cent pas devant eux; M. Berryer tressaillit, et demanda quel était ce cri.

— C'est notre éclaireur, répondit le chef vendéen; il demande à sa manière si le chemin est libre. Écoutez, vous allez entendre la réponse.

A ces mots, il étendit sa main, la posant sur le bras de M. Berryer, et le forçant ainsi d'arrêter son cheval.

En effet, un second cri se fit entendre, venant d'une distance beaucoup plus éloignée; il semblait l'écho du premier, tant il était pareil.

— Nous pouvons avancer : la route est libre, reprit le chef en remettant son cheval au pas.

— Nous sommes donc précédés d'un éclaireur?

— Oui, nous avons un homme à deux cents pas devant nous, et un autre à deux cents pas derrière.

— Mais quels sont ceux qui répondent?

— Les paysans dont les chaumières bordent la route. Faites attention, lorsque vous passerez devant l'une d'elles, vous verrez une petite lucarne s'ouvrir, une tête d'homme s'y glisser, y demeurer un instant immobile comme si elle était de pierre, et ne disparaître que lorsque nous serons hors de vue. Si nous étions des soldats de quelque cantonnement environnant, l'homme qui nous aurait regardés passer sortirait aussitôt par une porte de derrière ; puis, s'il y avait aux environs quelque rassemblement, il serait aussitôt prévenu de l'approche de la colonne qui croirait le surprendre.

En ce moment, le chef vendéen s'interrompit.

— Écoutez, murmura-t-il en arrêtant son cheval.

— Qu'y a-t-il ? dit M. Berryer. Je n'ai entendu que le cri habituel de notre éclaireur.

— Oui ; mais aucun cri n'y a répondu ; il y a des soldats dans les environs.

A ces mots, il mit son cheval au trot ; M. Berryer en fit autant ; presque au même instant, l'homme qui formait l'arrière-garde les rejoignit au galop.

Ils trouvèrent, à l'embranchement des deux routes, leur guide immobile et indécis.

Le chemin bifurquait, et, comme on n'avait, ni d'un côté ni de l'autre, répondu à son cri, il ignorait lequel de ces deux sentiers il fallait prendre ; tous deux, au reste, conduisaient les voyageurs à leur destination.

Après un moment de délibération à voix basse entre le chef et le guide, celui-ci s'enfonça sous la voûte sombre qui était à droite ; cinq minutes après, M. Berryer et le chef se mirent en marche par le même chemin, laissant immobile, à la place qu'ils quittaient, leur quatrième compagnon, qui, cinq minutes après, les suivit à son tour.

A trois cents pas plus loin, M. Berryer et le chef trouvèrent leur éclaireur arrêté ; il leur fit un signe de la main pour commander le silence, et laissa tomber à voix basse ces paroles :

— Une patrouille !

En effet, ils entendirent le bruit régulier de pas que fait une troupe en marche : c'était une colonne mobile qui faisait sa ronde de nuit.

Bientôt le bruit se rapprocha d'eux, et ils virent se dessiner sur le ciel les baïonnettes des soldats, lesquels, pour éviter l'eau qui coulait dans les chemins creux, n'avaient suivi ni l'une ni l'autre des deux routes dont l'embranchement avait causé l'hésitation momentanée du guide, mais avaient gravi le talus, et marchaient de l'autre côté de la haie, sur le terrain qui dominait les deux sentiers creux par lesquels il était encadré. Si un seul des quatre chevaux eût henni, la petite troupe était prisonnière; mais ils semblaient avoir compris la position de leurs maîtres, et restèrent silencieux comme eux; les soldats passèrent donc sans se douter près de qui ils avaient passé. Quand le bruit des pas se fut perdu dans l'éloignement, les voyageurs se remirent en marche.

A dix heures et demie, on se détourna de la route, et l'on entra dans un bois. — La petite troupe mit pied à terre; on laissa les chevaux sous la garde des deux paysans, et M. Berryer et le chef continuèrent seuls leur chemin.

On n'était plus très-éloigné de la métairie où se trouvait Madame; mais, comme on voulait entrer par une porte de derrière, il fallut faire un détour, et passer à travers des marais où les voyageurs enfoncèrent jusqu'aux genoux; enfin, on aperçut la petite masse sombre que formait la métairie entourée d'arbres, et bientôt l'on fut arrivé à la porte. Le chef frappa d'une manière particulière.

Des pas s'approchèrent, et une voix demanda :
— Qui est là ?
Le chef répondit par un mot d'ordre convenu, et la porte s'ouvrit.

C'était une vieille femme qui remplissait l'office de concierge; mais elle était accompagnée, pour plus de sûreté, d'un grand et robuste gaillard armé d'un bâton qui, dans de pareilles mains, était aussi dangereux que quelque arme que ce fût.

— Nous voudrions M. Charles, dit le chef.
— Il dort, répondit la vieille; mais il a dit de l'avertir si quelqu'un venait. Entrez dans la cuisine, je vais le réveiller.
— Dites-lui que c'est M. Berryer, arrivant de Paris, ajouta celui-ci.

La vieille les laissa dans la cuisine, et sortit

Les voyageurs s'approchèrent de la cheminée immense, où luisaient quelques braises, restes du feu de la journée: une planche s'y enfonçait par l'une de ses extrémités, tandis que l'autre serrait dans une espèce de pince produite par une fente un de ces morceaux de bois de sapin enflammé qu'on emploie, dans les chaumières vendéennes, au lieu de lampe ou de chandelle.

Au bout de dix minutes, la vieille rentra et avertit M. Berryer que M. Charles était prêt à le recevoir, et qu'elle venait le chercher pour le conduire près de lui. Il la suivit donc, et, montant derrière elle un mauvais escalier en dehors de la maison, et qui semblait collé le long du mur, il arriva à une petite chambre située au premier étage, la seule, du reste, qui fût à peu près habitable dans cette pauvre métairie.

Cette chambre était celle de la duchesse de Berry. La vieille ouvrit la porte, et, restant en dehors, la referma sur M. Berryer.

L'attention de celui-ci se porta d'abord, et tout entière, sur Madame. Elle était couchée dans un mauvais lit de bois blanc, grossièrement équarri à coups de serpe, dans des draps de batiste très-fine, et couverte d'un châle écossais à carreaux rouges et verts; elle portait sur la tête une de ces coiffes de laine qui appartiennent aux femmes du pays, et dont les barbes retombent sur les épaules. Les murs étaient nus; une mauvaise cheminée en plâtre chauffait l'appartement, qui n'avait, pour tout meuble, qu'une table couverte de papiers sur lesquels étaient posées deux paires de pistolets: dans un coin de l'appartement, une chaise où avaient été jetés un costume complet de jeune paysan et une perruque noire.

Nous avons dit que l'entrevue de M. Berryer avec la duchesse avait pour but de déterminer cette dernière à quitter la France; mais, comme nous ne pourrions rapporter les détails de cette conversation sans compromettre, au milieu des intérêts généraux, des intérêts particuliers, nous la passerons sous silence; — au courant, comme nous les y avons mis, des hommes et des choses, nos lecteurs y suppléeront facilement.

A trois heures du matin, mais à trois seulement, Madame

se rendit aux raisons dont M. Berryer s'était fait l'organe pour lui-même et pour son parti. Cependant, quoique la duchesse eût pu voir par elle-même qu'il y avait peu de chances de succès à attendre d'une insurrection armée, ce ne fut pas sans cris et sans désespoir qu'elle céda.

— Eh bien, c'est décidé, disait-elle, je vais donc quitter la France; mais je n'y reviendrai pas, faites-y attention, car je n'y veux pas revenir avec les étrangers; ils n'attendent qu'un instant, vous le savez bien, et le moment arrive: ils viendront me demander mon fils, — non pas qu'ils s'inquiètent beaucoup plus de lui qu'ils ne s'occupaient de Louis XVIII en 1813, mais ce sera un moyen pour eux d'avoir un parti à Paris. — Eh bien, alors, ils ne l'auront pas, mon fils! ils ne l'auront pour rien au monde; je l'emporterai plutôt dans les montagnes de la Calabre! Voyez-vous, monsieur Berryer, s'il faut qu'il achète le trône de France par la cession d'une province, d'une ville, d'une forteresse, d'une chaumière comme celle dans laquelle je suis, je vous donne ma parole de régente et de mère qu'il ne sera jamais roi!

Enfin, Madame se décida. A quatre heures du matin, M. Berryer prit congé d'elle, emportant sa promesse de le rejoindre à midi dans la seconde maison où il s'était arrêté, et qui était située à quatre lieues de pays de l'endroit où il avait laissé son cocher. Arrivée là la duchesse devait monter dans la petite voiture de louage, rentrer à Nantes en compagnie de M. Berryer, y prendre la poste avec son passe-port supposé, et, traversant toute la France, en sortir par la route du mont Cenis.

M. Berryer s'arrêta à l'endroit convenu, et y attendit Madame de midi à six heures. A ce moment seulement, il reçut une dépêche d'elle; la duchesse avait changé de résolution.

Elle lui écrivait qu'elle avait enchaîné trop d'intérêts aux siens, entraîné trop d'existences à la suite de la sienne pour se soustraire seule aux conséquences de sa descente en France, et les laisser peser sur les autres; qu'elle était donc décidée à partager jusqu'au bout le sort de ceux qu'elle avait exposés; seulement, la prise d'armes, d'abord fixée au 24 mai, était remise à la nuit du 3 au 4 juin.

M. Berryer, consterné, revint à Nantes.

Le 25, M. de Bourmont reçut de la duchesse une lettre qui confirmait celle qu'elle avait écrite à M. Berryer ; la voici :

Ayant pris la ferme détermination de ne pas quitter les provinces de l'Ouest, et de me confier à leur fidélité depuis si longtemps éprouvée, je compte sur vous, mon bon ami, pour prendre toutes les mesures nécessaires pour la prise d'armes qui aura lieu dans la nuit du 3 au 4 juin. J'appelle à moi tous les gens de courage ; Dieu nous aidera à sauver notre patrie ! Aucun danger, aucune fatigue ne me découragera ; on me verra paraître aux premiers rassemblements.

Marie-Caroline
Régente de France.

Vendée, 25 mai 1832.

Aussitôt cette lettre reçue, M. de Bourmont écrivit, de son côté, à M. de Coislin un billet dont voici la teneur :

Madame, ayant pris la résolution courageuse de ne point abandonner le pays, et d'appeler à elle tous ceux qui veulent préserver la France des malheurs qui la menacent, fait connaître à tous qu'ils aient à se tenir prêts le dimanche 3 juin, et qu'ils se réunissent dans la nuit suivante, pour agir ensemble, conformément aux directions que vous avez données. Assurez-vous bien si vos avis seront parvenus à tous sur tous les points.

Maréchal comte DE BOURMONT.

Voilà donc où les choses en étaient dans la Vendée quand le bruit de la mort du général Lamarque se répandit à Paris.

Elle suivait de peu de jours celle de Casimir Périer : ces deux vigoureux athlètes s'étaient si rudement étreints dans leurs luttes de tribune, qu'ils semblaient s'être mutuellement étouffés.

Seulement, le soldat avait survécu de quelques jours au tribun.

L'impression produite par ces deux morts fut bien différente : rien ne pouvait se comparer à l'impopularité de l'un, que la popularité de l'autre.

Cette mort coïncidait avec la fameuse affaire du *compte rendu*. — Nous vivons si vite, les événements les plus graves passent si rapides, que l'oubli vient comme la nuit. Pas un jeune homme de trente ans ne sait aujourd'hui, à coup sûr, ce qu'était cette affaire du compte rendu que nous qualifions de grave.

Depuis qu'il avait quitté le pouvoir, M. Laffitte était rentré dans l'opposition, et c'était tout simple, puisque c'était pour faire de la réaction tout à son aise que Louis-Philippe avait éloigné son premier ministre et son ancien ami.

Au reste, l'opposition de M. Laffitte était, au point de vue de la politique intelligente, ce qu'il y avait de plus conservateur au monde. Si quelque chose pouvait ajouter à la durée de ce règne condamné d'avance, c'était le plan exposé par lui à ses coreligionnaires de la gauche : cette théorie, dont M. Laffitte était le grand prêtre et M. Odilon Barrot l'apôtre, consistait à ressaisir le pouvoir à l'aide d'une majorité parlementaire, à faire triompher alors les inspirations de la politique clémente, et à donner *définitivement* — le mot est de Louis Blanc — la monarchie pour tutrice à la liberté ; rêve étroit mais honnête, qui, forcé de marcher entre la réaction et l'émeute, ne devait jamais devenir une réalité.

Quant aux députés radicaux, ils se divisaient en deux nuances représentées, la plus avancée par Garnier-Pagès, l'autre par M. Mauguin ; leur but était de renouveler une espèce de ligue dans le genre de celle des Guise, dont le but eût été de conduire insensiblement la monarchie des Bourbons, en 1836 ou 1837, où en était la monarchie des Valois en 1585 ou 1586.

En somme, à part ceux que l'on a appelés depuis les *centriers*, les *ventrus* et les *satisfaits*, c'est-à-dire cette espèce ruminante qui vit en tout temps à l'auge du budget et au râtelier de la liste civile, tout le monde était mécontent.

Tous ces mécontents désirant un changement, soit de système, soit de personnes, mais ne voulant arriver à ce changement que par les moyens constitutionnels, s'étaient réunis dans le courant du mois de mai, chez M. Laffitte pour tenter un dernier et suprême effort.

Les républicains purs, qui n'admettaient, au contraire, que les moyens insurrectionnels, et qui marchaient isolément dans leur force et leur liberté, dormant sur leurs armes, n'assistaient point à cette réunion, dont les chefs étaient MM. Laffitte, Odilon Barrot, Cormenin, Charles Comte, Mauguin, Lamarque, Garnier-Pagès et la Fayette.

Les trois derniers flottaient sur les limites de l'opposition constitutionnelle et du républicanisme, tout près, non point de passer dans notre camp, c'est-à-dire dans le camp de la république militante, mais de s'y laisser entraîner.

La réunion Laffitte se composait de quarante députés, à peu près:

M. Laffitte prit la parole, résuma la situation avec la double clarté de l'orateur, de l'homme de chiffres et de l'honnête homme, et proposa une adresse au roi.

C'était le vieux moyen, toujours repoussé, mais revenant toujours à la charge, sous le nom de *remontrances parlementaires* au temps de la monarchie absolue, sous le nom d'*adresse* au temps de la monarchie constitutionnelle.

Garnier-Pagès, esprit juste et incisif, n'eut que deux mots à dire pour combattre victorieusement la proposition.

Pouvait-on, sans folie, se faire cette illusion que la royauté consentirait à s'avouer coupable, à reconnaître ses erreurs, et à faire amende honorable à la nation?

Non, la monarchie et la nation étaient en rupture complète. Il fallait en appeler à la nation des erreurs de la monarchie.

Garnier-Pagès allait jusqu'à appeler ces erreurs des trahisons, ce qui faisait passer un frisson dans les vertèbres de certains députés de l'opposition.

Le résultat de la réunion fut que l'opposition présenterait ses griefs à la nation sous la forme d'un compte rendu.

Une commission fut nommée. Cette commission se composait de MM. de la Fayette, Laffitte, de Cormenin, Odilon Barrot, Charles Comte et Mauguin.

MM. de Cormenin et Odilon Barrot reçurent mission de rédiger chacun séparément le compte rendu. On verrait ensuite à choisir l'un ou l'autre, ou à fondre les deux ensemble.

L'œuvre de chacun des deux rédacteurs se présenta avec son cachet particulier : M. de Cormenin rappelait trop le hardi pamphlétaire qui signait *Timon le Misanthrope*. M. Odilon Barrot, au contraire, semblait trop exclusivement enchaîner l'avenir de la France à la forme monarchique.

Ni l'un ni l'autre des deux projets ne fut donc adopté.

Il fut convenu que MM. de Cormenin et Barrot, de leurs deux projets n'en feraient qu'un, ou plutôt rédigeraient en commun le manifeste, qui allait fort ressembler à une déclaration de guerre.

Tous deux partirent le matin pour Saint-Cloud, et, le soir, revinrent avec le manifeste. Il était de l'écriture de M. de Cormenin ; mais il était facile de voir qu'Odilon Barrot était pour beaucoup dans la rédaction.

Cependant, quelle que fût la mesure apportée par M. Barrot à cette œuvre, le compte rendu prit le caractère, sinon d'une menace, tout au moins d'un austère et solennel avertissement.

Il parut le 28 mai 1832. Cent trente-trois députés l'avaient signé.

L'impression fut profonde, et la mort du général Lamarque, l'un des signataires principaux du manifeste, vint jeter sur la situation un voile sombre et presque mystérieux qu'étend sur certains jours néfastes la main de la mort.

CCXLII

Derniers moments du général Lamarque. — Ce qu'avait été sa vie. — Une de mes entrevues avec lui. — Je suis désigné comme un des commissaires du convoi. — Le cortège. — Symptômes d'agitation populaire. — Défilé sur la place Vendôme. — Le duc de Fitz-James. — Conflits provoqués par des sergents de ville. — Les élèves de l'École polytechnique se joignent au cortège. — Arrivée du convoi au pont d'Austerlitz. — Discours. — Premiers coups de feu. — L'homme au drapeau rouge. — Allocution d'Étienne Arago.

Le 1er juin, à onze heures et demie du soir, le général Lamarque avait rendu le dernier soupir.

C'était un grand événement que cette mort.

A cette époque, le parti républicain lui-même se faisait une arme du nom de Napoléon. Or, le général Lamarque, — chose qui serait plus difficile à définir aujourd'hui qu'à cette époque, où l'on jugeait bien plutôt par instinct que par éducation, — le général Lamarque était à la fois l'homme de l'Empire et de la liberté, le soldat de Napoléon et l'ami de la Fayette. Napoléon, on se le rappelle, l'avait nommé maréchal de France à Sainte-Hélène. Ni les Bourbons de la branche aînée, ni ceux de la branche cadette, n'avaient eu l'intelligence de ratifier la nomination; mais, aux yeux de la France, c'était bien véritablement un de ses maréchaux qui venait de mourir.

Puis cette mort avait véritablement quelque chose de grandiose, en raison des circonstances dans lesquelles elle se produisait, et des particularités qui l'avaient accompagnée.

On citait du général Lamarque, à son lit de mort, une foule de mots dans lesquels il y avait à la fois du Léonidas et du Caton.

Il était mort héroïquement, et, cependant, en regrettant la vie. La pensée qui avait vécu au fond de son cœur, tant que son cœur avait battu, était celle-ci : « Je n'ai pas assez fait pour la France! »

La maladie dont mourait le général semblait se jouer de l'art : tantôt le malade paraissait en pleine convalescence, et le bulletin de sa santé annonçait la bonne nouvelle aux amis; tantôt quelque crise fatale laissait le malade plus bas que l'amélioration ne l'avait porté.

Lui seul ne se trompait jamais à ces améliorations passagères. Les docteurs Lisfranc et Broussais, ses amis, le soignaient avec le double dévouement de la science et de l'amitié.

— Mes amis, leur disait invariablement le général, je vous remercie de vos soins; ils me touchent, mais ils ne vaincront pas le mal! Vous espérez, et vous voulez me faire espérer inutilement : je sens que je succomberai.

Puis, un moment après, avec un soupir, il ajoutait :

— Ah! je regrette de mourir! j'aurais voulu servir encore la France... Et, tenez, je suis surtout désolé de n'avoir pu me mesurer avec ce Wellington, qui s'est fait une réputation de sa défaite à Waterloo; je l'avais étudié; je connaissais sa tactique, et, bien sûr, je l'eusse battu!

Laffitte allait le voir autant que sa vie occupée le lui permettait. A la dernière visite qu'il lui avait rendue, la France seule avait fait les frais de la conversation.

— Oh! mon ami! mon ami! lui avait dit le malade en prenant congé de lui, réservez-vous pour la France; elle seule est grande! nous sommes tous petits... Seulement, ajoutait-il, écrasé sous cette incessante idée, moi, je pars avec le regret de n'avoir pu venger mon pays des infâmes traités de 1814 et 1815

C'était du général Lamarque, ce mot sublime jeté de son banc à un orateur qui vantait la paix qu'avait amenée le retour des Bourbons :

— La paix de 1815 n'est pas une paix; c'est une halte dans la boue!

Le général Exelmans, cet autre vieux compagnon de guerre, qui devait lui survivre de vingt ans pour mourir d'une chute de cheval, était venu le voir à son tour, et essayait de lui rendre cet espoir que nous avons dit perdu depuis longtemps dans le cœur du malade.

— Qu'importe, s'était écrié celui-ci avec une espèce d'impatience, qu'importe que je meure, pourvu que la patrie vive!

Dans un de ces moments de découragement où il voyait devant lui ouverte cette tombe qui devait dévorer tant de patriotisme, il s'était fait apporter l'épée d'honneur que lui avaient votée les officiers des Cent-Jours, dont il avait plaidé la cause avec tant de chaleur et un si grand succès; alors, assis sur son lit, il avait tiré l'épée du fourreau, l'avait regardée longtemps, posée sur ses genoux, et, enfin, l'avait portée à ses lèvres en disant :

— Mes bons officiers des Cent-Jours! ils me l'avaient donnée pour que je m'en servisse, et je ne m'en servirai pas!

Un jour, vaincu par la douleur, il fit, en présence du docteur Lisfranc, une sortie contre cet art impuissant qu'on appelle la médecine.

Tout à coup, s'apercevant devant qui il parlait :

— Je maudis la médecine, dit-il ; mais je bénis les médecins, qui font tant avec le peu que la science met entre leurs mains. Embrassez-moi, Lisfranc, et ne m'oubliez pas : je vous aimais beaucoup !

Ses derniers instants, comme on le voit, avaient été dignes d'un soldat ; il avait lutté contre la mort comme Léonidas contre Xercès ; son lit avait été le champ de bataille.

Une heure avant sa mort, au milieu d'une agonie qui trahissait ses douleurs par des soubresauts et des frissonnements, il rouvrit ses yeux, fermés depuis trente-six heures, et par trois fois prononça ces deux mots :

— Honneur ! patrie !

Ce sont les deux mots gravés, comme on sait, sur la croix de la Légion d'honneur. Une heure après avoir jeté ce triple cri, qui avait été celui de toute son existence, il avait rendu le dernier soupir.

On a dit qu'en mourant l'homme grandissait ; la chose est vraie au moral comme au physique : le général Lamarque venait de grandir énormément aux yeux de tous. On se rappelait l'enfant volontaire à dix-neuf ans, le jeune homme capitaine de la fameuse colonne infernale, apportant à la Convention une gerbe de drapeaux pris à l'ennemi, et méritant de la grande et terrible assemblée un décret qui déclarait que le capitaine Lamarque avait bien mérité de la patrie.

Dans l'intervalle de ces trente ans, comme sa vie guerrière avait été belle !

On se rappelait Caprée, la Calabre, le Tyrol et Wagram, où il enfonça trois fois l'armée autrichienne ; on se rappelait, on exaltait ses luttes de chaque jour en Catalogne contre ce Wellington qui ne l'avait jamais vaincu, et qu'il espérait vaincre.

Puis sa vie politique, sa vie de tribun, non moins belle ; sa présence à tous les combats de la Chambre ; sa voix s'élevant toujours pour honorer et défendre la France ; ses prières en faveur de la liberté menacée ; ses cris d'alarme, chaque fois qu'il voyait la Révolution compromise ; si malade et si faible qu'il eût été jusqu'au jour où il avait pris le lit, jamais une question d'honneur national ne l'avait trouvé muet ou fléchissant.

Le général Foy mourant laissait au moins Lamarque, comme Miltiade laissait Thémistocle. En mourant, le général Lamarque ne laissait aucun héritier de cette race guerrière qui avait donné des généraux sur le champ de bataille, des tribuns à la Chambre.

Malgré tous ces droits à la reconnaissance publique, le gouvernement de Louis-Philippe, qui ne voyait dans le général Lamarque qu'un ennemi, heureux de la chute de cet ennemi, n'accorda à ses funérailles que le tribut d'honneurs strictement réclamé par la position politique et militaire du général ; toutes les dispositions funéraires à prendre furent abandonnées aux soins pieux des amis et de la famille, et laissées sous leur responsabilité.

Je fus nommé par la famille commissaire, et chargé de faire prendre à l'artillerie la place qu'elle devait occuper derrière le char funèbre.

Cet honneur était en quelque sorte un souvenir du mort légué au vivant.

Comme le général Foy et le général la Fayette, le général Lamarque avait pour moi une grande amitié, due bien plutôt au souvenir de mon père qu'à ma valeur personnelle. Cependant, lorsqu'il sut, vers la fin de 1830, que j'étais revenu de la Vendée, où m'avait envoyé le général la Fayette, il me fit prier de passer chez lui.

Nous causâmes longtemps de cette Vendée avec laquelle il avait fait connaissance en 1815, et où l'appelait une mission du gouvernement nouveau ; je lui dis tout ce que j'en pensais ; c'est-à-dire qu'un jour ou l'autre, elle menaçait de se soulever.

Chacune de mes paroles répondait à une de ses prévisions.

Des épingles à tête noire me servirent à lui tracer mon itinéraire, et à lui indiquer les lieux probables du rassemblement.

Le lendemain, il partit pour Nantes.

On ne le laissa point arriver jusqu'à sa destination ; un ordre de rappel l'atteignit à Angers.

Cette mesure était, selon nous, le résultat de ces mesquines combinaisons que le ministre Casimir Périer décorait du titre de grandes vues politiques, et nous croyons ne pas nous tromper en lui donnant l'explication même que nous n'avons pas hésité à donner à Louis-Philippe, lors de l'entrevue que nous eûmes l'honneur d'avoir avec lui à notre retour de Vendée.

La révolution de 1830 avait été si instantanée, qu'un moment, nous autres républicains, nous la crûmes complète ; elle avait été répercuter son bruit d'armes et son cri de liberté en Belgique, en Italie, en Pologne ; trois peuples s'étaient levés en criant : « A moi, France ! » C'est un de ces appels que la France entend toujours ; et le général la Fayette avait répondu au nom de la France.

La sympathie la plus vive et la plus populaire avait, en outre, éclaté dans nos villes et dans nos campagnes en faveur de ces révolutions faites à l'image de la nôtre ; éruptions partielles et éloignées de ce grand volcan dont le cratère est à Paris, et qui, parfois, comme l'Etna, semble éteint, mais qui, trompeur comme lui, brûle toujours ! Des cris de « Vivent l'Italie, la Belgique et la Pologne ! » emplissaient nos rues, et entraient par tout ce qu'il y avait de fenêtres et de portes dans les palais royaux et ministériels. C'était trois mois à peine après la révolution ; à cette époque tout incandescente encore du soleil des trois jours, la grande voix du peuple était encore écoutée, et force avait été au gouvernement de promettre par la bouche du général la Fayette, comme nous l'avons dit plus haut, que la nationalité de la Belgique, de l'Italie et de la Pologne ne périrait pas.

Or, nous les avons entendus, ces cris de joie des patriotes étrangers, en moins de quatre mois se changer en cris de détresse. Que demandions-nous, cependant ? Que l'on secourût l'Italie, en lui envoyant un de ces vieux généraux qui en auraient montré le chemin à une armée nouvelle, et la Pologne, en faisant diversion aux projets du czar par le soulèvement, facile pour nous, de la Turquie d'un côté, et de la Perse de l'autre. — Prise ainsi dans un triangle de feu, nous laissions la Russie se débattre, et nous portions aux deux autres nations, nos voisines, les secours plus efficaces encore de notre présence et de nos armes. Le peuple, si sûr et si profond d'instinct, sentait tellement, sans se pouvoir rendre compte des moyens, ces trois résultats possibles, qu'il accueillit avec des cris de joie la proclamation du système ministériel de non-intervention, et la promesse royale que la nationalité polonaise ne périrait pas.

Avancés comme l'étaient les ministres de la royauté de Louis-Philippe, il fallait ou faire la guerre ou se parjurer: en faisant la guerre, on se brouillait avec les rois; en se parjurant, on se brouillait avec les peuples.

Un seul moyen restait. C'était de prouver au pays qu'il avait trop à s'occuper lui-même de ses propres affaires pour se mêler de celles des autres; c'était de donner à la France une inflammation d'entrailles, comme nous l'avons déjà dit, afin qu'occupée de ses propres douleurs, elle n'eût plus de sympathie pour la douleur des autres. Une petite guerre civile dans la Vendée secondait merveilleusement ces vues. Il fallait donc éloigner de ce pays, sur lequel on voulait expérimenter, tout homme de vigueur qui eût comprimé les mouvements à leur naissance, et tout homme intelligent qui eût pu deviner la cause réelle de ces mouvements.

Or, Lamarque était à la fois un homme de vigueur et d'intelligence; aussi ne lui donna-t-on pas même le temps d'arriver sur le théâtre de la guerre civile.

Voilà donc à quelles circonstances j'avais dû l'honneur de me trouver en contact avec le général Lamarque, et celui de n'avoir point été oublié par la famille au moment où il s'agissait de faire rendre les derniers honneurs au vainqueur de Caprée.

J'allai annoncer cette nomination à mes amis Bastide et Godefroy Cavaignac, leur demandant s'il y avait quelque chose d'arrêté pour le lendemain.

On avait, pour le soir même, rendez-vous chez Étienne

Arago, qui était, comme je l'ai déjà dit, lieutenant dans la 12ᵉ légion d'artillerie, et qu'une organisation secrète désignait, en cas d'insurrection triomphante, comme maire du 1ᵉʳ arrondissement; — le fils du célèbre avocat Bernard (de Rennes) était son adjoint.

Arago demeurait dans la maison même de Bernard (de Rennes), laquelle faisait le coin de la place et de la rue des Pyramides.

Rien ne fut décidé à cette réunion; aucun plan n'était tracé, aucun projet n'était arrêté : chacun se livrerait à son inspiration, et prendrait conseil des circonstances. Seulement, le détachement d'artillerie commandé pour le convoi se rendrait en armes à la maison mortuaire, et se munirait de cartouches.

Le 5 juin, jour fixé pour le convoi, je me rendis à huit heures du matin à la maison du général, située dans le faubourg Saint-Honoré. — En ma qualité de commissaire, je n'avais point de carabine, ni, par conséquent, de cartouches.

A huit heures, il y avait déjà plus de trois mille personnes devant la maison. Je vis un groupe de jeunes gens qui préparaient des espèces de prolonges avec des cordes: je m'approchai d'eux, et leur demandai à quoi ils étaient occupés. Ils disposaient des cordages, me répondirent-ils, pour traîner le char funèbre. En même temps, ils m'apprirent que le corps du général Lamarque était exposé dans sa chambre à coucher, et que l'on défilait devant le lit de parade.

J'allai me mettre à la queue, et défiler à mon tour.

Le général, en grand uniforme, était couché sur son lit, et avait la main gantée sur son épée nue ; sa tête était belle, et sa dignité s'était accrue de la majesté de la mort.

Ceux qui passaient, passaient silencieux et pleins de vénération, s'inclinaient en arrivant au pied du lit, et jetaient, avec un rameau de laurier, de l'eau bénite sur le cadavre.

Je passai comme les autres, et redescendis dans la rue.

J'étais extrêmement faible de mes restes de choléra ; j'avais perdu tout appétit, et je mangeais à peine une once de pain par jour. La journée promettait d'être fatigante : j'entrai chez mon ami Hiraux, dont le café faisait, comme on sait, le coin de la rue Royale et de la rue Saint-Honoré, et j'attendis le moment du départ en essayant de prendre une tasse de chocolat.

A onze heures, un roulement de tambours m'appela à mon poste.

On venait de descendre le cercueil sous la grande porte, tendue de noir. Tous les éléments divers qui devaient former le cortége : gardes nationaux, ouvriers, artilleurs, étudiants, anciens soldats, réfugiés de tous les pays, citoyens de toutes les villes, roulaient pêle-mêle le long de la rue et du faubourg Saint-Honoré, laissant, comme dans un double lac, s'écouler leurs flots sur la place de la Madeleine et sur la place Louis XV.

Au roulement des tambours, tout ce pêle-mêle se débrouilla; chacun se réunit à ses chefs, à son drapeau, à sa bannière. Beaucoup n'avaient, pour toute bannière ou tout drapeau, qu'une grande branche de laurier ou de chêne.

Tout cela se passait sous les yeux de quatre escadrons de carabiniers qui occupaient la place Louis XV.

A l'autre extrémité de Paris, sur la place même de la Bastille, attendait le 12e léger.

La garde municipale, de son côté, était échelonnée sur toute la ligne qui s'étend de la préfecture de police au Panthéon.

Un détachement de cette même garde protégeait le jardin des Plantes.

Un escadron de dragons couvrait la place de Grève, avec un bataillon du 3e léger.

Enfin, un détachement de soldats de la même arme se tenait prêt à monter à cheval à la caserne des Célestins.

Le reste des troupes était consigné dans ses casernes respectives, et des ordres avaient été donnés pour faire venir, au besoin, des régiments de Rueil, de Saint-Denis et de Courbevoie.

Il y avait donc à Paris, le matin même de la terrible journée, dix-huit mille hommes, à peu près, de troupe de ligne et d'infanterie légère ; quatre mille quatre cents hommes de cavalerie ; deux mille hommes de garde municipale à pied et à cheval. En tout, environ vingt-quatre mille hommes.

On nous avait prévenus — car nous avions des amis jusque dans le ministère de la guerre — de cette augmentation de troupes, due incontestablement à la circonstance dans laquelle on se trouvait ; on avait ajouté que le gouvernement n'attendait qu'une occasion de montrer sa force ; ce qui faisait qu'au lieu de craindre une émeute, on la désirait.

Mais il y avait une telle ardeur dans ces jeunes têtes politiques qui formaient le parti républicain, que, lorsque le briquet touchait le caillou, il fallait que l'étincelle en jaillît, l'étincelle dût-elle mettre le feu à la poudrière, et la poudrière dût-elle nous faire sauter tous.

Au reste, sur la place Louis XV même, nous nous étions abouchés avec tous les chefs des sociétés secrètes.

Une seule de ces sociétés, la société Gauloise, avait été d'avis d'engager le combat.

La veille, la société des Amis du peuple s'était réunie au boulevard Bonne-Nouvelle, et avait décidé, comme nous avions fait de notre côté, qu'on ne commencerait pas le feu, mais qu'on le repousserait s'il était engagé par les soldats.

Il ne fallait donc, comme on le voit, qu'un coup de fusil partant en l'air pour amener un égorgement général.

Joignez à ces dispositions une chaleur étouffante, une atmosphère chargée d'électricité, de gros nuages noirs roulant au-dessus de Paris, comme si le ciel, en deuil, eût voulu prendre part à la fête funèbre par le roulement de son tonnerre.

Aussi, est-il impossible, aujourd'hui, à vingt-deux ans de distance, de faire comprendre le degré d'exaltation auquel toute cette foule était arrivée, lorsqu'elle reçut de ses chefs l'ordre de prendre, à la suite du catafalque, la place qui était assignée à chaque arme, à chaque corporation, à chaque société, à chaque nation.

Ce n'était plus un convoi : c'était une fédération autour d'un cercueil.

A onze heures et demie, sous une pluie battante, le corbillard s'ébranla, traîné par une trentaine de jeunes gens.

Les coins du drap étaient portés par le général la Fayette, — ayant à son côté un homme du peuple, décoré de juillet, au bras duquel s'appuyait de temps en temps le général, lorsque le pavé devenait trop glissant ; — par MM. Laffitte et Châtelain, du *Courrier français ;* par le maréchal Clausel et le général Pelet ; enfin, par M. Mauguin et un élève de l'École polytechnique.

Derrière le catafalque marchait M. de Laborde, questeur de la Chambre, précédé de deux huissiers, accompagné de MM. Cabet et Laboissière, commissaires du convoi, et suivi d'un certain nombre de députés et de généraux.

Les principaux, parmi les députés, étaient : MM. le maréchal Gérard, Tardieu, Chevandier, Vatout, de Corcelles, Allier, Taillandier, de Las Cases fils, Nicod, Odilon Barrot, la Fayette (Georges), de Béranger, Larabit, de Cormenin, de Bryas, Degouve-Denuncques, Charles Comte, le général Subervie, le colonel Lamy, le comte Lariboissière, Charles Dupin, Viennet, Sapey, Lherbette, Paturel, Bavoux, Baude, Marmier, Jouffroy, Duchaffaut, Pourrat, Pèdre-Lacaze, Bérard, François Arago, de Girardin, Gauthier d'Hauteserve, le général Tiburce Sébastiani, Garnier-Pagès, Leyraud, Cordier, Vigier.

Les principaux, parmi les généraux étaient : MM. Mathieu Dumas, Emmanuel Rey, Lawoestine, Hulot, Berkem, Saldanha, Reminski, Seraski ; — de ces trois derniers, l'un Portugais, les deux autres Polonais. — Avec eux se trouvaient les maréchaux de camp Rewbell, Schmitz, Mayot et Sourd.

Après les députés et les généraux venaient les proscrits de tous les pays, chaque groupe portant le drapeau de sa nation.

Deux bataillons formaient la troupe d'escorte, et marchaient échelonnés sur les flancs.

Puis — comme, au milieu de ses quais, coule la rivière qui les envahira, vienne l'orage, — roulaient six cents artilleurs, à peu près, carabine chargée, cartouches dans la giberne et dans les poches ; puis dix mille gardes nationaux sans fusils, mais armés de sabres ; puis les corporations d'ouvriers mêlées aux membres des sociétés secrètes ; puis trente mille citoyens, quarante mille, cinquante mille peut-être !

Tout cela s'ébranla sous la pluie.

Le cortége tourna par la Madeleine pour suivre le boulevard, encombré des deux côtés de femmes et d'hommes, tapis bariolé que continuaient, comme une tenture, les citoyens sur leurs portes ou à leurs fenêtres, hommes, femmes et enfants.

Pas un des bruits ordinaires aux grandes réunions d'hommes ne s'échappait de cette foule. De temps en temps seulement, un signal était donné, et, avec une incroyable simultanéité, ce cri était poussé par cent mille voix, tandis que s'agitaient drapeaux, bannières, pennons, branches de laurier, branches de chêne :

— Honneur au général Lamarque !...

Puis toutes les bouches se fermaient ; branches de chêne, branches de laurier, pennons, bannières, drapeaux n'avaient plus d'autre mobilité que celle imprimée par ces courtes et chaudes rafales qui accompagnent les tempêtes.

Tout rentrait dans le silence, et presque dans l'immobilité de la mort.

Et, cependant, il y avait quelque chose d'invisible qui planait dans l'air, et qui murmurait tout bas : « Malheur ! »

Ce quelque chose d'invisible, on le sentait comme, au milieu d'une ruine, on sent dans les ténèbres l'aile d'un oiseau de nuit.

Au reste, c'était sur nous autres artilleurs que tous les yeux étaient fixés. On devinait bien que, si quelque chose éclatait, ce serait dans les rangs de ces hommes aux uniformes sévères, qui marchaient côte à côte, les yeux sombres, les dents serrées, et qui, pareils à des chevaux impatients qui secouent leurs panaches, secouaient les flammes rouges de leurs schakos.

Je pouvais d'autant mieux juger de ces dispositions que, délégué de la famille, je marchais, non pas dans les rangs, mais sur les flancs de l'artillerie.

De temps en temps, des hommes du peuple que je ne connaissais pas perçaient la haie, me serraient la main gauche, — de la droite, je tenais mon sabre, — et me disaient :

— Que l'artillerie soit tranquille, nous sommes-là !

On mit près de trois quarts d'heure à atteindre la rue de la

Paix. Là se produisit tout à coup un mouvement auquel personne d'abord ne comprit rien. Il n'était pas dans le programme.

La tête du cortége, au milieu de cris inintelligibles, était entraînée vers la place Vendôme. Je courus aux informations : grâce à mon uniforme, à une certaine popularité qui m'accompagnait déjà, et surtout à l'écharpe aux trois couleurs frangée d'or que je portais au bras gauche, tout le monde s'écartait devant moi. Je parvins donc plus facilement que je ne l'eusse espéré à la tête de la colonne, qui s'engageait déjà dans la rue de la Paix.

Voici ce qui était arrivé.

A la hauteur de la rue de la Paix, un homme en costume d'ouvrier, mais qu'il était facile de reconnaître pour appartenir à une classe plus élevée, s'était détaché des boulevards, et était venu échanger quelques paroles avec les jeunes gens attelés au char.

Aussitôt un cri s'était élevé

— Oui, oui, le soldat de Napoléon, autour de la colonne !... A la colonne ! à la colonne !

Et, sans consulter ni généraux, ni députés, ni sergents de ville, costumés ou non costumés, une secousse unanime avait fait dévier le catafalque de la ligne droite, et il s'était engagé dans la rue de la Paix. Ce fut le premier épisode de cette journée.

Je courus reprendre ma place.

— Qu'y a-t-il? me demanda-t-on.

— Le cercueil va faire le tour de la colonne.

— Et le poste présentera-t-il les armes ? demanda une voix.

— Pardieu ! dit une autre voix, s'il ne les présente pas de bonne volonté, on les lui fera présenter de force.

— Honneur au général Lamarque !... crièrent cent mille voix.

Puis, comme d'habitude, tout rentra dans le silence : la tête du cortége atteignit la place Vendôme.

Tout à coup, on sentit un grand frémissement dans la

foule : ce serpent aux mille vertèbres frisonnait au moindre choc, de la tête à la queue.

A la vue du cortége débouchant sur la place Vendôme, le poste de l'état-major était resté enfermé dans son corps de garde. La sentinelle seule se promenait de long en large devant la porte.

Un cri retentit :

— Les honneurs au général Lamarque ! les honneurs au général Lamarque !

En même temps, une foule ardente se précipitait sur le corps de garde de l'état-major.

Le commandant du poste n'essaya pas même de faire résistance ; après un moment de pourparlers, il fit sortir les soldats, battre aux champs, et présenter les armes.

Ce premier épisode préparait à la lutte, en montant les esprits les plus tièdes jusqu'à l'ébullition.

On regarda ce succès comme une victoire.

Il est probable, au reste, que le chef du poste n'avait aucun ordre.

Cette promenade autour de la colonne n'était point portée au programme ; l'officier céda, non pas à la crainte, mais à la sympathie que son cœur de soldat éprouvait, sans doute, pour les restes du grand général et de l'illustre tribun.

Il fit bien, car une collision terrible eût eu lieu ; — et, si près des Tuilleries, qui sait ce qui serait arrivé ?

Le cortége regagna la rue de la Paix, et reprit sa marche sombre et silencieuse par les boulevards.

On arriva au cercle de la rue de Choiseul, aujourd'hui le cercle des Arts ; la terrasse était couverte des membres du cercle.

Un seul avait son chapeau sur la tête ; c'était le duc de Fitz-James.

Je devinai ce qui allait se passer, et je frémis, je l'avoue. Je connaissais intimement M. le duc de Fitz-James, qui me faisait, de son côté, une bonne part dans ses amitiés. Je savais que, de force, dût-on le mettre en morceaux, il ne lèverait point son chapeau : j'avais donc grand désir qu'il le levât de bonne volonté.

Juste en ce moment, soit hasard, soit provocation acceptée, la phrase sacramentelle : « Honneur au général Lamarque ! » retentit, suivie des cris :

— Chapeau bas ! chapeau bas !

En même temps, une grêle de pierres alla briser les vitres de l'hôtel.

Force fut au duc de se retirer.

Trois jours après, je lui demandai l'explication de cette espèce de bravade, si peu en harmonie avec ses mœurs courtoises.

— Je ne puis rien vous répondre là-dessus, dit le duc; l'explication de cette énigme vous arrivera de la Vendée.

En effet, une lettre du noble duc trouvée dans les papiers de madame la duchesse de Berry donnait l'explication de ce chapeau resté sur la tête : c'était un signal auquel on ne répondit pas, ou plutôt auquel répondirent seulement ceux qui ne pouvaient pas le comprendre.

Cet accident arrêta le convoi près de dix minutes ; des gardes nationaux parurent sur la terrasse, et affirmèrent que ce que l'on avait pris pour une insulte de l'ex-pair de France n'était qu'une distraction ; et le catafalque reprit sa route au milieu de la foule, pareil à un vaisseau pavoisé, qui, marchant vent debout, fend à grand'peine les flots de la mer. Seulement, la foule avait passé du murmure au grondement.

A partir de ce moment, tout doute cessa dans mon esprit, et je demeurai convaincu que la journée ne se passerait pas sans coups de fusil. Ils en étaient bien convaincus aussi, ces six cents artilleurs au visage pâle et aux sourcils froncés.

Cependant, aucun incident ne fut soulevé dans le trajet du cercle Choiseul à la porte Saint-Martin.

Depuis le Gymnase, la pluie avait cessé de tomber; mais le tonnerre grondait incessamment, se mêlant au roulement des tambours voilés.

La présence des sergents de ville, placés de distance en distance sur les flancs du convoi, portait le comble à l'irritation des esprits. Leur air provocateur faisait dire qu'ils étaient là pour engager une rixe ; or, beaucoup, au lieu d'être disposés à éloigner cette rixe, l'appelaient du fond de leur cœur.

En face du théâtre, une femme fit observer à un homme du peuple qui portait un drapeau que le coq gaulois était un mauvais emblème de démocratie.

Le porte-étendard, partageant, selon toute probabilité, cette opinion, renversa le drapeau, brisa le coq gaulois sous son pied, et mit en place une branche de saule, arbre de deuil, ami des tombeaux.

Un sergent de ville vit cette substitution et les conditions dans lesquelles elle s'était faite ; il s'élança pour arracher l'étendard des mains de celui qui le portait ; celui-ci résista : le sergent de ville tira son épée, et le frappa à la gorge.

A la vue du sang, un cri de rage partit de toutes les bouches ; vingt épées, sabres ou poignards sortirent des fourreaux.

Le sergent de ville, reconnaissant en moi un commissaire, s'élança de mon côté en criant

— Sauvez-moi !

Je le poussai dans les rangs de l'artillerie ; les uns étaient d'avis de le protéger, les autres de le mettre en morceaux ; pendant cinq minutes, pâle comme un cadavre, il demeura entre la vie et la mort. Le sentiment le plus généreux l'emporta, il fut sauvé.

Au même moment, tous les regards furent attirés dans une même direction.

Sur une insulte à lui faite par un autre sergent de ville, un capitaine de vétérans mit l'épée à la main, et attaqua l'homme de police. Celui-ci, de son côté, tira son épée du fourreau, et se défendit en rompant. Arrivé sur le trottoir, il se perdit dans l'épaisseur de la foule, où, cependant, on put suivre sa fuite par les imprécations qui s'élevaient sur son passage.

Le jeune homme blessé par le premier sergent de ville avait pu continuer sa route, appuyé aux bras de deux amis. Seulement, il avait ôté sa cravate, et le sang coulait, de sa blessure béante, sur sa chemise et sa redingote. Son ruban de juillet — je me rappelle que c'était un décoré de juillet — était devenu rouge comme un ruban de la Légion d'honneur.

A partir de ce moment, la conviction d'une rixe prochaine et sanglante passa dans l'esprit de tout le monde.

Tout, en effet, semblait crier aux armes : le roulement du tambour, les gémissements du tam-tam, ces balancements des drapeaux de tous les pays représentant tous la lutte incessante de la liberté contre la servitude, ces cris de plus en plus fréquents, et prenant, chaque fois, un caractère de menace plus distinct de : « Honneur au général Lamarque ! » tout ce qui montait de la terre, tout ce qui descendait du ciel, tout ce qui se passait dans l'air, poussait les esprits à une exaltation pleine de dangers.

— Où nous mène-t-on? cria au milieu d'un groupe d'étudiants une voix épouvantée.

— A LA RÉPUBLIQUE! répondit une voix ferme et sonore, *et nous vous invitons à souper ce soir aux Tuileries avec nous !*

Une espèce de rugissement de joie accueillit cette invitation, qui rappelait, dans un sens opposé, celle de Léonidas aux Thermopyles, et je vis des hommes sans armes arracher les pieux qui servaient de tuteurs aux jeunes arbres qu'on venait de planter sur le boulevard, à la place des anciens, abattus le 28 juillet 1830.

D'autres brisaient les arbres eux-mêmes afin de s'en faire des massues.

Le 12e léger était, comme je l'ai dit, en bataille sur la place de la Bastille.

Un instant, on crut que c'était là qu'allait commencer la lutte ; mais, tout à coup, un officier se détacha du front de bandière, et, s'avançant vers Étienne Arago, avec lequel je causais en ce moment, lui dit :

— Je suis républicain ; j'ai des pistolets dans mes poches ; vous pouvez compter sur nous.

Quelques artilleurs qui, ainsi que moi, avaient entendu ces paroles, crièrent :

— Vive la ligne !

Ce cri, poussé par nous, fut répété avec enthousiasme : on savait que nous n'eussions pas poussé sans raison un pareil cri.

La ligne y répondit par le cri presque unanime de : « Honneur au général Lamarque ! »

Ces mots : « La ligne est pour nous, » répétés de rang en rang, parcoururent, comme le fluide électrique, le cortége dans toute sa longueur.

Au même moment, de grands cris retentirent.

— L'École polytechnique !... vive l'École ! vive la République !

Ces cris étaient inspirés par la vue d'une soixantaine d'élèves qui accouraient, les habits en désordre, tête nue, deux ou trois ayant l'épée à la main. Consignés, ils avaient forcé la consigne, renversé le général Tholozé, qui avait voulu s'opposer à leur sortie, et ils venaient jeter dans l'insurrection leur nom populaire, et leur uniforme, noir encore de la poudre de juillet.

L'artillerie les reçut à bras ouverts ; on savait que, si peu nombreux qu'ils fussent, c'était un puissant renfort.

Leur arrivée produisit un tel effet, que, spontanément, à leur vue, la musique qui précédait le corbillard entonna *la Marseillaise*. On ne saurait se faire une idée de l'enthousiasme avec lequel la foule acueillit cet air électrique, défendu depuis plus d'un an. Cinquante mille voix répétèrent en chœur : *Aux armes, citoyens !*

Ce fut sur ce chant que le cortége traversa la place de la Bastille, et parcourut le boulevard Bourdon, s'avançant entre le canal Saint-Martin et les greniers d'abondance.

A l'entrée du pont d'Austerlitz s'élevait une estrade ; — c'était là que devaient être prononcés les discours d'adieu. Ces discours prononcés, le corps du général Lamarque continuerait sa route vers le département des Landes, où il devait être inhumé, tandis que le cortége rentrerait dans Paris.

Il était plus de trois heures de l'après-midi ; je n'avais rien pris depuis la veille, que la tasse de chocolat de mon ami Hiraux : je tombais littéralement de fatigue. Les discours promettaient d'être longs et, naturellement, ennuyeux ; je proposai à deux ou trois artilleurs de venir dîner aux *Gros Marronniers*. Ils acceptèrent.

— Y aura-t-il quelque chose? demandai-je à Bastide avant de m'éloigner.

— Je ne crois pas, dit-il en regardant autour de lui, et, pourtant, ne vous y fiez pas : il y a du 29 juillet dans l'air.

— En tout cas, je ne vais pas loin, lui dis-je.

Et je m'éloignai.

— Tu t'en vas? me dit Étienne Arago.

— Je reviens dans un quart d'heure.

— Presse-toi, si tu veux en être!

— Comment veux-tu que j'en sois? Je n'ai ni carabine ni cartouches.

— Il fallait faire comme moi, mettre des pistolets dans tes poches.

Et il me montra, en effet, la crosse d'un pistolet qui sortait de sa poche.

— Diable! fis-je, si je croyais qu'il y eût quelque chose, je me passerais de dîner.

— Oh! s'il y a quelque chose, sois tranquille, cela durera assez longtemps pour que tu arrives avant le dessert.

C'était probable ; aussi nous éloignâmes-nous sans scrupule.

J'étais si faible, que je fus obligé de m'appuyer au bras de mes deux compagnons, et encore manquai-je de m'évanouir en entrant au restaurant.

On me fit boire de l'eau glacée, et je revins à moi.

Tout était sens dessus dessous ; aussi eûmes-nous grand'peine à nous faire servir.

Nous étions attelés après une matelote gigantesque, plat de résistance obligé d'un dîner à la Râpée, quand nous entendîmes une fusillade, mais si singulière, que nous ne doutâmes point que ce ne fût une décharge faite sur le cercueil en l'honneur de l'illustre mort.

— A la mémoire du général Lamarque! dis-je en levant mon verre.

Mes deux compagnons me firent raison.

Alors on entendit quatre ou cinq coups de fusil isolés.

— Oh! oh! fis-je, on dirait que voilà un autre air qui commence! Il y a des notes de fusil de chasse là dedans.

Et je courus sur le quai, où je montai sur une borne. On ne pouvait rien distinguer, sinon qu'il se faisait un grand mouvement sur le pont d'Austerlitz.

— Payons vite, et allons voir ce que c'est que cette musique-là, dis-je à mes deux compagnons.

Nous jetâmes dix francs sur la table; mais, comme la fusillade redoublait, nous ne demandâmes point notre reste, et nous nous mîmes à courir vers la barrière.

Le bruit de la fusillade m'avait rendu mes forces.

En arrivant à la barrière, nous la trouvâmes gardée par des gens en blouse qui, en nous apercevant, crièrent : « Vivent les artilleurs! »

Nous courûmes à eux.

— Qu'y a-t-il et que se passe-t-il donc? demandâmes-nous.

— Il y a que l'on a tiré sur le peuple, que les artilleurs ont riposté, que le père Louis-Philippe est dans le troisième dessous, et que la République est proclamée. Vive la République!

Nous nous regardâmes.

Le triomphe nous paraissait bien complet pour le peu de temps qu'il avait mis à s'accomplir.

Maintenant, voici ce qui s'était passé réellement, et où l'on en était.

J'ai dit qu'au moment de notre départ, on allait commencer les discours.

Alors étaient montés sur l'estrade des porte-drapeaux de toutes les nations : Polonais, Italiens, Espagnols et Portugais, agitant au-dessus du catafalque leurs étendards de toutes couleurs, parmi lesquels on voyait flotter pour la première fois le drapeau de l'Union allemande, noir, rouge et or.

Le général la Fayette avait commencé par dire quelques paroles pieuses, calmes et sereines, comme le grand vieillard les prononçait; puis étaient venus Mauguin, plus ardent, — Clausel, plus militaire; puis le général portugais Saldanha.

Tandis que parlaient les orateurs, les jeunes gens allaient de groupe en groupe, semant différentes nouvelles. Les uns disaient : « On se bat à l'hôtel de ville! » les autres : « Un général vient de se déclarer contre Louis-Philippe! » ceux-ci : « Les troupes sont soulevées! » ceux-là : « On marche sur les Tuileries! »

Personne ne croyait sérieusement à tous ces bruits, et, cependant, ils échauffaient les esprits et remuaient les cœurs.

Notre batterie, après avoir traversé le boulevard, avait pris place près de l'estrade.

Là étaient réunis Étienne Arago, Guinard, Savary, correspondant par des signes avec Bastide et Thomas, qui étaient sur le boulevard Bourdon.

Au milieu du discours du général Saldanha, tout à coup l'attention semble distraite; des cris, un mouvement, une rumeur attirent les yeux vers les boulevards.

Un homme vêtu de noir, grand, mince, pâle comme un fantôme, avec des moustaches noires, tenant à la main un drapeau rouge bordé de franges noires, monté sur un cheval qu'il manœuvre avec peine au milieu de la foule, agite son drapeau couleur de sang, sur lequel est écrit en lettres noires : LA LIBERTÉ OU LA MORT!

D'où venait cet homme? L'instruction faite contre lui, ni le jugement prononcé ne l'ont dit. Tout ce que l'on a su, c'est qu'il se nommait Jean-Baptiste Peyron, et qu'il était des Basses-Alpes.

Il fut condamné à UN MOIS de prison.

Personne de nous ne le connaissait.

Était-il mû, comme il l'a dit lui-même, par un sentiment d'exaltation touchant à la folie? Était-ce un agent provocateur? Ce mystère n'a jamais été éclairci.

Mais, de quelque part qu'il vînt, quel que fût le motif qui l'animât, son apparition fut saluée par une unanime réprobation.

Le général Exelmans s'écria d'une voix qui domina toutes les voix :

— Pas de drapeau rouge! c'est le drapeau de la Terreur;

nous ne voulons que le drapeau tricolore : c'est celui de la gloire et de la liberté.

Deux hommes alors s'élancèrent sur le général Exelmans, deux hommes inconnus toujours, et essayèrent de l'entraîner vers le canal.

Il se débarrassa d'eux, et rencontra le comte de Flahaut.

— Qu'y a-t-il à faire? demanda le général Exelmans.

— Courir aux Tuileries, et prévenir le roi de ce qui se passe.

Et tous deux s'élancèrent vers les Tuileries.

En ce moment, des jeunes gens dételaient la voiture du général la Fayette, et le conduisaient vers l'hôtel de ville.

En même temps, et comme si ce mouvement eût été combiné avec l'apparition de l'homme au drapeau rouge, une colonne de dragons sortait de la caserne des Célestins.

C'était M. Gisquet qui avait envoyé cet ordre, lequel eût dû être donné par le général Pajol, commandant la première division militaire.

L'apparition des dragons, qui, cependant, n'avait d'abord rien d'hostile, puisqu'ils avaient les pistolets dans les fontes et les fusils aux porte-crosses, n'en produisit pas moins un certain mouvement sur le boulevard Bourdon.

Étienne Arago vit le mouvement, et, se penchant à l'oreille de Guinard :

— Je crois qu'il serait temps de commencer, dit-il.

— Commence! répondit laconiquement Guinard.

Arago ne se le fit point répéter ; il s'élança à son tour sur l'estrade. Un étudiant avait succédé au général Saldanha; il prend la place de l'étudiant et s'écrie :

— Assez de discours comme cela! quelques mots doivent suffire, et, ces mots, les voici : C'est au cri de « Vive la République! » que le général Lamarque a commencé sa carrière militaire, c'est au cri de « Vive la République! » qu'il faut accompagner ses cendres. — Vive la République! Qui m'aime me suive!

Pas un mot de l'allocution n'a été perdu; à peine a-t-on vu un lieutenant d'artillerie prenant la parole, que tout le monde a fait silence. Puis le nom d'Arago, nom si populaire, a circulé tout bas au milieu d'un immense cri de « Vive la République! »

Aux derniers mots de son discours, Arago s'est emparé d'un des drapeaux de l'estrade, et — le drapeau à la main, Guinard et Savary à ses côtés — il s'est élancé vers notre batterie.

Mais, dans le mouvement qui avait suivi l'allocution, la foule avait rompu les rangs des artilleurs; de sorte que les trois chefs, suivis d'une trentaine d'hommes seulement, avaient disparu aux yeux de leurs autres compagnons.

En ce moment, quelques coups de feu retentissaient sur le boulevard Bourdon.

Suivons Arago, Guinard et Savary; nous reviendrons tout à l'heure sur cet autre point de la lutte.

FIN DU TOME NEUVIÈME

TABLE

	Pages.
CCXVI. — Victor Escousse et Auguste Lebras..................	1
CCXVII. — Première représentation de *Robert le Diable*. — Véron directeur de l'Opéra. — Son opinion sur la musique de Meyerbeer. — Mon opinion sur l'esprit de Véron. — Mes relations avec lui. — Ses articles et ses Mémoires. — Jugement de Rossini sur *Robert le Diable*. — Nourrit prédicateur. — Meyerbeer. — Première représentation de *la Fuite de Law*, de M. Mennechet. — Première représentation de *Richard Darlington*. — Frédérick Lemaître. — Delafosse. — Mademoiselle Noblet..............	7
CCXVIII. — Horace Vernet..	18
CCXIX. — Paul Delaroche..	24
CCXX. — Eugène Delacroix......................................	33
CCXXI. — Les trois portraits dans le même cadre..............	44
CCXXII. — Les collaborateurs. — Une fantaisie de Bocage. — Anicet Bourgeois. — *Teresa*. — Le drame à l'Opéra-Comique. — Laferrière et l'éruption du Vésuve. — Mélingue. — Bal costumé aux Tuileries. — La place de Grève et la barrière Saint-Jacques. — La peine de mort..	52
CCXXIII. — Les pérégrinations de Casimir Delavigne. — *Jeanne Vaubernier*. — De Rougemont. — Sa traduction du mot de Cambronne. — Première représentation de *Teresa*. — Les pièces longues et les pièces courtes. — Cordelier Delanoue et son *Mathieu Luc*. — Fermeture de la salle Taitbout, et arrestation des chefs du culte saint-simonien..	62

TABLE

Pages.

CCXXIV. — Apprêts de mon bal costumé. — Je m'aperçois que mon logement est trop dans le goût de Socrate. — Mes peintres décorateurs. — La question du souper. — Je vais aux provisions à la Ferté-Vidame. — Vue de ce chef-lieu de canton, la nuit, par un temps de neige. — La chambre de mon neveu. — Mon ami Gondon. — Chasse au chevreuil. — Retour à Paris. — J'invente la banque d'échange avant M. Proudhon. — Les artistes à l'œuvre. — Les morts.................................. 68

CCXXV. — Alfred Johannot... 77

CCXXVI. — Clément Boulanger...................................... 84

CCXXVII. — Granville... 94

CCXXVIII. — Tony Johannot.. 101

CCXXIX. — Suite des préparatifs de mon bal. — L'huile et la détrempe. — Inconvénients du travail de nuit. — Comment Delacroix fait sa tâche. — Le bal. — Les hommes sérieux. — La Fayette et Beauchêne. — Costumes variés. — Le malade et le croque-mort. — Le dernier galop............................... 107

CCXXX. — Une pièce politique. — Une pièce morale. — Doligny, directeur de théâtre en Italie. — Saint-Germain, piqué de la tarentule. — Comment on aurait pu vivifier Versailles, si Louis-Philippe l'avait voulu. — La censure du grand-duc de Toscane. — Les cartons de l'imprimeur Batelli. — *Richard Darlington*, *Angèle*, *Antony* et *la Tour de Nesle*, représentés sous le nom d'Eugène Scribe... 116

CCXXXI. — Premier mot sur *la Tour de Nesle* et M. Frédéric Gaillardet. — La *Revue des Deux Mondes*. — M. Buloz. — Le *Journal des Voyages*. — Mes premiers essais dans le roman historique. — *Isabel de Bavière*. — Un homme d'esprit de cinq pieds neuf pouces.. 126

CCXXXII. Succès de mes *Scènes historiques*. — Clovis et Hlode-Wig. — Je veux me mettre à étudier sérieusement l'histoire de France. — L'abbé Gauthier et M. de Moyencourt. — Cordelier-Delanoue me révèle Augustin Thierry et Chateaubriand. — Nouveaux aspects de l'histoire. — Un drame en collaboration avec Horace Vernet et Auguste Lafontaine. — *Edith aux longs cheveux*.. 133

CCXXXIII. — Invasion du choléra. — Aspect de Paris. — La médecine et le fléau. — Proclamation du préfet de police. — Les prétendus empoisonneurs. — Réclame d'Harel. — *Le Mari de la veuve*. — Comment cette pièce fut faite. — Mademoiselle Dupont. — Eugène Durieu et Anicet Bourgeois. — Catherine (non Howard) et le choléra. — Première représentation du *Mari de la veuve*. — Un horoscope qui ne s'est pas vérifié............... 150

TABLE 319

Pages.

CCXXXIV. — Mon régime contre le choléra. — Je suis atteint par l'épidémie. — J'invente l'éthérisation. — Harel vient me proposer *la Tour de Nesle*. — Le manuscrit de Verteuil. — Janin et la tirade des *grandes dames*. — Première idée de la *scène de la prison*. — Mes conditions avec Harel. — Avantages faits par moi à M. Gaillardet. — Le spectateur de l'Odéon. — Les auteurs connus et les auteurs inconnus. — Ma première lettre à M. Gaillardet.. 162

CCXXXV. — Réponse et protestation de M. Gaillardet. — Frédérick et le rôle de Buridan. — Transaction avec M. Gaillardet. — Première représentation de *la Tour de Nesle*. — La pièce et ses interprètes. — Le lendemain d'un succès. — M. *** — Un *bon procès* en perspective. — Caprice de Georges. — Le directeur, l'auteur et le collaborateur.............................. 176

CCXXXVI. — A quoi servent les amis. — Le *Musée des Familles*. — Un article de M. Gaillardet. — Ma réponse à cet article. — Cartel de M. Gaillardet. — Je l'accepte avec empressement. — Mon adversaire demande un premier répit de huit jours. — Je l'assigne devant la commission des auteurs dramatiques. — Il décline cet arbitrage. — Je lui envoie mes témoins. — Il réclame un délai de deux mois. — Lettre de Janin aux journaux....... 191

CCXXXVII. — L'épée et le pistolet. — D'où vient ma répugnance pour cette dernière arme. — La poupée de Philippe. — La statue de Corneille. — Un autographe *in extremis*. — Le bois de Vincennes. — Une toilette de duel. — Question scientifique posée par Bixio. — Les conditions du combat. — Procès-verbal des témoins. — Comment Bixio eut la solution de son problème... 221

CCXXXVIII. — La mascarade du Budget à Grenoble. — M. Maurice Duval. — Les charivariseurs. — Exploit du 35ᵉ de ligne. — Soulèvement qu'il excite. — Arrestation du général Saint-Clair. — Prise de la préfecture et de la citadelle par Bastide. — Bastide à Lyon. — L'ordre règne à Grenoble. — Casimir Périer, Garnier-Pagès et M. Dupin. — Rapport de la municipalité de Grenoble. — Acquittement des émeutiers. — Restauration du 35ᵉ. — Protestation d'un fumeur............................. 234

CCXXXIX. — Les papiers du général Dermoncourt. — Protestation de Charles X contre l'usurpation du duc d'Orléans. — Le plus gros des hommes politiques. — Tentative de restauration projetée par madame la duchesse de Berry. — Le *Carlo-Alberto*. — Comment j'écris sur des notes authentiques. — Débarquement de Madame près de la Ciotat. — Échauffourée légitimiste à Marseille. — Madame part pour la Vendée. — M. de Bonnechose. — M. de Villeneuve. — M. de Lorge...................... 251

CCXL. — Itinéraire de Madame. — Panique. — M. de Puylaroque. — *Domine salvum fac Philippum*. — Le château de Dampierre. — Madame de la Myre. — La fausse cousine et le curé. —

M. Guibourg. — M. de Bourmont. — Lettre de Madame à M. de Coislin. — Les noms de guerre. — Proclamation de Madame. — Nouvelle espèce de *henné*. — M. Charette. — Madame manque de se noyer dans la Maine. — Le sacristain à la provende. — Une nuit dans l'étable. — Les légitimistes de Paris. — Ils dépêchent M. Berryer en Vendée... 266

CCXLI. — Entrevue de MM. Berryer et de Bourmont. — Les guides de l'envoyé. — La colonne mobile. — M. Charles. — La cachette de Madame. — Madame refuse de quitter la Vendée. — Elle appelle aux armes ses partisans. — Mort du général Lamarque. — Les députés de l'opposition se réunissent chez Laffitte. — Ils décident qu'ils publieront un compte rendu à la nation. — MM. Odillon Barrot et de Cormenin sont chargés de la rédaction de ce compte rendu. — Cent trente-trois députés le signent.... 282

CCXLII. — Derniers moments du général Lamarque. — Ce qu'avait été sa vie. — Une de mes entrevues avec lui. — Je suis désigné comme un des commissaires du convoi. — Le cortége. — Symptômes d'agitation populaire. — Défilé sur la place Vendôme. — Le duc de Fitz-James. — Conflits provoqués par des sergents de ville. — Les élèves de l'Ecole polytechnique se joignent au cortége. — Arrivée du convoi au pont d'Austerlitz. — Discours. — Premiers coups de feu. — L'homme au drapeau rouge. — Allocution d'Etienne Arago.................................. 294

FIN DE LA TABLE DU TOME NEUVIÈME

Paris. — Imp. N.-M. DUVAL, 17, rue de l'Echiquier

EXTRAIT DU CATALOGUE MICHEL LÉVY

1 FRANC LE VOLUME. — 1 FR. 25 PAR LA POSTE

BEAUMARCHAIS vol.
THÉÂTRE, avec Notice de *L. de Loménie*. 1

BERNARDIN DE SAINT-PIERRE
PAUL ET VIRGINIE.................. 1

Mme BEECHER STOWE
LA CASE DE L'ONCLE TOM. (*Trad. Pilatte*). 2
SOUVENIRS HEUREUX. (*Trad. Forcade*).. 3

BENJAMIN CONSTANT
ADOLPHE, avec notice de *Sainte-Beuve*.. 1

F. DE CHATEAUBRIAND
ATALA — RENÉ — LE DERNIER ABENCÉRAGE. 1
ÉTUDES HISTORIQUES, essai d'*Ed. Schérer*. 2
GÉNIE DU CHRISTIANISME, étude *Guizot*. 2
HISTOIRE DE FRANCE, notice *Ste-Beuve*.. 2
ITINÉRAIRE DE PARIS A JÉRUSALEM..... 2
LES MARTYRS, avec un essai d'*Ampère*... 2
LES NATCHEZ, essai du *Duc de Broglie*.. 2
LE PARADIS PERDU de *Milton*, trad..... 1
LES QUATRE STUARTS, notice *Ste-Beuve*. 1
VOY. EN AMÉRIQUE, introd. *Sainte-Beuve*. 1

P. CORNEILLE
ŒUVRES, avec notice de *Sainte-Beuve*.. 2

CHARLES DICKENS *Trad. Am. Pichot*
CONTES DE NOEL....... 1
CONTES D'UN INCONNU.............. 1
CONTES POUR LE JOUR DES ROIS........ 1
HISTORIETTES ET RÉCITS DU FOYER...... 1
MAISON A LOUER................ 1
LE NEVEU DE MA TANTE............. 2

GŒTHE *Trad. N. Fournier*
HERMANN ET DOROTHÉE.............. 1
WERTHER, avec notice d'*Henri Heine*... 1

OL. GOLDSMITH *Trad. N. Fournier*
LE VICAIRE DE WAKEFIELD, avec étude
de *lord Macaulay* (trad. *G. Guizot*). 1

A. DE LAMARTINE
ANTAR........................ 1
BALZAC ET SES ŒUVRES.............. 1
BENVENUTO CELLINI................ 1
BOSSUET....................... 1
CHRISTOPHE COLOMB................ 1
CICÉRON...................... 1
LE CONSEILLER DU PEUPLE........... 6
CROMWELL...................... 1

A. DE LAMARTINE (*Suite*) vol.
FÉNELON....................... 1
LES FOYERS DU PEUPLE............. 3
GENEVIÈVE. Histoire d'une servante.... 1
GUILLAUME TELL.................. 1
HÉLOÏSE ET ABÉLARD............... 1
HOMÈRE ET SOCRATE................ 1
JACQUARD — GUTENBERG............. 1
JEAN-JACQUES ROUSSEAU............. 1
JEANNE D'ARC................... 1
Mme DE SÉVIGNÉ.................. 1
NELSON........................ 1
RÉGINA........................ 1
RUSTEM........................ 1
SAÜL......................... 1
TOUSSAINT LOUVERTURE.............. 1
VIE DU TASSE................... 1

L'ABBÉ DE LAMENNAIS
LE LIVRE DU PEUPLE, avec une étude de
M. Ernest Renan............... 1
PAROLES D'UN CROYANT, avec une étude
de *Sainte-Beuve*............... 1

MARIVAUX
THÉÂTRE. Av. notice de *P. de St-Victor*. 1

MOLIÈRE
ŒUVRES COMPLÈTES. — *Nouvelle édition*
publiée par *Philarète Chasles*........ 3

HÉGÉSIPPE MOREAU
ŒUVRES, avec notice par *L. Ratisbonne*. 1

L'ABBÉ PRÉVOST
MANON LESCAUT.................. 1

J. RACINE
THÉÂTRE COMPLET................. 1

J.-F. REGNARD
THÉÂTRE, avec étude de *J.-J. Weiss*.... 1

C.-A. SAINTE-BEUVE
MADAME DESBORDES-VALMORE.......... 1

STERNE *Trad. N. Fournier*
VOYAGE SENTIMENTAL, av. Not. de *W. Scott*. 1

VOLTAIRE
THÉÂTRE, avec notice de *Sainte-Beuve*. 1

Le Catalogue complet sera envoyé franco à toute personne qui en fera la demande par lettre affranchie.

IMP. CENTRALE DES CHEMINS DE FER. — IMP. CHAIX. — RUE BERGÈRE, 20, PARIS. — 27398-3.

www.ingramcontent.com/pod-product-compliance
Lightning Source LLC
Chambersburg PA
CBHW060419170426
43199CB00013B/2204